JN025612

やわらかアカデミズム
〈わかる〉シリーズ

よくわかる
社会的養護Ⅱ

小木曽 宏/宮本秀樹/鈴木崇之
[編著]

ミネルヴァ書房

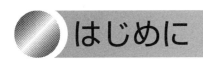

はじめに

　お読みいただければおわかりのように，本書の特徴は，研究者だけでなく，第一線で活躍されている多くの児童福祉実践者が執筆を担当されていることです。

　「社会的養護Ⅰ」が「講義」を中心とした科目であるとすれば，「社会的養護Ⅱ」は「演習」科目としての位置づけがされています。したがって，執筆者の方々には，個人情報に配慮していただきながら，「事例」も加えていただいています。

　わが国において，2016年児童福祉法改正が行われました。その改正では「子どもの権利条約」の"精神"がその理念として掲げられました（同法第1条）。そして子どもを「権利を行使する主体」とすることも明記されました（子どもの権利　①生きる権利，②守られる権利，③育つ権利，④参加する権利：日本ユニセフ協会）。しかし，一方で，虐待による子どもの「死亡事件」等も後を絶ちません。さらに，全国児童相談所の「子ども虐待」相談対応件数（令和2年度）が「20万件」を超えています（厚生労働省）。子ども虐待問題において「予防」「早期発見・対応」さらに「児童養護施設」「里親」など社会的養護体制の充実・整備が急務です。

　本書は，国が保育士養成のこの科目名称や内容を変えていく中で，『やわらかアカデミズム・〈わかるシリーズ〉よくわかる養護内容・自立支援』として，2007年11月に初版として刊行されました。そして，その「はじめに」は，「『養護』と『自立支援』を背反することではなく〈発達保障の連続性〉の上に理解していただけるようなまとめ方をしました」と書かれています。2012年からは『よくわかる社会的養護内容』となり，国の指針も意識しつつ，「社会的養護の重要性を踏まえ，『養護内容』から『社会的養護』への変更案を示しました」と書かれています。我々，編者は，これは単なる用語変更ではなく，「施設養護」さらに，「社会的養護」からの「自立支援」を見据えた大きな「社会的変革」が起きつつあった「時代」と共に歩んできたテキストであったと思います。そして，何よりも本書を永く支えていただいた読者がいたことに感謝をしたいと思います。

　最後に，正に「社会的養護」が目指す先とは，「施設」や「里親」だけが担っていくのではなく，『社会』が，『地域』が，子どもたちを護り，育てていける『時代』になることを願いつつ。

2022年3月

編者一同

本書の特徴と活用

 「社会的養護内容」から「社会的養護Ⅱ」へ

保育士養成のカリキュラム改正に伴い，2018年度より「社会的養護内容」は「社会的養護Ⅱ」と科目名称が変更されました。このことに伴い，当該科目にかかる目標と内容も変更となりました。

本書は，変更となった目標と内容を十分に踏まえて編集しています。厚生労働省が示しているこの科目の目標は以下のとおりです。この科目を学習する際の到達点として確認しておきましょう。

〈目標〉

(1) 子どもの理解を踏まえた社会的養護の基礎的な内容について具体的に理解する。

(2) 施設養護及び家庭養護の実際について理解する。

(3) 社会的養護における計画・記録・自己評価の実際について理解する。

(4) 社会的養護に関わる相談援助の方法・技術について理解する。

(5) 社会的養護における子ども虐待の防止と家庭支援について理解する。

---

② 本書の特徴の一つである「事例」について

社会的養護Ⅱは演習科目であり，事例を通じての意見交換は必須です。短い事例の中で，学びを深められるような作りにしています。以下の2点が本書における事例編集の考え方です。

(1) 事例に関しては，大きく分けると，「現場の援助者からのもの」と「実習を体験した学生からのもの」を用意しました。2種類のものを用意した理由は，多くは読者の皆さんと年齢的にはあまり違わない先輩学生が，児童福祉の現場でどのような学びをしているのか，さらに職業人として現場に身を置いたとき実際的にはどのような対処をしているのかの両方を知ってもらい，重層的な学習をして欲しいと願っているからです。

(2) 演習は，事実・所見等を時系列的に並べた「経過報告」とは違います。事例作成者の解説等を参考にしながら，問題（テーマ）の所在，そして問題の解決を含んだ「事例に対する向き合い方」が学びの柱となります。

③ 本書の活用について

以下，本書を使って，実際に授業を行っている教員の実践をお伝えします。各々が授業のなかで参考にし，必要に応じてアレンジしていただければ幸いで

す。

(1) **授業全体の枠組みとして**

（予習として）毎回，前の週に本書の1〜4項目程度を事前に読んでくることを宿題とする。

① ワークシートの配布

※ワークシートには演習問題が2〜3題と最後に演習についての感想を書く欄を設けている。

② グループ作りと役割分担（司会，書記，発表など）を決める。

③ 授業開始後，受講生は宿題箇所をグループ内で輪読する。

④ よく理解できなかった点やさらに知りたいと思った点をあげる。

⑤ 教員はグループ間を机間巡視し，適宜質問に応じたり，フィードバックすべき内容を全体に伝える。

※グループディスカッションは，現場実習の際，あるいは将来保育士として現場に出る際に，子どもの支援について端的に意見を述べる力を養い，他者の意見を要約して記録する力を身につけることを目的として行う。

⑥ 各グループから意見や感想を挙げてもらい，全体での共有化をはかる。

⑦ 授業終了時には，翌週の予習範囲の伝達とワークシートを回収する。

※ワークシートは，コメントをつけて，翌週に返却する。

(2) **映像資料をより深く理解するために**

第2部の「Ⅵ　施設養護の生活特性および実際」の各項目などについては，輪読やディスカッションによって内容の大枠をつかんだところで映像資料を視聴すると，映像には映っていない部分を想像しながら理解を深めやすくなっていきます。

(3) **ロールプレイの素材として**

第1部の「Ⅲ　日常生活支援」などは，ロールプレイも適宜入れながら，現場における支援の難しさを理解するのに相応しい内容が揃っています。たとえば，「Ⅲ-5　遊び」を輪読した後で，学生が子ども時代にやって印象的だった「遊び」を他の学生を子どもに見立てて教えたり，「Ⅲ-9　病と健康」の良子さんへの具体的な言葉かけや働きかけの方法などをロールプレイで行うことによって，座学で学ぶだけでは感じることができない「実際の支援の困難性」を体験することができます。

（宮本秀樹・鈴木崇之）

も く じ

第**1**部

社会的養護の内容

社会的養護とは何か

▷1　社会的養護
2011年7月に厚生労働省の
児童養護施設等の社会的
養護の課題に関する検討
委員会は「社会的養護の課
題と将来像」（http://www.
mhlw.go.jp/stf/shingi/2r
9852000001j8sw-att/
2r9852000001j8ud.pdf）を
発表した。このなかで「社
会的養護」は，「保護者の
ない児童や，保護者に監護
させることが適当でない児
童を，公的責任で社会的に
養育し，保護するとともに，
養育に大きな困難を抱える
家庭への支援を行うこと」
と定義されている。

「養護」とは何か

　本書で学ぶ多くの皆さんは，「社会的養護Ⅱ」の前に「社会的養護Ⅰ」を学んでおられると思います。したがって，ある程度は「社会的養護」についてのイメージをもって，本書に向かっておられると思います。

　しかし，改めて「養護」とは何かと考えてみると，なかなか「〇〇である」と明確に定義するのが難しい用語であることに気づかされます。なぜなら，「養護」は社会的養護の文脈のみならず，教育分野の「養護教諭」や「養護学校（現・特別支援学校）」，さらには高齢者福祉分野における「養護老人ホーム」「特別養護老人ホーム」でも使用されている概念だからです。

保育領域で論じられている「養護」の概念

　ここで，保育領域で論じられている「養護」の概念について確認しておきましょう。2007年3月27日に開催された第6回『保育所保育指針』改定に関する検討会」の資料によると，「保育の特性」は「養護」と「教育」の一体性にあることが示されています（図Ⅰ-1）。

　ここでは，「教育」とは「生涯にわたる人間形成の基礎づくりへ向けて，健全な心身の発達を助長する機能」と定義されています。一方，「養護」とは「子どもが安定した生活を送るために必要な基礎的事項（生命の保持と情緒の安定）を得させる機能」と，定義されています。

　さて，これを数式に置き換えると「保育＝養護＋教育」というふうに表すことができるでしょう。この数式を展開させてみましょう。すると「養護＝保育－教育」という数式ができます。つまり，「養護」は「保育」から「教育」を抜いたものであるとイメージすることができます。

◎児童福祉法上の「保育に欠ける」乳幼児の保育
保護者の就労，病気，同居親族の介護などにより，日中，家庭で生活を送ることができない状態
⇨ 日中の大半が保育所での生活

◎教育基本法
幼児期の教育の振興

保育の特性 ＝「養護」と「教育」の一体化

【養護】
子どもが安定した生活を送るために必要な基礎的事項（生命の保持と情緒の安定）を得させる機能
＝子どもの状況に応じて保育士が適切に行う

【教育】
生涯にわたる人間形成の基礎づくりへ向けて，健全な心身の発達を助長する機能
＝5領域のねらいを達成するために，子どもの自発的，主体的な活動を保育士が援助

保育の展開においては，これらが，子どもの活動（生活・遊び）を通じて，常に一体的に発揮

豊かな人間性をもった子どもを育成

図Ⅰ-1　保育所における「保育」

出所：厚生労働省「第6回『保育所保育指針』改定に関する検討会議事要旨」参考
　　　資料，2007年（http://www.mhlw.go.jp/shingi/2007/03/dl/s0327-8e_01.pdf）。

③ 「養護」概念の歴史的変遷

　この数式はあながち的外れなものではなく，むしろ「養護」の本質的な理解を促進させるものだと考えることができます。

　そもそも「養護」とは，明治時代にドイツの教育学者 J. F. ヘルバルトの考えに影響されたヘルバルト派の教育学が日本に紹介された際，「Pflege（フレーゲ）」というドイツ語の訳語としてあてられたのが始まりです。この時は「養護」は，「主に健康を保持増進させる働きかけ」の意味でした。

　第二次世界大戦前の時代に至ると，「養護」は「一般養護」と「特別養護」という2種類の意味に分けて使用されるようになりました。「一般養護」とは，現代でいう「体育」とほぼ同義のもので，特に欧米列強との戦争の際に負けることのないように，「国民体位の向上」を目指して強化されていきました。一方，「特別養護」とは病弱・虚弱等の理由により，通常の教育を行うことが困難な子どもに対する特別な援助のことを指していました。

　これらのことから「養護」とは，「教育」の前提となる「心身の土台づくり」を意味する用語であると理解することができます。

④ 「社会的養護」に関する歴史的理解

　戦後になると，上記の「特別養護」の概念が，子どもの健康管理と健康教育を行う「養護教諭」，そして障害のある子どもに対する特別な教育支援を行う「養護学校」，「養護学級」という形で残されました。

　一方，児童福祉の分野では，戦後の児童福祉法立法作業のなかで「孤児院」に代わる名称として「養護施設」という用語があてられました。1947年の『児童福祉法案逐条説明』の資料によれば，「養護施設」の「養護」は「養育保護の意味であり，学校教育は，はいらない」とされています。この説明から，「養護」は単純な「養育保護」の略語というよりも，「何らかの理由によって家族とともに暮らすことができず，そのために教育を受けられる状態にない」子どもたちに対して，「教育」の前提となる「心身の土台づくり」を行うという，戦前から続く「養護」の本質を反映するものとして使用されたことが理解できます。児童福祉法が成立した1947年当時，街にはたくさんの戦災孤児があふれていました。児童福祉法第1条において「すべて児童は，ひとしくその生活を保障され，愛護されなければならない」と述べられており，また第2条において児童の健全育成に関する国および地方公共団体の責任が明記されています。この条文が，子どもたちに対する養護を推進することの出発点となりました。

　このように国および地方公共団体の責任として，何らかの理由によって家族とともに生活することができない子どもたちに家庭の代替となる生活の場を提供することが，「社会的養護」の「社会的」の意味なのです。　　　　（鈴木崇之）

（参考文献）
　大谷尚子「わが国における『養護』という言葉の使われ方について」『日本養護教諭教育学会誌』第4巻第1号，2001年，100〜109頁.
　児童福祉法研究会編『児童福祉法成立資料集成（上巻）』ドメス出版，1978年.
　日本養護教諭教育学会編『養護教諭の専門領域に関する用語の解説集第一版』2007年（http://yogokyoyu-kyoiku-gakkai.jp/）.
　米川尚行・斉藤謙・民秋言「養護」の概念整理──保母の職務内容に関する研究（その1）」全国保母養成協議会『保母養成研究年報』第4号，1986年，99〜100頁.

家庭養護・家庭的養護・施設養護

 代替養護から社会的養護へ

○社会的養護の歴史的背景

「子どもは親から生まれ，親の手によって育てられる」ということが，本来は望ましいことでしょう。しかし，その「家庭における養育」が困難な状況にある子どもたち（たとえば親の行方不明や離婚，長期入院，貧困，遺棄や虐待等）に対して，「家庭に代わる養育」（代替養育）として施設養護，里親などによる「養育保障」が実施されてきました。ただし，それはあくまでも「代替養護」という位置づけでした。

1990年以降，日本でも児童相談所の「子ども虐待」通告件数が急増してきました。ある意味，日本における「家族至上主義」「血縁至上主義」の文化が崩れていく時代でした。実際に「子ども虐待」は子どもを「護り，育てる」責任ある親が，「暴力を振るい死亡させる」という事件にまで至りました。「子ども虐待」の背景には，親の離婚や疾病，経済的貧困，社会的排除，孤立などさまざまな影響により，家庭の基盤自体が根底から揺らいでしまい，子どもの養育環境も劣悪な状況へと追い込まれてしまったことがあります。

このような子どもと家庭の環境変化のなかで，「代替養護」にとどまらず，「社会的養護」のあり方を検討するために，2003年に，厚生労働省・社会保障審議会児童部会に「社会的養護のあり方に関する専門委員会」が設置されました。本委員会が同年10月に出した報告書では，「今日の社会的養護の役割」を「子どもの健やかな成長・発達を目指し，子どもの安全・安心な生活を確保するにとどまらず，心の傷を抱えた子どもなどに必要な心理のケアや治療を行い，その子どもの社会的自立まで支援する」とし，さらに「子どもの健全育成，自立を促していくためには，里親や施設のみならず家族や地域の果たす役割も重要である」と位置づけました。

○「施設養護」「家庭的養護」「家庭養護」の新たな枠組み

2011年7月には児童養護施設等の社会的養護の課題に関する検討委員会・社会保障審議会児童部会社会的養護専門委員会のとりまとめ「社会的養護の課題と将来像」が出され，新たな社会的養護の方向性が出されました。そのなかで，「社会的養護は，できる限り家庭的な養育環境のなかで，特定の大人と継続的で安定した愛着関係の下で，行われる必要がある」と明記されました。また，

「社会的養護において，里親委託を優先して検討すべきである」ということも示されました。さらに，社会的養護の整備量にかかる将来像として，「本体施設（児童養護施設は全て小規模ケア）」「グループホーム」「里親及びファミリーホーム」をそれぞれ概ね3分の1ずつにすることの方向性が示されました。

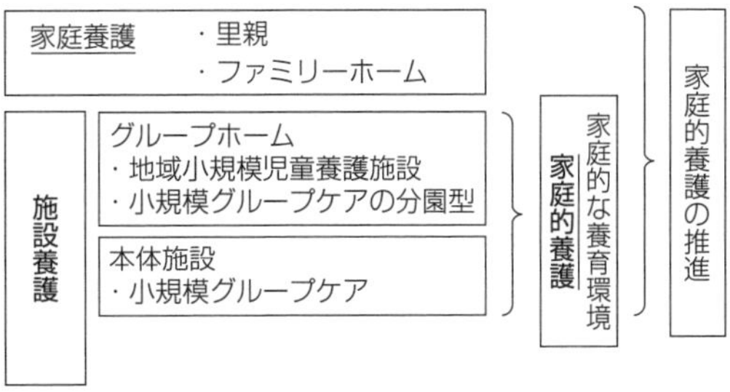

2012年3月には，各施設の運営の質の差が大きいことから，施設運営等の質の向上を図るため『社会的養護施設の運営指針』が策定されました。そこには「基本原理」として，①家庭的養護と個別化，②発達の保障と自立支援，③回復を目指した支援，④家族との連携・共同，⑤継続的支援と連携アプローチ，⑥ライフスタイルを見通した支援の6項目が明記されました。

従来，里親等を「家庭的養護」と呼ぶことが多く，概念上の混乱もありました。そこで同年1月に開催された「第13回社会保障審議会児童部会社会的養護専門委員会」では資料「家庭養護と家庭的養護の用語の整理について」が提出されました（図I-2）。その背景には，代替的養護の普及をねらいとする「児童の代替的養護に関する指針」（2009年12月，国連総会での採択決議）があります。このような流れを踏まえて2016年6月に児童福祉法の一部改正が行われました。

> 改正児童福祉法第3条の2
> ただし（中略）児童を家庭において養育することが困難であり又は適当でない場合にあっては児童が家庭における養育環境と同様の養育環境において継続的に養育されるよう，児童を家庭及び当該養育環境において養育することが適当でない場合にあっては児童ができる限り良好な家庭的環境において養育されるよう，必要な措置を講じなければならない

「継続的に養育されるよう」ということは，「養育者は複数でもそのケアの在り方は一貫しており，養育者の頻回な変更がおこなわれないこと」が求められました。さらに，「できる限り良好な家庭的環境」とは，単に「小規模化」するだけではなく「子どもが安心して生活するという子どもの環境整備」が求められました。

2 家庭的養護（小規模グループケア，地域小規模児童養護施設）の現状と課題

◯家庭的養護の現状

社会的養護の方向性として，大規模施設から小規模施設，そして家庭的ユニットへという方向性が示されたことは，子どもの情緒安定を含め多くのメリットがあります。厚生労働省（2021）によれば，全国に612施設ある児童養護施設

図I-2 家庭養護と家庭的養護の用語の整理について

出所：厚生労働省「第13回社会保障審議会児童部会社会的養護専門委員会資料（資料3-1「家庭的養護」「家庭養護」の用語の整理について）」2012年より。

▷1 同資料によれば，里親やファミリーホームを「家庭養護」，施設養護を小規模化し，家庭的な養育環境をつくることを「家庭的養護」と呼ぶことが提案されている。

▷2 児童の権利に関する条約，親による養護を奪われ又は奪われる危険にさらされている児童の保護と福祉等を強化することを目的として，代替的養護に直接的・間接的に関わるすべての部門に本指針を普及することが求められている（厚生労働省仮訳による）。

▷3　2020年3月現在（2021年5月厚生労働省家庭福祉課調べ）.

の形態として，小規模グループケア1936か所，地域小規模児童養護施設456か所となっています。

○小規模化・家庭的養護の推進に向けて

小規模化移行の困難さの背景には，施設の建て替えに要する，資金的問題や職員確保の問題があります。

また，建物を小規模化すれば何でもよいわけではありません。個別的な関わりが深まればそれだけ施設職員の負担も増すことになります。厚生労働省（2017）によれば，「課題の大きい子どもがいる集団では，他の子どもへの影響が大きくなった」（児童養護施設：70.2%），「課題の大きい子どもへの支援体制が十分確保できない」（児童養護施設：61.1%）により，子ども同士，子どもと職員の距離が近くなることによる課題も生じていることがうかがえます。さらに，「職員が孤立してしまったり，閉鎖的になってしまったりする可能性がある」という指摘もされました。

▷4　2016年度先駆的ケア策定・検証調査事業「児童養護施設等の小規模化における現状・取組の調査・検討報告書」2017年3月.

今後は，緊急時，本園からの応援態勢やベテラン職員の小規模施設への配置対応などが課題としてあげられます。

③　家庭養護（里親，里親ファミリーホーム）の現状の課題

○里親制度の普及・啓発のために

同「社会的養護の課題と将来像」において「里親委託を優先して検討するべき」という方向性が示されました。しかし，厚生労働省（2017）によれば，社会的養護に伴って支援を必要とする子どもたちのうち，**里親等委託率**は約2割です。里親制度に関し，日本と欧米とでは考え方が違う面があることを踏まえ，大雑把にいうと日本は欧米に比べると施設養護に偏っています。

▷5　里親等委託率（%）＝（里親・ファミリーホーム委託児童数）／（乳児院入所児＋児童養護施設入所児＋里親・ファミリーホーム委託児）
2017年度末の都道府県市別里親等委託率の全国平均は，19.7%。都道府県別で比較すると最小が秋田県の9.6%，最大が新潟県の42.0%で，自治体間格差が大きい。
（厚生労働省「社会的養育の推進に向けて」，2019年）

その要因の一つとして，「里親制度」の社会的周知がまだ十分でないことが挙げられます。日本では「里親」が「里子」を「子どものいない家庭の後継ぎ」として捉える傾向があります。さらに，児童相談所が「里親委託」を進めようとしても実親が，「わが子が里親になついてしまう」と考え，児童養護施設を希望する背景があるようです。今後，「里親」を「社会的養護の担い手」として，位置づけていくためには，里親制度の正しい理解を呼びかける啓発活動が不可欠です。そして，委託後のレスパイトケアや里親の相談援助体制も整備していかなければなりません。

▷6　現在は，児童相談所が里親認定や里親委託を行っている。しかし，「うえだみなみ乳児院」では，上田市行政と連携し，里親のリクルートやフォスタアーホームを認定し，市ぐるみで虐待予防や母親養育支援の取り組みが行われている。「予防的事業」（特定妊婦の支援）や「特別養子縁組（連携）事業」など，「新しい社会的養育ビジョン」の具体化に取り組んでいる。

2017年8月に厚生労働省から発表された「新しい社会的養育ビジョン」では，里親養育を推進するため，里親のリクルート，研修，支援など包括的な里親支援機関（フォスタリング機関）を2020年度までにすべての都道府県で整備することが目標とされました。そして，新たな取り組みとして「うえだみなみ乳児院」のようなフォスタリング事業も始まっています。

○家庭養護充実の具体的施策

　これまで，施設養護と里親制度は，児童相談所を介して連携を行ってきました。しかし実際には，社会的養護の担い手として相互の連携を積極的に取ってきたとはいえません。そこで，厚生労働省（2011）は「里親委託ガイドライン」を定め，児童相談所による委託里親への定期的訪問，里親の一時的な休息のための支援（レスパイトケア）里親の相互交流，各種研修の実施等，里親支援の取り組みを具体的に示しました。

　児童養護施設及び乳児院には，里親支援専門相談員が配置されています。委託里親の一番の悩みは「孤立化」です。特に幼児期から少年期そして思春期になる里子の養育問題です。里親はどうしても「自分たちだけで何とかしよう」と抱え込んでしまう傾向にあります。児童養護施設や乳児院に里親支援専門相談員を配置することにより，施設養護の専門的な経験を家庭養護の充実に活かすことが期待されています。

　さらに，「養育里親として同時期に2人以上の要保護児童について2年以上の経験を有する」等の条件を満たす者が，5〜6名の児童を家庭で養育するファミリーホーム（小規模住居型児童養育事業）が2009年からスタートしています。里親を大きくした里親型のグループホームです。2018年3月末現在，全国372ヵ所に1548人の児童が養育されています。養育里親経験者のみならず，児童養護施設等において3年以上の勤務経験がある者が独立してホームを開設することなどにより，さらなる充実が期待されています。

❹ 施設養護のこれから──社会的養護システムの拡大と課題

　社会的養護の枠組みは大きく分けて，2つの流れに整理されます。その1つの流れは「施設養護」の「小規模」化，「家庭的養護」化です。そして，もう1つの流れは「ファミリーホーム」のように，これまでは1〜2名程度の児童の養育が中心だった「家庭養護」における「家庭」を「複数の子どもの養育」の場としたことです。

　言い換えれば，施設養護が「集団的養護」から「個別的養護」への転換が求められる一方，里親も個々の責任に託されていた現状から，児童養護施設，そしてファミリーホームのように「複数の関わり」が養育に必要となる，新しい段階が求められていえるでしょう。

　新たな「小規模養育」のために「方法論」や「養育論」を今後は構築していかなければならないでしょう。

（小木曽 宏）

日本の社会的養護の歴史

 江戸時代以前にみられた救済

　人類の誕生とともに，親が育てられない子どもや障害や病気のある子どもに手を差し伸べた者もいたと思われます。古代社会では 6 世紀半ばに仏教が伝来し，奈良時代に聖武天皇の皇后光明子により慈悲の思想にもとづき興福寺に貧困者や孤児の救済施設**悲田院**▷1 が作られました。これは，具体的な救済施設の始まりと考えられます。その後，各地の寺院にも同様の施設がつくられるようになりました。鎌倉時代の僧，忍性は北条氏の帰依をえて，貧民救済のため各地に悲田院，施薬院を作りました。室町時代にはキリスト教が伝来し，ポルトガル人のアルメイダが布教活動の中で，育児院を開きました。

社会の安定を目指した江戸時代

　江戸時代になると武力の争いは無くなりましたが，徳川幕府は士農工商という身分制度を徹底しました。農民は年貢の取り立てや農作物の不作などで苦しい生活を強いられました。捨て子，間引きなどが起こり，1690年には棄児禁止令，1767年には間引き禁止令が出されました。しかし，その背景に着目し，具体的な対策を行うには至らなかったようです。一方，松平定信が1791年に**七分積金制度**▷2 という江戸（東京）の救済活動の資金を確保する制度を設けたり，千葉の名主であった大高善兵衛が間引きを防止し，乳児を養育する取り組みを行うなど，藩・各地ごとの救済の仕組みづくりや救済活動もみられました。

文明開化の明治時代から昭和戦前期へ

　明治維新後，政府は1874（明治 7 ）年に生活困難に陥った人たちを救済するために**恤救規則**▷3 を設けました。貧困家庭を支援する全国的な制度が設けられたという点では重要ですが，これに先立つ1871（明治 4 ）年の**棄児養育米給与方**▷4 という制度とともに，劣悪な生活環境に置かれた子どもを救済するには不十分なままでした。

○**子どもの保護施設の創立**

　この頃には子どものための施設をつくった先駆的実践家が登場し，現在の社会的養護の仕組みの基礎が固められました。1879（明治12）年に，仏教諸宗派が合同で創立した東京の福田会育児院があります。キリスト教徒による大分県

▷1　**悲田院**
仏教の慈悲の思想にもとづいて貧困者，病者，孤児などを救済するために設けた施設。興福寺をはじめ各地の寺院に設けられた。

▷2　**七分積金制度**
江戸の町の経費を節約してできる金額の 7 割をもとにしてできた救済制度であり，明治維新まで存続。その後は，東京の財源となった。

▷3　**恤救規則**
その内容は，貧困状態にある者の救済は貧困者の血縁・地縁関係に頼る考え方を基本にしたものであった。

▷4　**棄児養育米給与方**
実子でない子どもを育てる者に対し，公費によりお米を支給した制度のこと。

の日田養育院，長崎県の浦上養育院，公的資金による東京養育院などに続くものでした。1886（明治19）年には愛知県に愛知育児院が森井清八らによって仏教諸宗派の支援を受けて創立されています。これらの施設は，創立者や関係者が子どもたちの育ちの場を確保しようという強い意志をもって運営され，里親制度をもっていたところもありました。

　1887（明治20）年，岡山県に岡山孤児院がキリスト教徒の**石井十次**によって創立されました。石井十次は，海外の養育制度を参考にしながら養育方法を改良し，わが国の社会的養護の発展に貢献しました。現代においても学ぶべき内容を多く含んでいます。1891（明治24）年の濃尾大震災は，わが国の福祉を押し進めました。被災児のための施設である孤女学院（のち滝乃川学園）は，キリスト教徒の石井亮一によって創立され，のちに知的障がいのある子どもの専門的な養護方法を構築し，石井亮一はわが国の知的障がい児・者福祉の先駆者となりました。

　1885（明治18）年，**教誨師**も経験した高瀬真卿は，高年齢児となり盗みなどの犯罪を起こしそうな子どもを入所させて育て改心させるため，東京感化院を創立しました。子ども達に罰を与えるのではなく，教育を行おうとしたもので，今日の児童自立支援施設に近いものです。子どもを入所させて生活を送る中で指導し，教育を受けさせ，独立自活した大人になるように支援するという考え方です。キリスト教徒で同じく教誨師でもあった留岡幸助もこの考えで家庭学校を創設し，多くの成果をあげました。この考えに基づいて法制度化されたのが1900（明治33）年の感化法です。同法は，福祉施設を公的なものとして公費で経費負担を行うことの初めとなるものでした。その後，福祉施設での専門的な養育方法等の議論も全国的になされるようになっていきます。

○社会の発展から生じた問題への対処と昭和戦前期まで

　明治から大正時代は産業革命により，全国各地で豊かな物資を手に入れられるようになりました。その反面，子どもや女子は安価な労働力とされ，過酷な工場勤務で体調を崩す者が多くなりました。1916（大正5）年に**工場法**が施行されますが，細井和喜蔵著『女工哀史』(1925）年からは当時の実状がうかがえます。大正時代の国民の生活は，1920（大正9）年に生じた経済恐慌，1923（大正12）年に発生した関東大震災などから，困窮していきます。明治時代の恤救規則では対応しきれなくなり，同規則に代わって，1929（昭和4）年に救護法が制定されました。同法で，児童を養育するための入所施設も公費支給の対象となりました。また，1937（昭和12）年には，母子心中事件の防止などのために母子保護法を制定し，母子世帯の支援が行われるようになりました。その後，第二次世界大戦になると，次第に国民の生活は疲弊・困窮しました。

▷5　石井十次
1865（慶応元）年-1914（大正3）年。岡山孤児院において，小舎制による孤児養育，家族制度，養育委託制度などを取り入れた。

▷6　教誨師
希望する受刑者と面接し，道徳心などを教え導く役割を担う者。

▷7　工場法
1911（明治44）年に制定された労働者を保護するためのもの。年少者や女子の労働条件，労働時間などを規制したが，十分ではなかった。戦後の労働基準法の制定にともない廃止された。

❹　第二次世界大戦後から高度経済成長期

○戦災被災児の救済とその後

　第二次世界大戦終戦後は，全国で戦災被災児の保護が課題となりました。1945（昭和20）年9月に，国は戦災孤児等保護対策要綱を定めて親と暮らせない子どもの養育に第三者への委託などを進めましたが，効果はなく，やがて浮浪児狩りなどと呼ばれたように，保護を必要とする子どもを強制的に施設入所させました。収容された子どもたちのなかには施設生活の不自由さなどから施設を抜け出す者もいました。

　1947（昭和22）年には，児童福祉法が制定され，養護施設（現・児童養護施設）等を制度化することになり，入所施設の整備，里親制度の制定など社会的養護の仕組みは，国の責任において行うことになりました。乳児保護のために乳児院も制度化されましたが，親の養育を受けられない子どもは1948（昭和23）年には約12万人いたとされ，そのうち施設に入所した子どもは1万人程度でした。多くは兄弟姉妹ばらばらになって親せきの家で暮らすことになったり，路上生活を続けたりしました。そのような状況のなか，**澤田美喜**[8]は養護施設を創立し，駐留軍兵士と日本人女性との間に生まれ，養育放棄された児童を救済しました。この頃，全国各地に養護施設が次々に創立され，その数は500か所を超えました（現在は約600か所）。一方，**GHQ**[9]は物資支援を行うとともに，国への様々な指導を行い，児童福祉施設最低基準や施設の生活環境の改善にも影響を与えました。その後，戦災被災児たちが入所施設で集団生活を続けていくと，子ども自身の情緒面や身体面，対人関係の発達に悪影響を与えるとの懸念が出されるようになりました。これは，ホスピタリズムと呼ばれ，施設病などとも言われました。**大舎制**[10]の施設での集団生活には弊害があることが気づかれたのですが，社会の関心は高まらず，大人数での集団生活を行う形態は継続されました。

　戦後，糸賀一雄は障がいのある子どもを専門的に療育する施設づくりを開始しています（近江学園／1946（昭和21）年，びわこ学園／1963（昭和38）年）。糸賀の言葉「この子らを世の光に」は，今日の福祉思想に多大な影響を与えています[11]。

○高度経済成長期の養護問題

　1960年代から70年代は，高度経済成長期であり，子育て家庭の収入がアップしました。一方で，離婚等で崩壊した家庭の子どもが非行少年となり事件を起こすケースが注目され，社会問題となりました。また，乳児が駅のコインロッカーに置き去りにされる事件も多発しました。この時期の養護施設には戦災被災児とは異なり，家庭崩壊の犠牲になり心身に不調をきたした子どもが多く入所したため，その対応に施設職員は追われ，施設への偏見にも拍車を掛けました。

▷8　澤田美喜
三菱財閥の岩崎弥太郎の孫娘で外交官の澤田廉三と結婚。児童養護施設「エリザベス・サンダース・ホーム」を創立した。

▷9　GHQ
第二次世界大戦後に日本を占領した連合国軍最高司令官総司令部のこと。

▷10　大舎制
現在では大舎制のほか，中舎制，小舎制に加え，小舎制の一つユニットケア（小規模グループケア）などに分類されている。

▷11　糸賀一雄『福祉の思想』NHK出版，1968年参照.

里親制度は，1955年頃までは盛んに実施されましたが，この頃になるとすでに低調となっており，入所施設利用が主となっていました。1980年代中頃から1990年代初頭にかけては，施設に入所する子どもの数自体が減少し，施設は不要な時代となったともいわれましたが，再び入所数が増加していきました。この背景には，児童虐待問題への社会の関心が高まったことがあると考えられます。子どもが専門的な支援を受けて暮らせる場が必要であることが改めて明らかになったといえます。

⑤ 社会福祉の構造改革と社会的養護のあゆみ

1997（平成9）年に児童福祉法改正が行われました。養護施設は「児童養護施設」と改称され，自立支援を目的とすることなどが規定されました。また教護院も「児童自立支援施設」と改称され，非行少年だけでなく生活指導が必要な児童への援助を行うことや自立支援を目的とすることなどが規定されました。

これより前の1994（平成6）年に，わが国は子どもの権利条約を批准しました。2000年頃からは，すでに障がい児・者福祉の分野にみられたノーマライゼーションの考え方を，社会的養護にも導入するようになりました。子どもの権利ノート作成，全国養護施設高校生交流会などの試み，施設の小規模化，グループホームの設置も進められました。▷12 この頃より児童虐待は社会問題として注目されるようになり，児童相談所や行政機関は子どもの救出を強く期待されるようになりました。2000（平成12）年には児童虐待防止法が制定され，虐待の早期発見が重視されるようになりました。2007（平成19）年には，熊本の慈恵病院は匿名で赤ちゃんを預けられる「こうのとりのゆりかご」を設けましたが，その意義や賛否の議論が起きるなど大きな反響を呼びました。

障がい児福祉制度については，2012（平成24）年の児童福祉法の改正で，障害児通所支援と障害児入所支援に大別され，障害児入所施設は福祉型と医療型に再編されました。

里親制度は，明治期の養護の取り組みのなかにも見られましたが，戦後の児童福祉法の制定により国の主導による運用になりました。里親会の設立など支援体制もとられてきましたが，利用率は長らく低調のままでした。2002（平成14）年に専門里親と親族里親を制度化，2008（平成20）年の児童福祉法改正では，養育里親を養子縁組里親と区別し，養育里親の研修義務化，里親支援機関の整備，里親手当の引き上げ，ファミリーホームの制度化などが行われました。▷13

2009（平成21）年に，国連の児童の代替的養護に関する指針が出され，わが国の施設養護に偏っている現状を是正するよう指摘をうけました。2011（平成23）年には「**社会的養護の課題と将来像**」が公表されました。2017年に公表された「新しい社会的養育ビジョン」では，里親委託を中心とした制度に改めることが明確化されたため議論を呼んでいます。▷15 （菅田理一）

▷12 『子どもが語る施設の暮らし』編集委員会編『子どもが語る施設の暮らし』明石書店，1999年，『子どもが語る施設の暮らし』編集委員会編『子どもが語る施設の暮らし2』明石書店，2003年参照．

▷13 その後，2011（平成23）年に「里親委託ガイドライン」の策定が，2016（平成28）年には，家庭と同様の養育の環境整備を推進し，児童相談所が里親の開拓から子どもの自立支援までの一貫した里親支援を担うことになった。

▷14 **社会的養護の課題と将来像**
「社会的養護は，かつては，親が無かったり，親に育てられない子どもへの施策であったが，現在では，さらに虐待を受けて心に傷をもつ子ども，何らかの障害のある子ども，DV被害の母子などへの支援を行う施策へと役割が変化」したことを指摘している。

▷15 厚生労働省ホームページ．https://www.mhlw.go.jp/file/05-Shingikai-11901000-Koyoukintou jidoukateikyoku-Soumuka/0000173888.pdf

4 社会的養護の実施体系

 養護系社会的養護と障害系社会的養護について

　社会的養護はそれに取り組む「場」によって，一般的には，「家庭養護」と「施設養護」に大別されます。そして，市町村，児童相談所，学校，保健・医療，近隣，警察・司法，地域の社会資源などが密接に絡んで，社会的養護の現場は構成されています。一例として，障害のある子どもに対する養育放棄を理由とする障害児施設への入所措置も，社会的養護の範疇に入ります。

　ここでは社会的養護について，施設・里親等の利用に関して障害を主たる理由としない「養護系社会的養護」と，障害を主たる理由とする「障害系社会的養護」と位置づけ，それぞれの社会的養護の背景と実際について整理します。

　養護系の施設養護の利用については，基本的には措置制度に基づき，児童福祉法による都道府県の措置（実務上は児童相談所に委託）によって，入所が決定されます。一方，障害系の施設養護においても，児童福祉法を根拠にしていますが，障害児施設（入所・通所）や放課後等デイサービスなどは原則的に契約制度（虐待事例等は措置制度適用）による利用となっています。

▷1　ただし，児童福祉施設のなかで唯一，子どもと母親が一緒に入所できる「母子生活支援施設」は契約によって利用する。

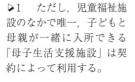 **養護系社会的養護の背景**

　特殊な例を除き，子どもは親のもとで育てられるという多くの現実を考えると，一般的には，「親の事情」がなければ社会的養護の必要性は発生しにくいと考えられます。ここでは，現代的特徴の1つとなっている「虐待」と養護問題との関係に焦点を当てて，社会的養護の背景を部分的に整理します。厚生労働省の調査（表I-1）によれば，虐待の内訳を「放任・怠だ」「虐待・酷使」「棄児」「養育拒否」としています。養護問題発生理由に占める虐待の割合を養護問題発生理由の上位3位でみると，里親委託と児童養護施設の場合，7割近くの数字になり，虐待問題の深刻さがうかがえます。それと同時に，虐待の場となっている家庭から子どもを引き離したとしても，その後の家庭環境調整が量的にも質的にも大変であることがうかがえます。

養護系社会的養護の実際

　家庭養護は文字どおり，家族のある「家庭」がベースになりますが，それは「元の家庭」ではなく，対象となる子どもにとっては「新しい家庭」です。具体

的には，保護者のない児童，または保護者に監護させることが不適当であると認められる児童に対して，家庭と同様の養育環境を提供する里親やファミリーホームがあげられます。厚生労働省によれば，社会的養護に伴って支援を必要とする子どもたちは約4万5,000人ですが，**里親等委託率**は約2割です。

施設養護については，表I-2にまとめています。まずは，対象児童の特性によって，利用できる施設の種別が異なります。その特性には児童の年齢，保護者の有無，障害の有無，非行や虐待等に伴って必要とされる環境上の調整などがあげられます。また，支援内容は，乳児院のようにケア（≒保育・保護）を中心とするものから，児童心理治療施設のようにキュア（≒治療）を中心とするものまで幅広いです。さらに児童心理治療施設のように対象児童がある程度絞

▷2 里親等委託率（%）
⇨ I-2 参照。

表I-1 養護問題発生理由と虐待

	養護問題発生理由上位3位（%）	養護問題発生理由に占める虐待の割合（上位3位のなかで）
里親委託児	①養育拒否（15.4%） ②母の精神疾患等（12.6%） ③母の放任・怠だ（12.0%）	①+③（27.4） ①+②+③（40.0）≒68.5%
児童養護施設児	①母の放任・怠だ（15.0%） ②母の精神疾患等（14.8%） ③母の虐待・酷使（13.1%）	①+③（28.1） ①+②+③（42.9）≒65.5%
児童心理治療施設児	①児童の問題による監護困難（38.6%） ②母の虐待・酷使（16.7%） ③父の虐待・酷使（10.8%）	②+③（27.5） ①+②+③（66.1）≒41.6%
児童自立支援施設児	①児童の問題による監護困難（68.3%） ②父の虐待・酷使（6.0%） ③母の放任・怠だ（5.0%）	②+③（11.0） ①+②+③（79.3）≒13.9%
乳児院児	①母の精神疾患等（23.3%） ②母の放任・怠だ（15.7%） ③破産等の経済的理由（6.7%）	②（15.7） ①+②+③（45.7）≒34.4%

出所：厚生労働省「児童養護施設入所児童等調査の結果（2018年2月1日現在）」を加筆修正。

表I-2 養護系施設養護一覧

	乳児院	児童養護施設	児童心理治療施設	児童自立支援施設	自立援助ホーム	母子生活支援施設
対象児童	乳児（特に必要のある場合には，幼児を含む。）	保護者のない児童，虐待されている児童その他環境上養護を要する児童（特に必要のある場合には，乳児を含む。）	家庭環境，学校における交友関係その他の環境上の理由により，社会生活への適応が困難となった児童	不良行為をなし，又はなすおそれのある児童及び家庭環境その他の環境上の理由により生活指導等を要する児童	義務教育を終了した児童であって，児童養護施設等を退所した児童等	配偶者のいない女子又はこれに準ずる事情のある女子の，監護すべき児童
主な支援内容	養育	養護，退所後支援	心理に関する治療，生活指導，退所後支援	必要な指導・自立を支援，退所後支援	日常生活上の援助，生活指導	保護，退所後支援
ケア担当職員の配置（児童福祉施設の設備及び運営に関する基準より）	医師，看護師，保育士，児童指導員など	医師，保育士，児童指導員など	医師，心理療法担当職員，看護師，保育士，児童指導員など	医師，児童自立支援専門員，児童生活支援員など	指導員など	母子支援員，保育士，少年指導員兼事務員

出所：児童福祉法，児童福祉施設の設備及び運営に関する基準等をもとに筆者作成。

られるものから，児童養護施設のように保護者のない児童，虐待児童，非行児童，その他環境調整を要する児童などが混在していて，児童の多層化が認められる施設まで，相当な幅があります。そして，施設が提供する福祉サービスの質を担保するために，児童福祉施設の設備及び運営に関する基準で示されているケア担当職員も細かく規定されています。

ケア形態の小規模化への対応としては，家庭養護と施設養護の中間に位置するものとして，良好な家庭的な環境を提供することをねらいとする小規模グループケアや地域小規模児童養護施設があります。また，義務教育修了後のケアの仕組みとして，自立援助ホームが1997年の児童福祉法改正により児童自立生活援助事業として法定化されています。

④ 障害系社会的養護の背景

障害児への社会的養護の問題を考える時，学校教育との関係は重要な点です。障害児に対しての教育保障は養護学校義務制が実施（1979年）されて以来，障害の種類や程度に応じて，盲学校・ろう学校・養護学校や特殊学級が教育の中心的な場になっていました。そして，学校教育法の改正（2006年）により，2007年４月１日より特殊学級や各種養護学校（特殊教育）は，障害の種別等にとらわれることなく，個々のニーズに柔軟に対応する教育を目指す特別支援学級や特別支援学校（特別支援教育）に移行しました。

地域に特別支援学級や特別支援学校があり，家庭から通学できる障害等（「等」のなかには，当該児童の有する障害だけでなく，家族の養育能力等環境因子が含まれます）であれば，地域のそういった学校への通学は可能です。しかし，居住の場に学校がなかったり，あるいは障害等により家庭での生活が難しい場合，特別支援教育とセットにして障害児施設を利用することになります。障害があれば，必要に応じて障害児施設利用という結びつきが一般的には考えられます。しかし実際には，障害児の社会的な受け皿は障害児施設だけではありません。発達障害や軽度知的障害のある子どもたちへの虐待や，そのような子どもたちが引き起こす非行などもあり，養護系の施設にも相当数，広い意味での障害のある子どもたちが生活しています。そこには障害系の施設利用に関して，障害の種類や程度にかかる一定の基準が求められるのに対し，障害系の施設利用から外れた子どもたちの受け皿として，養護系の施設が結果的に存在するという事情があります。

⑤ 障害系社会的養護の実際——施設養護

改正障害者自立支援法（2010年12月成立，現・障害者総合支援法），改正障害者基本法（2011年８月公布・施行）において，発達障害が障害者の範囲に含まれると明記されました。また，障害の種別による枠のなかでケアを提供していた体

▷3　「児童養護施設入所児童児童等調査の結果」（厚生労働省，2018年）によれば，心身に課題を有する児童の割合は，里親が24.9％，児童養護施設が36.7％となっている。また，自立援助ホームには，LGBTの割合が1.3％となっている。

▷4　制度的には，療育手帳や身体障害者手帳が代表的なものとして考えられる。

表Ⅰ-3 障害系施設養護等一覧

大分類	中分類	利用の施設	主な支援内容	手続きの大まかな流れ
障害児通所支援（市町村）※児童福祉法第6条	児童発達支援	児童発達支援センター	（共通）・基本的動作の指導・知識技能の付与・集団生活への適応訓練（医療型のみ）・治療	障害児相談支援事業者（市町村長指定）が相談の窓口になり，市町村がサービスの支給決定を行う。
	医療型児童発達支援（肢体不自由）	医療型児童発達支援センター		
	放課後デイサービス	児童発達支援センター	・授業終了後又は休業日に利用・生活能力向上のための訓練・社会との交流促進	
	保育所等訪問支援		障害児が集団適応できるようにするための専門的な支援	
障害児入所支援（都道府県）※児童福祉法第7条	福祉型障害児入所支援（知的，自閉，盲，ろうあ，肢体不自由）	障害児入所施設・指定医療機関（都道府県知事指定）	（共通）・保護・日常生活の指導・知識技能の付与（医療型のみ）・治療	・児童相談所が窓口になり，都道府県が支給・入所決定をする。・入所には契約と措置がある。
	医療型障害児入所支援（自閉，肢体不自由，重症心身障害）			

出所：児童福祉法，児童福祉施設の設備及び運営に関する基準，『障害者総合支援法とは…』（東京都社会福祉協議会，2013年），『障害者に対する支援と障害者自立支援制度』（中央法規出版，2013年）をもとに筆者作成。

制から表Ⅰ-3にあるように，入所・通所という「生活の場の違いによる軸」，都道府県・市町村という「責任主体としての自治体軸」，及び「医療提供の有無にかかる軸」の3本の軸によるケア供給システムに再編されました。

家族を含む環境調整にかかる必要度が低く，ある一定の障害の軽減・除去や早期療育の必要性から設けられている「通所」という方法は，障害系施設に特徴的な点としてあげられるでしょう。この背景には，できるだけ住み慣れた地域でケアを受け，入所施設は必要がある時にのみ利用されるべきという，ノーマライゼーションの思想があります。そして，大まかないい方をすれば，重度の身体障害と重度の知的障害をあわせもつ重症心身障害児がケアされている，病院機能をもつ医療型障害児入所施設にかかるニーズとは別に，近年はデータ的に，通所型の施設に関する社会的ニーズが高い傾向にあるといえるでしょう。

（宮本秀樹）

▶5 社会福祉施設等調査の概況（2017年）によれば，障害福祉サービス等事業所・障害児通所支援等事業所の状況（22事業）の対前年増減率は平均約3.75％の増加率である。そのなかで，「放課後等デイサービス事業」は20.4％で最も増加率が高く，次いで，「児童発達支援事業」の20.0％となっている。（厚生労働省，2018年）

5 社会的養護の決定に関する基本的仕組み

1 児童相談所の役割

　児童相談所は児童福祉法第12条その他に基づき，都道府県および政令指定都市に設置が義務づけられています。児童相談所は全国に225か所（2021年4月現在）設置されています。2005年4月の改正児童福祉法施行により児童家庭相談の「第一義的窓口」として市町村が位置づけられることとなりました。これに伴い，市町村における児童家庭相談の支援をはじめ，専門的な知識・技術を必要とする児童家庭相談への対応，児童家庭等の相談について必要な調査と医学的・心理学的・教育学的・社会学的・精神保健上の判定の実施，これらの調査や判定に基づいた児童およびその保護者への指導，児童の一時保護の実施，そして里親への援助が現在の児童相談所の業務内容となっています。

▷1　厚生労働省「全国児童相談所一覧」（https://www.mhlw.go.jp/stf/seisakunitsuite/bunya/kodomo/kodomo_kosodate/zisouichiran.html）

2 児童相談所から社会的養護への経路

　図I-3は，児童相談所における相談援助活動の体系・展開を図式化したものです。面接・電話・文書によって受け付けられた相談・通告・送致は，主たる担当者，調査や診断の方針，安全確認の時期や方法，一時保護の要否等を検討するための「受理会議」にかけられます。

　その後，各ケースの必要性に応じて主に児童福祉司・相談員等によって行われる調査に基づいた「社会診断」，児童心理司等による「心理診断」，医師による「医学診断」，一時保護部門の保育者による「行動診断」，「その他の診断」

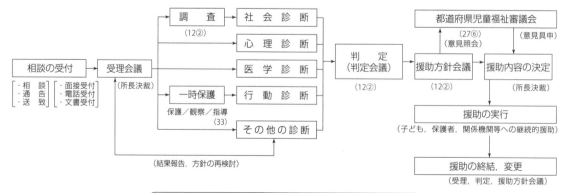

図I-3　児童相談所における相談援助活動の体系・展開

（注）数字は児童福祉法の該当条項等。
出所：厚労省HP「児童相談所の運営指針について」。

（理学療法士等によるもの等）がなされます。社会診断，心理診断，医学診断，行動診断，その他の診断の結果は「判定会議」にかけられ，子どもの援助指針が立案されます。援助指針の立案にあたっては，可能な限り子ども自身や保護者等の意見を取り入れながら行われることが望ましいとされています。

表 I-4 援助方針会議にて決定される援助内容

援　　助	
1　在宅指導等	指定医療機関委託（27②）
（1）措置によらない指導（12①）	3　里親，小規模住居型児童養育事業委託措置（27①Ⅲ）
ア　助言指導	4　児童自立生活援助の実施（33の6①）
イ　継続指導	5　福祉事務所送致，通知（26①Ⅲ，63の4，63の5）
ウ　他機関あっせん	都道府県知事，市町村長報告，通知
（2）措置による指導	（26①Ⅳ，Ⅴ，Ⅵ，Ⅶ）
ア　児童福祉司指導（26①Ⅱ，27①Ⅱ）	6　家庭裁判所送致（27①Ⅳ，27の3）
イ　児童委員指導（26①Ⅱ，27①Ⅱ）	7　家庭裁判所への家事審判の申立て
ウ　市町村指導（26①Ⅱ，27①Ⅱ）	ア　施設入所の承認（28①②）
エ　児童家庭支援センター指導（26①Ⅱ，27①Ⅱ）	イ　特別養子縁組適格の確認の請求
オ　知的障害者福祉司，社会福祉主事指導（26①Ⅱ，27①Ⅱ）	（33の6の2①）
カ　障害児相談支援事業を行う者の指導（26①Ⅱ，27①Ⅱ）	ウ　親権喪失等の審判の請求又は取消しの請求
キ　指導の委託（26①Ⅱ，27①Ⅱ）	（33の7）
（3）訓戒，誓約措置（27①Ⅱ）	エ　後見人選任の請求（33の8）
2　児童福祉施設入所措置（27①Ⅱ）	オ　後見人解任の請求（33の9）

（数字は児童福祉法の当該条項等）

出所：厚労省HP「児童相談所の運営指針について」。

　「援助方針会議」では，表 I-4に掲げられた各援助内容が決定されます。援助方針決定にあたっては，必要に応じ**都道府県児童福祉審議会**への諮問が行われます。決定された援助が実行されると，その後は児童，保護者，関係機関等への継続的な支援がなされていきます。新たな問題が生じた場合は，必要に応じて援助方針会議が再度行われ，援助内容の見直しがなされます。子どもが児童相談所の対応を必要としない状況に至った時をもって，援助は終結することとなります。

３　施設および里親への措置

　児童養護施設等への措置を必要とする子どもなど，子どもたちの多くは援助内容が決定するまでの期間，児童相談所に付設されている**一時保護所**において生活します。この間に，各スタッフは調査や診断を進めていきます。そして，各スタッフからの情報を総合し，判定会議および援助方針会議で適切な援助方針を検討していきます。子どもを連れて施設や里親宅に見学に行き，子ども自身の意見も取り入れる等，さまざまな工夫もなされています。また，施設サイドや里親サイドの意向も措置先を選定する上での重要な要因となります。

　援助方針を立案する際，児童福祉施設の種別は多様に存在するため，その子どもにふさわしい施設種別を選び，さらにその種別のなかの複数の児童福祉施設から，その子どもにもっともふさわしい施設を選択するのです。

　実際に一時保護所から措置先へと子どもの生活の場所が移る前後には，児童福祉司と措置先の担当者が綿密に連絡をとり，生活環境の変化による不適応を最小限にとどめるため，さまざまな配慮を行っています。　　　　　　（鈴木崇之）

▷2　都道府県児童福祉審議会
都道府県に設置されている児童福祉に関する審議会その他の合議制の機関のこと。1998年4月より「子どももしくは保護者の意向が児童相談所の措置と一致しないとき」または「児童相談所長が必要と認めるとき」に，都道府県児童福祉審議会の意見を聴取しなければならないと定められた。

▷3　一時保護所
⇨　Ⅵ-1 参照。

1 # 社会的養護における子どもの現状

 ## 社会的養護の対象となる子どもの現状

　2020年3月現在，社会的養護の対象となる，保護の必要な児童（要保護児童）は約4万5,000人います。みなさんは，このような要保護児童の数が増加傾向にあるか減少傾向にあるかどちらだと考えるでしょうか。児童虐待のニュースが多く報道される現在において，要保護児童の数も増加傾向にあると考える人が多いかもしれません。実は，この30年間で要保護児童の数は大きな変化がありません。それに対して，児童相談所における児童虐待に関する相談件数はこの30年間で約180倍の増加をしています。このように社会的養護の必要な子どもたちを取り巻く問題が複雑化していくなかで，表Ⅱ-1にあるような家庭養護・施設養護ともに量と質の両者における改善が望まれています。まずは，家庭養護と施設養護のそれぞれの概要についてみていきましょう。

 ## 家庭養護

　社会的養護のなかでも家庭養護に分類されるのは里親養護とファミリーホームになります。里親制度は，家庭で暮らすことのできない子どもに対して，登録した里親のもとで家庭と同様の環境を提供する制度です。一方，ファミリーホームは，5～6人の子どもを養育者の住居で補助者も含めた3名以上で養育を行う家庭養護です。どちらも施設養護とは異なり，家庭という養育環境のも

▷1　1990年の児童相談所における児童虐待相談件数は1,101件に対して，2020年には20万5,029件に増加しています。

▷2　本書においては，小規模グループケア，地域小規模児童養護施設を「家庭的養護」の位置づけとしている。Ⅰ-2参照。

表Ⅱ-1　家庭養護・施設養護の状況

家庭養護

	養育里親	専門里親	養子縁組里親	親族里親	ファミリーホーム	
登録里親数	10,136世帯	702世帯	4,238世帯	588世帯	ホーム数	342か所
委託里親数	3,441世帯	193世帯	317世帯	558世帯	委託児童数	1,548人
委託児童数	4,235人	223人	321人	777人		

施設養護

	乳児院	児童養護施設	児童心理治療施設	児童自立支援施設	母子生活支援施設	自立援助ホーム
施設数	140か所	605か所	50か所	58か所	226か所	176か所
児童数	2,678人	24,908人	1,366人	1,226人	6,333人	643人
職員数	5,084人	18,869人	1,384人	1,815人	2,084人	858人

出所：厚生労働省子ども家庭局家庭福祉課「社会的養育推進に向けて」2020年。

とで実施される点に特徴があります。2020年3月末現在において家庭養護のもとで支援される子どもは7,492人（里親委託：5,832人，ファミリーホーム：1,660人）であり，**里親等委託率**[43]は2割弱の割合にとどまっているのが現状です。

2017年に発表された「新しい社会的養育ビジョン」では里親委託の優先が宣言されているように，今後は家庭養護の割合が増加していくことが考えられます。[44]様々な事情により親元で生活できない子どもたちにとって，特定の大人との愛着関係の下で養育される場の増加は望ましいことであるといえるでしょう。今後の家庭養護には，適切な家庭生活体験を通して養育を受ける子どもたちの基本的信頼感を育む機会を提供するとともに，彼らが将来的に家庭生活を築く上でのモデルとなることが求められています。

他方で，家庭養護の比率の増加，言い換えれば里親の数が増加していくなかで考えなければならないことは，里親の質をいかにして保障していくかということではないでしょうか。実際に里親養護が盛んな欧米やオセアニア地域においては，里親がケアを放棄してしまい，子どもが複数の里親間をたらいまわしになってしまう「**フォスタードリフト問題**」[45]も生じています。その意味では，次項にて解説がなされる施設養護の中で培われてきたノウハウを里親の支援に活かしていくという方向性が今後の家庭養護において重要になってくるといえるでしょう。

つぎに，社会的養護の対象となる子どものおよそ8割がケアを受ける施設養護についてみていきましょう。

❸ 施設養護1──保護者のいない子どもや保護の必要な子どもをケアする施設

○乳児院

乳児院が対象とする乳児期の子どもたちは，人間として生きるための基礎を形成しています。そのため，職員とのかかわりは，アタッチメント（愛着）形成や信頼関係の形成を育むうえで非常に重要になるといえるでしょう。入所する子どもたちの中には，発達障害や軽度の知的障害を有していたり，特別な療育が必要な場合もあります。そのため，医師や看護師といった医療の専門家が配置されています。

近年では，地域の保護者たちに対する育児相談やショートステイ（短期間の施設利用）といった地域子育て支援も行います。また，前述したように家庭養護の拡充が目指されていくなかで，乳児の施設入所は減少していくことが予想されます。乳児院の将来的な在り方として，里親のリクルート・研修・包括的支援を行う**フォスタリング機関**[46]としての役割を担っていくことが期待されています。

○児童養護施設

児童養護施設は他の児童福祉施設と比べても利用する児童の数が最も多い施

▷3 Ⅰ-2,Ⅰ-4,Ⅶ-2参照。

▷4 **里親等委託率**
実際に2000年代前半と比較すると2019年現在における里親・ファミリーホームへの委託数はおよそ2倍に増加している。

▷5 **フォスタードリフト問題**
里親が何らかの事情から養育困難となり，子どもが多くの里親をたらいまわしにされてしまうことを意味している。

▷6 **フォスタリング機関**
里親普及促進，里親のリクルートや研修といった業務を担う機関。

設です。子どもたちは児童相談所による措置で入所しますが，主な入所理由としては，保護者からの虐待やネグレクト，父母の精神疾患や経済的困窮，災害被害児などになります。家庭や学校といった居場所を喪失してしまったことで自己肯定感の低い子どもたちが多いなかで，多様な専門性を持った職員が互いに連携をとりながら支援に取り組んでいます。

　これまで，多くの児童養護施設では20人以上の子どもたちが一つの建物で生活する大舎制が主流でした。近年，このような形態は見直され，12人以下で生活をする小舎制や6人程度の子どもたちが生活をするファミリーホームなど，施設の小規模化や家庭的養護の促進が目指されています。また，児童養護施設を退所した子どもたちが退所後の生活をよりよく生きるための計画を立てるリービングケアも重要な課題として取り組まれています。

　施設養護2──司法領域や心理治療などの専門性が高い施設

○児童自立支援施設

　児童自立支援施設に入所するのは，主に非行傾向のある子どもとされています。近年では発達障害や被虐待経験から自傷や他者を傷つけてしまうおそれのある子どもも増えています。入所経路としては，児童相談所による措置に加えて，家庭裁判所の審判で送致されるケースもあります。その意味でも，児童福祉と少年司法との中間に位置づけられる施設であることがわかるでしょう。

　特徴的なのは，現在でもいくつかの施設において夫婦小舎制で子どもたちのケアに取り組んでいる点です。夫婦小舎制とは，夫婦の施設職員が入所する子どもたちと寮舎において生活をする支援形態です。非行傾向のある子どもは生活のリズムを整えることが苦手であったり，大人への不信感を有していたりすることが多いといえます。職員が子どもたちの「仮親」的な存在として生活をともにすることによって，「枠のある生活」を通した育ち直しの機会となります。

○児童心理治療施設

　2016年の児童福祉法改正で情緒障害児短期治療施設から児童心理治療施設に施設名が変更されました[7]。主に発達障害の診断をされた子どもや被虐待経験のある子どもといった福祉と医療とが連携をした心理的治療の必要な子どもたちが生活をしています。様々な心理的問題を抱える子どもたちは，情緒が不安定になってしまうが故にパニックを起こしてしまったり，葛藤を抱えるなかで不登校になったりしてしまうなど，家庭や学校に適応することが困難になることが多いです。また，そのような不適応に対して保護者や学校教員などの周囲の大人が不適切な関わりをしてしまうために問題が深刻化してしまうケースもあります。

　支援の在り方として特徴的なのは，「**総合環境療法**[8]」が行われるという点です。

▷7　情緒障害という呼称が「情緒をかきみだされている」という英訳を訳したもので，適切ではなく誤解を与えやすいという理由から名称変更が行われた。

▷8　**総合環境療法**
総合環境療法とは，治療，生活，教育が三位一体となって生活場面を吟味するという意味合いがある。

施設での生活支援に携わる保育士，児童指導員といった福祉職，医師や看護師といった医療職，そして子どもたちの心理的ケアに携わる心理職が連携し，多角的な視点から一人の子どもをケアすることで，治療的に配慮された生活空間が構成されます。

 5 **施設養護3——母親や施設退所者等の保護や自立支援を担う施設**

○母子生活支援施設

入所の対象となるのは，18歳未満の子どもを養育している母子世帯（特別な事情がある場合は子どもが満20歳になるまで利用可能）です。主な入所理由としては，夫からの暴力が半数を占め，住宅事情や経済事情が続きます。数ある児童福祉施設の中でも子どもと母親がともに暮らすことのできる唯一の施設です。もともと「母子寮」という名称でしたが，1998年児童福祉法改正を機に母子生活支援施設へと変更され，その目的も単に母親を保護するのみならず，自立を支援するということが加わりました。

国際化が進む社会背景から近年増えつつあるのが，外国籍の母子に対する支援です。異文化のなかで孤立してしまいがちな外国籍の母子に対しては，施設職員も異文化への理解や言語面など困難を感じる場面が多いといえます。国籍を問わず全ての子どもとその親の福祉を保障するためにはどのような支援が望ましいのかを考えなければならないといえるでしょう。

○自立援助ホーム

児童養護施設等の施設退所者は，退所とともに社会へと羽ばたいていきます。これは言い換えれば，保護としての囲いから一歩足を踏みだすということです。これまでの安心・安全が提供されていた施設とは異なり，進学や就労にはより多くの困難がつきまといます。自立援助ホームは施設への入所措置が解除された子どもに対し，共同生活を営む住居を提供し，自立に向けた相談その他の日常生活上の援助や指導を行います。支援の内容としては，就労支援や生活指導が中心です。生活指導の内容としては，対人関係の構築や健康管理，金銭管理の3つが自立するうえで必要不可欠なスキルとしてあげられます。また，入所者が少しずつ自立に向かっていくためにも，安心することができる居場所としての役割が期待されています。

近年，施設退所者のみならず，家庭から自立援助ホームへ入所するというケースが増えてきています。具体的には，社会的養護の対象者でなくても，思春期に様々な問題が生じてしまったために社会的自立の機会を逃してしまったというケースです。施設退所者に限らず，若者の自立支援として広く活躍が期待される施設であるといえるでしょう。 （高田俊輔）

2 社会的養護における子どもの発達論的理解
——アタッチメントの安定的発達とアタッチメント障害

▷1　アタッチメントと愛
着
⇨ Ⅳ-5，Ⅴ-7 参照。

1 アタッチメントと愛着[注1]

　専門用語としての「アタッチメント」や「愛着」は「人が特定の他者との間に築く緊密な情緒的結びつき」等と定義されています。しかし，特に日本語で表現される「愛着」は，ともすれば接触やスキンシップと同義で捉えられてしまうことも少なくありません。本節では，前述の専門用語としての定義を踏まえて「アタッチメント」という用語を使用していきます。

　アタッチメント研究の先駆者であるジョン・ボウルビィはアタッチメントを「危機的な状況に際して，あるいは潜在的な危機に備えて，特定の対象との近接を求め，またこれを維持しようとする個体（人間やその他の動物）の傾性」であると位置づけ，特に恐れや不安等といったネガティヴな情動状態を，他の個体と接触，あるいは絶えず接触していることにより低減・調節しようとする行動制御システムと考えていたと教育心理学者・遠藤利彦は論じています。

　そして遠藤は，乳幼児期に確立されたアタッチメントは，成長に伴い，後述する「内的作業モデル」を個人の内面に構成していくことに影響を与えていくと説明しています。

2 アタッチメントの発達段階

　ボウルビィは，子どものアタッチメントの発達に以下のような4つの段階を仮定しました。

○第一段階：人物の弁別を伴わない定位と発信

　この時期の乳児はある特定の人を他人と識別する能力は高くありません。識別できたとしても，聴覚刺激のみによって識別するような限られた能力です。特定の人物に限らず，近くにいる人物に対して定位（追視する，声を聴く，手を伸ばすなど）や発信（泣く，微笑む，喃語を発する）といったアタッチメント行動を向けます。この時期には，その人が誰であれ，人の声を聞いたり人の顔を見たりすると泣き止むことがあります。

○第二段階：ひとりまたは数人の弁別された人物に対する定位と発信

　第一段階と同様に，この段階の乳児は誰に対しても友好的にふるまいます。しかし，その一方で日常よく関わってくれる人に対しては特に，アタッチメント行動を向けるようになります。生後12週を過ぎる頃からは，養育者の顔や声

に対してよく微笑んだり声を出したりするなど，聴覚刺激や視覚刺激に対し，人物に応じて分化した反応を示すようになっていきます。

○第三段階：発信ならびに動作の手段による弁別された人物への近接の維持

この段階には人物の識別がさらに明確になり，相手が誰であるかによって反応が明らかに異なります。家族など見慣れた人は二次的なアタッチメント対象になりますが，見知らぬ人に対しては警戒心をもったり，関わりを避けたりするようになります。この時期には，はいはいや歩行による移動が可能になるため，後追いをしたり，アタッチメント対象の養育者が戻ってきたときに歓迎行動を示したり，養育者を心の安全基地として周囲の探索を行うなど以前には見られなかった行動を行うようになります。

○第四段階：目標修正的協調性の形成

この時期には，養育者の行動やそれらに影響を与えている事柄を観察することを通して，養育者の感情や動機あるいは設定目標やそれを達成するための計画などについて，一定程度の推察を行うことが可能になり，またそれに基づいて養育者の次の行動を推測し，自分自身の行動や目標を修正できるようになります。養育者との関係のなかで，独りよがりではなく，自分自身と養育者双方にとって報酬的な，協調性に基づく関係性を徐々に築き始めることができるようになります。

③　アタッチメントと内的作業モデル

ボウルビィは，上記の第4段階「目標修正的協調性の形成」に至って初めて，子どもは母親の感情や動機を洞察できるようになると考えました。また，他者の心的状態に関する理解はより早期から始まっており，特に，生後3年目に入る頃から急速に発達すると論じています。さらに，4〜5歳頃になると，他者の行動を感情や欲求のみでなく，信念に基づいて解釈する（「人が○○をするのは△△だと思っているからだ」という解釈）ことが可能になります。この頃には人の心的状態を構成している表象そのものについて考えることができるようになるとも言われています（メタ表象能力の獲得）。

表Ⅱ-2は，アタッチメントが適切に形成された場合の安定性アタッチメントと，適切に形成されなかった場合の非安定アタッチメントそれぞれにおける，「自己」「養育者」「人生」に対する内的作業モデルを示したものです。表を見てわかるように，安定性アタッチメントの場合，内的作業モデルはそれぞれの対象に対して肯定的であり，自分にとって安全なもの，プラスの影響を与えるものとなっています。逆に非安定アタッチメントの場合には，それぞれの対象に否定的であり，それらは自分にとって信頼に値しないものとなっています。このように，形成されたアタッチメントの質によって，内的作業モデルの質も異なることになります。

表Ⅱ-2　内的作業モデル―安定性アタッチメントと非安定性アタッチメント―

	対象	内的作業モデル
安定性アタッチメント	自己	「私はよいし，望まれているし，価値があり，能力があり，愛されうる。」
	養育者	「これらの人たちは，私の欲求に対して適切に返してくれるし，敏感性が豊かであり，保護的であり，信頼に値する。」
	人生	「この世は安全で，人生は生きていくのに値する。」
非安定性アタッチメント	自己	「私は悪いし，期待されていないし，価値がないし，無力であり，愛されない。」
	養育者	「これらの人たちは，私の欲求に応えてくれないし，敏感性が低く，人のことを傷つけるし，信頼に値しない。」
	人生	「この世は安全でなく，人生は生きるに値しない。」

出所：藤岡孝志『愛着臨床と子ども虐待』ミネルヴァ書房，2008年，44頁。

④　アタッチメント形成上の課題

　アタッチメントが安定的に形成されない状況で「内的作業モデル」を形成してしまった子どもには，どのような問題が生じるのでしょうか。ここでは，藤岡孝志著『愛着臨床と子ども虐待』（2008）を元にアタッチメント形成上に起こる課題についてまとめていきます。

　藤岡によれば，アタッチメント形成上の課題の状態像は6つのカテゴリーに分けられます。それは，「行動」「認知」「情緒」「社会性」「身体」「精神・倫理」の6つです。

○行　動

　アタッチメント形成上，重篤な課題を抱えた子どもは反抗的で，破壊的，衝動的行動を伴うさまざまな反社会行動を表すことが多くなります。他人や自分の物を破壊したり，他の子どもたちや大人に対して衝動的に身体的な攻撃をしたり，攻撃的な言葉を言ったりすることが多く見られます。そして，時には自傷を伴うほどの自己破壊行為（カッティング，肌を焼くなど）も観察されます。

○認　知

　アタッチメント形成上，重篤な課題を抱えた子どもたちは自己・他者・関係性・生活全般において否定的な内的作業モデルをもっているといわれています。そのため，自分自身，人間関係，人生を否定的に考えていたり，自分に自信がないことがあります。また，養育者は役に立たない，信頼できないなどと認識し，自分の周りの世界は敵意に満ちていると感じています。しかし，逆に無力さを感じるのを防御するための「自分が大事という偉そうな感覚」といったものをもっていることもあります。

○情　緒

　アタッチメント形成上，重篤な課題を抱えた子どもは激しい怒り，恐怖，かんしゃく気質，抑うつ・無力感を共通してもつことがあります。乳幼児期にき

ちんと関わってくれる養育者がいない場合，自分の欲求を調節することができず，不安感に満たされてしまいます。親のほうから近づいたり，親密さを表してもそれに応えることができないという傾向がある一方で，周りに人がいると過剰に親と親密であることを見せつけようとしたりすることもあります。

○社会性

本当の親密さや愛情を受けたり与えたりすることが困難であり，頻繁に養育者，教師，きょうだい，仲間などと葛藤を起こします。そして，支配的，操作的に他者と関わろうとします。人の目を見なかったり，見られることを嫌がったりし，親しくなるために目と目を合わせることが苦手です。「共感する」ことができないため，平気で他害行為を行ったり，テレビなどの悲しい場面において他児は泣いている一方で当該児童のみが笑っていたりするという不適切な感情表現が表れることもあります。

○身　体

アタッチメント形成上，重篤な課題を抱えた子どもたちの精神的な悲しみ，苦しみ，恐怖，そして衝動的な痛みは身体的な症状となって現れます。不安や恐怖の抑圧への反応であるかのように，身体は硬直し，慢性的に緊張しています。身体的接触を嫌悪することもあります。これは，被虐待児に頻繁に見られる傾向で，この反応は，人との接触に対して防御する気持ちや，虐待されていたことからくるトラウマに対する身体的反応であるとも考えられます。また，養育者から大切にされた経験が希薄な場合，自分自身を大切に思えず，自分の身なりに無頓着であったり，清潔な環境を維持しないため不衛生であったりします。

○精神・倫理

親密で永続的な関係ができず，良さや自己価値の感覚を感じることがなく，自分の利益を基本として行動します。自分は全ての個人的な関係から隔離され，絶たれていると感じます。精神的な理想や目的とうまく調和することができず，人を信頼し，許容し，人と共感し，寛大な心をもつことができないことがあります。

社会的養護の現場では，幼少期にこれらのアタッチメント形成上の課題をもつに至った子どもたちに対して支援を行っていることが少なくありません。そのため，アタッチメント形成の発達論的な視点を踏まえて，社会的養護の現場で出会う子どもたちが提示する問題行動の表面的な部分のみに着目せず，問題行動の背景を理解した上で適切な対応方法を考えていく必要があります。

（鈴木崇之）

(参考文献)
　数井みゆき・遠藤利彦編著『アタッチメント──生涯にわたる絆』ミネルヴァ書房，2005年.
　藤岡孝志『愛着臨床と子ども虐待』ミネルヴァ書房，2008年.

社会的養護における子どもの存在論的理解 ——子どものイノセンス

 子どもの存在論的理解とは

　哲学の一分野として「生きる意味」を追求する「存在論」という分野があります。日本における存在論の代表的な論者である精神科医・神谷美恵子は著書『生きがいについて』において，「自分の生存は何かのため，またはだれかのために必要であるか」等の意味を問う期間が人生のなかにはあると論じ，「人間が最も生きがいを感じるのは，自分がしたいと思うことと義務とが一致したとき」であると述べています。

▷1　神谷美恵子『生きがいについて』みすず書房，1980年.

　知的能力その他によって違いはありますが，特に出生家族から離れた形で生活する子どもたちにとって自らの存在理由について問う営みは，たとえその子どもが幼児であっても大きな位置を占めているように筆者には感じられます。

　したがって，単なる衣食住の基本的な支援のみならず，子どもたちが自らの生きる意味を肯定的に捉え，自らの人生を前向きに生きていくための支援を社会的養護の現場においては長期的に行うことが必要と考えられます。

2　芹沢俊介のイノセンス論

　子どもの存在論的な理解は特に社会的養護の下で生活をする子どもたちを支援するために非常に重要な論点です。しかし，大学・短大や専門学校等において使用される保育士養成系のテキストには，残念ながらこのような議論は充分に扱われていないように筆者には感じられます。また，現場の実践者レベルでもこの必要性の認識は充分に共有されていないように感じられます。

　そのようななかで哲学者・評論家の芹沢俊介は，哲学・心理学他の学問を踏まえて「イノセンス論」を提起し，社会的養護実践者にも影響を与えています。

　イノセンスとは辞書的な意味では「無罪，無垢」という意味です。しかし，芹沢はこのイノセンスという用語を子どもが「生まれてきたという現実について責任がない存在」という意味あいで使用しています。これを理解することは難しくはありません。私たちは自分が生まれるということ，自分の名前，そして自分の性別に関して自らの選択はしていません。これらは，私たちを産む契機となった行為を行った血縁のある親に一切の責任が存在しています。

　しかし，不思議なことに私たちは自分の生を積極的に受け入れて，生きがいを感じて生きることができたり，あるいはそれができずに自らが生きているという現実に悲しみや恨みの気持ちをもって生きることとなったりもします。

　自分の人生を肯定するために必要なことだと一般的によくいわれるのは，「生まれさせてもらったことに感謝して，いろいろな不自由があったとしてもそれを乗り越えて生きろ」と子どもに教え込むという議論です。

　ところが，芹沢はこのような方法を「暴力的な強制」と評価し，このことによって子どもが自らの生を肯定できることはないと論じています。

❸　イノセンスと存在の肯定

　どうようにすれば子どもは自らの生を肯定できるようになるのでしょうか。子どもがイノセンスを表出した場合，つまり暴力的に与えられた自らのさまざまな現実を子どもが拒否した場合，親や周囲の大人はそれを全面的に肯定することが必要だと芹沢は論じています。そして，他者によって肯定的に受容されることにより，子どもたちは「自分はこの自分である」「自分はこの人たちと親子である」等の現実を受け入れられるようになると芹沢は論じています。

　施設等に入所している多くの子どもたちはこんな疑問をもっています。「なぜ自分は生みの親と暮らすことができないのか」「親が自分を施設に入れたということは自分が不要な存在なのだろうか」「いつまで自分は親と離れて暮らさねばならないのか」……。生みの親と生活ができないという事実は，子どもにとっては与えられた暴力的な現実として存在しています。そして，これらに対する答えを求めて，子どもたちは社会的養護に関わる周囲の大人たちにこの疑問をぶつけることがあります。

　「いやいや，現在の保護者の状況では，一緒に生活は無理だから」「帰ったらまた虐待されるかもしれないよ」「いま施設を飛び出したら，ホームレス状態になってしまうよ」等，つい周囲の大人たちは善意で子どもたちを説得してしまいます。しかし，これらの言葉は子どもたちにはなかなか届きません。

　「そうだね，本当は生んでくれた親と一緒に暮らしたいよね。そんな状況が作れるように周囲の大人はがんばってくれているから，いまはここでの生活を一緒に充実させていこう。私はいまここであなたと生活できていることが嬉しいよ」。子どもの問題行動が蓄積されていくとこういった言葉は出にくくなりますが，できれば思春期等に至って自らの存在への問い返しが激しくなる前に，社会的養護の下における生活環境のなかでの自己肯定感を培い，自らのイノセンスを肯定的に乗り越える契機を作っておくことが重要です。

　社会的養護の里親や施設にはそれぞれに適した支援対象としての子ども像が想定されています。すなわち，どのような問題が起こっても子どもを肯定しきるのは現実的には困難であり，イノセンス肯定の限界点はある程度措定されています。そのような限界を認識しつつも，子ども自身が与えられた環境を肯定し，そこでの生を充実させ，子どもが自らの生を肯定できるように支援を行う必要があるのです。

（鈴木崇之）

社会的養護における子どもの医学的理解

① 社会的養護における子どもの疾病等の身体面における特徴

○多訴であることの意味

　医療型障害児入所施設に入所している子どもを除けば，社会的養護の対象の子どものほとんどは身体的には健康です。しかし，一般家庭の子どもに比べると身体的不調の訴えが多いものです。訴えは食欲，睡眠，頭痛，胃腸・呼吸器・皮膚の調子などさまざまです。これらは，大きく3つに分けることができます。一つ目は実際に何らかの身体的疾病があるもの。2つ目は心身症といって，心の状態が身体の症状となって表出されているもの。これは，原因は心にあるわけですが，実際に身体症状がある状態です。3つ目は，症状そのものは実際にはほとんどないのですが，自分を見てほしい，かまってほしいという欲求の反映として身体的訴えがある場合です。もちろん，実際に病気がある場合にそれを見落とすことは絶対に避けなければなりませんから，これらの症状の訴えに対して多少とも過剰な医療となることは避けがたい面があります。ただ，そうであっても，これらの訴えに丁寧に対応することは，周囲の大人が自分のことをちゃんと見てくれている，大切にしてくれていると子どもに感じさせることにつながります。当初身体的訴えの多かった子が，その場になじむにつれていつの間にか不調を訴えなくなる，ということはよく経験します。ただし，医学的な精査を行っても何も異常がないにもかかわらず，身体的訴えが極端に多い状態が続く子や，**過換気症状**を繰り返す子，突然倒れてしまうことを繰り返す子もいます。これを身体化障害（古い呼び方でいえばヒステリー）といいますが，このような場合，周囲の大人の対応を統一することによって急速に改善することも少なくないため，精神科医との十分な協議が有効です。その一方，自ら体の不調を訴えることをしない，あるいはできない子もいます。多訴な子が多い分，見逃されがちですから，このような子に対して大人の側から意識的に身体的不調がないかを定期的に確認することが必要となります。

○常に把握しておくべき身体的サイン

　子どもの食欲や睡眠の状態は，常に把握しておくべきです。一般的な身体の健康状態と共に，精神的な状態の確認のためにも有用だからです。何らかの心理的ストレスや，気分の落ち込みなどは，まずこれらの面に現れます。食欲に関していえば，気分の落ち込みにより食欲が低下することがありますが，その

▷1　過換気症状
呼吸器などの身体的な問題はないにもかかわらず，極度の不安や緊張などの精神的な原因によって発作的に呼吸が激しくなり過ぎる状態。

一方，不安が過剰な食欲を招く場合もあります。被虐待児などに多いのですが，異常なほどの食欲が次第に普通になったとすれば，その子が現在の生活に安心を感じ始めたことのサインとなります。また，自傷や，時に施設内などで起こるいじめによる外傷痕を見逃さないために，プライバシーの問題が絡むものの，入浴や身体測定などの機会をとらえた定期的な全身のチェックがルーチン化されていることが望ましいでしょう。

 社会的養護における子どもの疾病等の精神面における特徴

社会的養護における子どもの精神医学的問題は，1）愛着・虐待の問題，2）発達障害，3）より狭い意味での精神障害，と大きく分けることができます。これらはいずれも，子どもの適応，また将来の自立に大きな影響を与えるため，適切な対応が不可欠です。ただし，これらを判別することは，精神科医にとっても容易ではありません。

○愛着・虐待の問題

愛着，あるいは虐待の問題に関しては他の項目でも述べられていますからここでは重複を避けますが，社会的養護は，基本的にこれらの問題に対応するためのものといえます。愛着や虐待の問題に起因して身体的にも精神的にも何らかの疾病を思わせる症状がさまざまな形で現れることを知っておくべきです。それは時に精神病を疑わせるほどの激しさで現れます。問題なのは，そのように誤認してしまうと「病気だから医師に任せよう」といった形で，職員の関わりがかえって薄くなる場合があることです。愛着や虐待の問題を医療だけで改善することはできません。その衝動性や攻撃性に対して向精神薬が使われることはありますが，これはあくまで対症療法であり，ケアの主体はあくまで生活を共にする大人です。その場合の基本的な在り方として，「**トラウマ・インフォームド・ケア**」の考え方が有効だと思われます。

○発達障害

主に注意欠如多動症（ADHD），自閉スペクトラム症（ASD），学習障害（LD）があり，広くは知的障害も含めます。いずれも生来性の脳機能の障害によるものですから，障害そのものが進行することはありませんが，障害特性から起こる2次的な症状としての攻撃性や，自尊心の低下などを強めないようにすることが重要です。そのためには，対応する側が障害の存在に気づくことが第一歩です。そのうえで，「構造化」された生活，つまり「今ここで何をすべきか」がわかりやすく示された，かつ豊かな環境が必要となります。

ADHD：年齢に不相応な不注意，多動，衝動性が主な症状です。忘れ物が異常に多かったり，極めて落ち着きがなかったり，人の話に横から割り込んだり，といったことが目立ちます。これらの症状が激しい場合，施設や学校への適応に深刻な影響を与え，ひいては本人の自己評価を下げてしまいます。周囲の人

▶2 **トラウマ・インフォームド・ケア**
子どものトラウマ体験とその影響についての理解を前提としたケアのこと。あくまで「ケア」であって治療ではないことに注意。参考文献参照。

が，これを本人の性格や努力不足のせいにせず，ADHD 特性によるものであることに気づくことが重要です。子どもの約 5 ％が該当するとされ，決して稀ではありません。また，発達障害の中で現在のところ唯一，直接的に有効な薬があることは重要です。全例に有効なわけではありません（約 7 割に有効とされる）が，投薬は時に劇的といえるほどの生活の変化をもたらします。そのため，専門医の診断を受けたうえで，一度は試してみる価値があります。

自閉スペクトラム症：対人関係やコミュニケーションの重い問題や，病的なこだわりなどを主な症状とします。言葉の障害が重い古典的な自閉症から，言葉の障害が目立たないアスペルガー障害まで，連続的な広がり（スペクトラム）があり，人口中の割合も 1 ％弱から 5 ％と報告により大きなばらつきがあります。ADHD や知的障害が伴うことも少なくありません。治療は本人自身を変えようとするよりも，できるだけ適応しやすい環境を整えることで，そのなかで成長を図る「環境療法」が中心となります。なかでもやはり「構造化」が重要です。ADHD の場合のような，障害そのものに効果のある薬は現在ありませんが，時に見られる衝動性を抑えるために向精神薬が使われることがあります。

知的障害：近年は適応のレベルが重視され，知能検査の値だけで知的障害の診断をすることはなくなりましたが，個々の特性の把握のためにやはり知能検査は重要です。特に IQ が 70 ～ 80 程度の境界知能，50 ～ 70 程度の軽度知的障害でかつ相対的に言語的能力は低くない子の場合，知的障害の存在に気づかれにくくなります。結果的に「やればできるはず」と周囲が思い，本人の能力を超えた要求をしてしまうと，それが重い負担となり，ますます取り組む意欲を失わせてしまうことにもなりかねません。その子の能力に応じた適切な指示の与え方や課題の与え方を，関わる者全員が共有しなければなりません。

学習障害：知的には低くないが，読み，書き，計算など，ある特定の能力だけが低い場合をいいます。たとえば書字障害の場合，字を鏡に映したように書いてしまう鏡文字や，小さい「っ」「ゃ」「ゅ」「ょ」の混同などがよく見られます。全体としての能力は低くないだけに，やはり見落としが起こりがちですが，その特定の能力に特化した訓練を楽しみながら行えるような配慮が重要です。

○狭義の精神障害

代表的なものに統合失調症と気分障害があります。

統合失調症：幻覚（特に幻聴）と妄想を主な症状とし，早い場合には小学 4 年生頃から発症がみられる進行性の精神障害です。幻聴は，聞こえてくる（実在しない）声に対する独り言やひとり笑いの形で見つかることが多く，妄想は被害的な訴えや，見られているといった訴えから発見されるのが典型です。進行すると援助なしに社会生活を送ることが困難となることもある重い精神障害であり，また全人口中の割合は 1 ％弱と決して稀ではないため，発症を見逃さないことが重要です。近年，統合失調症の子どもを自閉スペクトラム症と誤認す

る例が時に見られますが，統合失調症は早期に発見して早期に服薬を開始するほどその後の経過が良いとされており，疑わしい場合は「経過を観察」するべきではなく，できるだけ早く専門医を受診させることが必須です。

気分障害（うつ病，躁うつ病など）：主に憂鬱な気分や，逆に状況にそぐわない高揚した気分など，大きな気分の変動が主な症状です。焦燥感や意欲・知的活動の低下と言った精神症状のほか，食欲不振や不眠などの身体症状を伴うことが多いため，周囲も，また本人も身体的な不調であると考えることが少なくありません。子どもの場合，イライラやかんしゃくが表に立つ場合が多く，憂鬱感は目立ちにくいため，気分の問題に周囲が気づかないことがしばしばあります。また，ADHDと誤認される場合もあります。そのため，まず周囲が「気分障害では？」と気づくことが重要です。

③ 社会的養護における医療職の役割と連携

○基本的なスタンス

社会的養護において，医療職はあくまでサポート役です。しかし，日常生活のあり方や，大人の子どもへの接し方などに医療上の配慮が不可欠な場合が少なくないため，現場との緊密な連携が必要になります。医療職側ができるだけ生活に密着した視点をもつべきです。精神的な症状は，見逃されたり，性格ややる気の問題と見なされてしまうことも多いため，それらに対する日常的な啓発も必要です。

○親への説明・説得

親は子どもの精神障害を認めたがりません。テレビやネットでの情報が飛躍的に増えたため，以前に比べれば理解を得やすくなっている面はありますが，できるだけ正確に理解してもらうためには，医療職からの丁寧な説明が不可欠です。特に向精神薬の服用には拒否的な場合が多いものですが，統合失調症の場合，服薬開始の遅れは将来の生活水準を左右しかねません。また，うつ病やADHDの場合，服薬によって症状が劇的に改善することは少なくなく，施設や学校での適応を大きく高めます。精神科の薬の使用は原則として親からの同意を必要とするため，その説得は医療職の重要な役割となります。

○職員のメンタルヘルスへの配慮

社会的養護の現場は，極めて高ストレスです。貴重な人材が燃え尽き，うつ状態に陥り，離職する事態を避けるために，医療職による職員のメンタルヘルスへの配慮が欠かせません。重要なのは，日常において職員の話を聞く時間を意識的にとることです。まず，子どもについての相談をしっかり聞くことから始め，状況に応じて職員自身についての話を聞く，という形が自然でしょう。

社会的養護における医療職には，第三者的な視点も保ちつつ，生活の場に入っていき，共に考える，という姿勢が求められます。 （富田　拓）

（参考文献）
野坂祐子『トラウマインフォームドケア──“問題行動”を捉えなおす援助の視点』日本評論社，2019年.

社会的養護における子どもの家族観

社会的養護を必要とする子どもの家族的背景

▷1　厚生労働省「社会的養育の推進に向けて」2019年.

　厚生労働省によれば，養護問題発生理由として，養育拒否，放任などを含む虐待の割合が４割近くを占めています。このことは，父母の喪失や養育困難という保護者の不在が原因で起きる養護理由ではなく，父母どちらかが存在していてながらも起きる保護者側の養育の姿勢の問題に基づいた理由となっていることを表しています。保護者が適切な養育環境を与えないということは，子どもはロールモデルとしての家庭や家族のよりよいあり方を享受できず，不適切な養育のあり方を肯定的に学習してしまう危険をはらんでいます。幼いころから何気なく積み重ねられていく家庭養育の営みのなかで，人は基本的な生活習慣を体得していきます。健康維持や時間の管理，マナーや礼節，整理整頓と衛生観念など，あげればきりがないほど多くのことを学びます。また，親と子どもで繰り広げられるコミュケーションは，善悪の判断や社会常識，共働と協力，気持ちの共感，いたわりと労いなど，人と関わるうえでの哲学や思想を数限りなく宿してくれます。そして，人はいつか自分の家族・子どもにも自然に再現していきます。社会的養護施設で暮らす虐待環境や不適切な関わりや養育拒否によって，歪な家庭養育を体験した子どもの中には，イメージできる家族像が自分が育った環境しかないという子どもも存在しています。そのため，人と関係を結ぶことができずに孤立したり，暴言や暴力といった不適切な方法でしか感情を表現できない，衛生観念や生活習慣に大きな課題を抱えている子どもも多く入居しています。

2 社会的養護施設における適切な子どもの家族観作りのための支援

○「基本的養育～食浴排睡清着遊笑」

　毎日の何気ない養育の積み重ねのなかで重要な暮らしの営みに，食事，入浴，排泄，睡眠，清潔，遊び，微笑みがあり，次のような効果が期待できます。普段はあまり重要性に気づかない，空気のような存在である，ごくごく当たり前の日常生活のひとつひとつに実はとても大きな意味があるのです。

　社会的養護施設は親またはそれに代わる保護者の代替的養育施設であり，さまざまな年齢で入居する子どもの発達段階にあわせて養育を展開していきます。施設という特性を生かしながらも，工夫を凝らし，子どもにとって将来の家族

のあり方のロールモデルとなるような家庭的養育を積み重ねています。ボウルビィは，愛着対象を「心の安全基地」と表現しましたが[2]，まずは安心・安全な環境で子どもを養育することが第1条件となります。暴力・暴言から護られるだけではなく，まずはその子ども自身のすべてが丸ごと受け入れられ，一人一人の子どもが一人の人として大切にされることが重要です。その気持ちを育むために，表Ⅱ-3にあるように日々繰り返される8つの営みが，丁寧に，そして一人一人の子どもに思いを馳せて展開していくことが必要となります。

表Ⅱ-3 日々の営みとその効果	
暮らしの場面	効果等
食 事	命を守る食事（授乳），満足感，安心感，咬むことによる脳刺激，健康維持，体力向上
入浴（沐浴）	スキンシップ，全身観察，体の清潔維持し，血行促進，発育促進良眠維持，食欲促進，リラックス効果
排 泄	子どもの尊厳やプライバシー保障，体調管理バロメータ
睡 眠	疲労回復，ストレスの緩和，心身の修復，記憶の整理，成長ホルモンの活性化，免疫抗体の生成
清 潔	健康維持，安心・安全感
着 衣	健康維持，嗜好の保障
遊 び	充足感やストレスの解消，安らぎや高揚など（静と動）
微笑み	血行促進，自律神経を整える，アルファ波による脳の活性化，免疫力アップ，鎮痛効果

▷2 ジョン・ボウルビィ，二木武訳『母と子のアタッチメント──心の安全基地』医歯薬出版，1993年.

○ある青年からの電話

過酷な生活環境から保護され，入居した社会的養護施設を退去し，結婚をした青年（A君）がいました。A君は，ある日突然に私の施設を訪れました。何か言いたげな印象は受けましたが，その日は世間話程度で別れました。それから数日後，A君からの着信があり電話に出ましたが，何を話しかけても返事がありません。しばらくするとうっすらと泣き声が聞こえたため，何か大変なトラブルでも抱えてしまったかと心配になり声をかけ続けました。すると「子どもが生まれたんだ。男の子。すげえ嬉しい!!」と返答がありました。自分の子どもが生まれたことへの喜びの涙だったのです。A君が，自分の家族ができたことに感謝と喜びが持てるようになったんだと私も心から嬉しく思った瞬間でした。

社会的養護施設で暮らす子どもたちの多くは，その成育歴に中で家族という関係の中で不条理に傷つけられる体験をしています。そのことは，理想の家族や家庭のイメージがもてないだけでなく，大人になることや，家族をもつことへの拒否感情につながってしまったり，現実離れした過剰に理想的な家族像を求めてしまうことも少なくありません。自分の出生や，子ども期に「愛された，大切にされた」という実感がもてなければ，「人も自分も大切な存在である」という人間関係構築の根幹的感情は育まれにくいものです。社会的養護施設で繰り広げられる安心・安全なスタッフと子どもの関係の継続は自尊感情を回復させ，当たり前の生活の営みの積み重ねは，よりよく生きる習慣を獲得していきます。日々の暮らしのなかで交わされていくスタッフとの約束や困ったときの相談の経験が人への信頼を涵養します。

このように，社会的養護施設での養育は，そのものが子ども達の将来の家族像に直結しており，世代間で受け継がれていくという可能性を秘めています。目の前で起きていく課題への対応にひとつひとつ真摯に向き合いながらも，そのあり方を常に振り返り，スタッフ相互に検証し合いながら進めていくことが必要です。

（髙橋克己）

6　社会的養護における子どもの権利

① 子どもの権利と子どもの権利条約

　子どもの権利とその保障について，国際的な基準を示したものが子どもの権利条約（以下，権利条約）です。

　権利条約は，1989年に国際連合総会第44会期において全会一致で採択されました。子どもの権利に関する国際文書として，初めて法的拘束力をもつものであり，歴史的に重要な意味をもちます。[注1] もっとも注目すべき点は，保護・管理の対象とされてきた子どもを「生きる権利」「守られる権利」「育つ権利」「参加する権利[注2]」についての権利行使主体であると位置づけると同時に，権利保障を実現するためには特別に保護が必要な存在であることを確認し，「子どもの最善の利益の確保」のために果たすべき大人や国の役割と責任を明確にしたことです。日本は1990年 9 月21日に109番目で署名し，1994年 4 月22日に158番目に批准しました。[注3] 条約に対する国家の最終的な確認と同意を意味する批准によって，国内法よりも上位に扱われる重要なものになっています。権利条約は，子どもを18歳未満の者と定義した上で，差別の禁止（第 2 条），子どもの最善の利益の確保（第 3 条），生命・生存・発達への権利（第 6 条），子どもの意見の尊重（第12条）を一般原則にしており，その上で，表現の自由・プライバシーの保護などの市民的権利，子どものケアや家庭環境に関わる権利，教育や福祉の権利，法を犯した子どもの権利，難民・先住民の子どもや障害のある子どもの権利などを規定しています。[注4]

　さらに，締約国の責務を実質的なものとしているのが，報告制度の存在です。この制度によって，各国における子どもの権利保障の充実が図られています。[注5]

② 子どもの権利と児童福祉法2016年改正

　我が国において，子どもの福祉に関わる中核的な法律が児童福祉法です。児童福祉法は，1947年に制定されましたが，権利条約に批准した1994年以降，一度もその理念規定について見直しが行われてきませんでした。そのため，2016年改正によって，原理と理念の明確化が図られました。

　まず第 1 条において，権利条約の精神にのっとることが明記され，すべての子どもは適切に養育され，生活を保障され，愛され，保護されること，成長発達と自立が図られること，福祉が等しく保障される権利を有することが示され

▷1　子どもの権利条約は，第一次世界大戦後，多くの子どもが戦争の犠牲となったことへの反省から，国際連盟により採択された「児童の権利に関するジュネーブ宣言」（1924年）を出発点としている。その後，第二次世界大戦後に人権保障を具体化するものとして採択された「世界人権宣言」（1948年），それを条約化した「国際人権規約」（1966年），男女間の差別をなくすことを目的として制定された「女子差別撤廃条約」（1979年），子どもの権利を具体的に示した「児童の権利宣言」（1959年）という人権保障の動きを経て作成された。したがって，本条約には，すでに国際間で合意されている条約等の趣旨が多く生かされ，かつ，それらを補完する役割をも期待されるものとなっている。
永井憲一「子どもの権利条約の意義と特徴」永井憲一ほか編『新解説子どもの権利条約』日本評論社，2000年，5 頁.

▷2　財団法人日本ユニセフ協会ホームページ（http://www.unicef.or.jp/index.html）.

ました。なお，改正前からの大きな変化として，条文の主語が「すべて国民は」とされていたものから「全て児童は」と，子どもが中心に据えられ，権利行使主体として位置づけられたことは注目すべき点です。

さらに，第2条では，子どもの福祉を保障するための原理として，子どもの年齢および発達の程度に応じてその意見が尊重されること，子どもの最善の利益が優先して考慮されること等が確認されました。くわえて，子どもを心身ともに健やかに育成することについて，保護者が第一義的責任を負い，同時に国および地方公共団体も責任を負うことが明記されています。

また，第3条の2において，子どもにとって家庭で養育されることの重要性を確認し，国や地方公共団体はその実現を支援するとともに，家庭養育が困難な場合には家庭と同様の環境における継続的な養育を推進する責務があること等が示されています。

このように児童福祉法2016年改正に関わっては，子どもが主体者として位置づけられ，それを支えるものとして保護者や国および地方公共団体が存在するという構造が明確にされたことが大きな意義のひとつです。

③ 子どもの権利と社会的養護

権利条約では，第20条「家庭環境を奪われた子どもの養護」において，家庭環境を奪われた場合や家庭環境に問題がある場合，その子どもは国による特別な保護および援助を受けられることを保障し，国が代替的養護を確保すること[46]を明らかにしています。また，児童福祉法第3条の2において，家庭における養育が適当でない場合は，子どもができる限り良好な家庭環境において養育されるよう，国や地方公共団体が必要な措置を講じる責務が明記されています。日本においてこれらを実現するためには，家庭養護である里親等への委託率を上げるとともに，施設養護の充実を図る必要があります。

施設養護において解決すべき主な課題としては，第1に施設内虐待の問題と，第2に職員の専門性の確保があげられます。厚生労働省は，これまで児童養護施設などでの体罰・虐待防止に向け，通知などによる体罰防止の周知の実施や児童福祉施設最低基準の改正（1998年），児童福祉法の改正（2008年）等を行ってきましたが，問題の解決には至っていません。また，施設職員の専門性に関しては，入所児童の抱える課題から個別対応等，職員の専門性が求められながらも職員養成が追いつかず，特別の訓練や研修等も十分に行われていない状況，および専門職採用条件を特に問わないなかで雇用され，ケアの専門性や倫理性が弱まった結果，子どもの権利侵害（体罰・虐待）が出現する構造があるとの指摘がなされています。[47]

（梅山佐和）

▷3 ただし，第37条（c）については留保，第9条第1項および第10条第1項について解釈宣言を行っている。未締約国（条約に署名したが批准していない）は，アメリカ合衆国（1995年2月16日署名）とソマリア（2002年5月署名）の2か国である。

▷4 荒牧重人「子どもの権利条約の成立・内容・実施」喜多明人ほか編『［逐条解説］子どもの権利条約』日本評論社，2009年.

▷5 報告制度は，締約国の義務の履行の達成・進捗状況を審査するための制度。国内発効後2年以内にその後は5年ごとに，審査を目的として設置された子どもの権利委員会（第43条）に，国際連合事務総長を通じて提出する。
　日本政府は，2008年に第3回政府報告書を提出している。

▷6 Ⅰ-2「児童の代替的養護に関する指針」（2009年，国連総会）参照。

▷7 井上仁「児童養護施設20年の検証と展望」『子どもの権利研究』第15号，2009年.

(参考文献)
　梅山佐和「子どもの『自由』と『自由の制限』に関する一考察──国際文書・国内法の検討を中心に」『子ども家庭福祉学』第8号，2008年.

社会的養護のもとで暮らすということ

社会的養護のもとで暮らす子どもの背景

　あなたは児童養護施設や里親家庭で生活している子どもに対してどのようなイメージをもっていますか。そのイメージはどのような経験から作られたものでしょうか。この項では，児童養護施設や里親家庭で生活した経験のある方のエピソードをもとに，児童養護施設や里親家庭で生活することが当事者にとってどのような経験なのかを考えます。

　まず，小学校5年生から高校を卒業するまで児童養護施設で生活していたAさん（20代）のエピソードを見ていきましょう。

> 　小学2年生のときに，父が自殺してしまいました。母はよく父を殴っていたのですが，父の死後，母の暴力は私に向けられるようになりました。また，「10分以内にドリルを終わらせなさい」と言われ，できなければご飯は抜きでした。母からの圧力に耐えられなくなった私は，家出を繰り返すようになりました。小学3年生のある日，下校しようとすると，担任から「家ではないところへ行くよ」と言われて，そのまま児童相談所に保護されました。おそらく，体にあざがあったからでしょう。一度は家に戻りましたが，状況は改善されませんでした。小学5年生のときに再び保護されて，児童養護施設に入りました。

　みなさんは，「虐待」と聞いたとき，どのような行為を思い浮かべますか。身体に危害を加える「身体的虐待」や，食事を与えなかったり，不衛生なままにしたり，病気やケガの治療を行わない「ネグレクト（育児放棄）」はイメージしやすいでしょう。

　Aさんの家庭では，子どもの見ているところで家族に暴力を振るう，「面前DV（ドメスティック・バイオレンス）」が行われていました。面前DVは子どもへの直接的な暴力ではありませんが，子どもの心を傷つけ，PTSDを発症させることもある「心理的虐待」です。

　父の自殺がAさんに与えた影響は計り知れません。児童虐待に限らず，親の離婚や病死・自殺などによる喪失，家族の精神疾患や服役など，子どもの頃に経験した困難を「逆境的小児期体験（Adverse Childhood Experiences, ACEs）」といいます。

　喪失を経験したAさんに，母親の暴力が向けられるようになりました。Aさ

▶1　平成16年の児童福祉法改正により，配偶者間の暴力（面前DV）が心理的虐待に含まれることが明確化された。以降，虐待に占める面前DVの割合は増加している。令和3年に警察庁が公表した「令和2年における少年非行，児童虐待及び子供の性被害の状況」によれば，警察が児童相談所に通告した児童虐待件数のおよそ4割が心理的虐待であり，そのうちおよそ6割の4万5,073件が面前DVである。

▶2　ドナ・ジャクソン・ナカガワ『幼児期トラウマがもたらす病』パンローリング，2018年.

んは，母親から勉強を強要され，母親の期待に応えることができなければ懲罰がありました。教育熱心な親は虐待とは無関係なイメージがあるかもしれませんが，近年子どもの受忍限度を超えて勉強を強要する「教育虐待」が注目されています。なかには，子どもが死亡する事例もあります。

　ところで，Ａさんは，小学校低学年の頃家出を繰り返していました。Ａさんにとって家出は，受け入れ難い家庭状況を回避するための適応行動でした。しかしこうした行動は，ときに周囲から問題行動として捉えられることがあります。困難に直面する子どもが周囲に理解されず，孤立してしまうことがあります。行動に問題が見られる子どもは，その子ども自身が問題を抱えています。子どもの行動の善悪を判断する前に，子どもと対話を重ね，行動の背景にある子どもの願いを理解する努力が大切です。また多くの場合，子どもが抱えている問題は，行動だけではなく体や心にも表れています。行動，身体，精神，さまざまな観点から子どもの理解を深めていくことも大切です。

　では，施設での生活は，Ａさんにとってどのようなものだったのでしょうか。

> 　家庭で抑圧されていた私ですが，施設にきて友達ができて，けんかをするくらい自分の欲を出すことができました。「天国のようなところに来た」というのが最初の頃の印象です。親元から引き離してもらい，安心，安全，自由が保障されている環境で過ごすことができたので，とても恵まれていました。

　Ａさんは，児童養護施設に入所したことで家庭での抑圧から解放され，安心・安全で自由な環境で生活することができるようになったといいます。児童養護施設に入るまでは，学校以外で友達と遊んだ経験はほとんどなかったそうです。子どもにとって，当たり前の生活を送ることがどれだけ価値のあることなのか，Ａさんの語りから伝わってきます。

　ところで，施設や里親家庭で生活する子どものことを，「親と暮らせない子ども」とする説明を見かけることがあります。その背景には，「本来ならば実親のもとで育つべき」とか，「子どもはみな，親と暮らすことを望んでいるに違いない」といった固定概念が潜んでいる可能性があります。Ａさんのように，やっとの思いで原家族を脱出してきた子どもがいることを念頭に置かなければなりません。

❷　子どもの心の声を尊重する

　続いて，里親家庭で生活した経験のあるＢさん（20代）のエピソードを見ていきましょう。

　Ｂさんは，家庭での心理的虐待やネグレクトから，高校２年生のときに家出し，友人宅に身を寄せていました。児童相談所に保護されたあと，高校３年生の春から始まった里親家庭での生活は，Ｂさんにとってどのようなものだった

のでしょうか。

> 嫌われたら追い出されると思い，愛想よく振る舞っていました。私は次第に気力がなくなり，部屋に閉じこもりがちになりました。私にとって他者と親密な関係を築くことは難しく，苦しいことだったからです。だから夜中に帰ってきて，朝早く出ていくのを繰り返していました。それが重なると余計に顔を合わせづらくなって，居場所がなくなっていきました。

　Bさんが里親家庭で生活を始めたのは，高校3年生。Bさんのように高年齢のときに施設や里親家庭での生活が始まった子どもは，それまでの養育環境で長期間困難に曝されてきたにもかかわらず，施設や里親家庭でケアできる期間が短いという難しさがあります。

　またBさんの経験からは，人間関係を築くことの困難さを窺い知ることができます。「嫌われたら居場所が無くなるかもしれない」という不安から，愛想よく表面的に振る舞っていたBさんですが，やがて限界を迎え，里親との関わりを避けるようになっていきました。そんなBさんに，転機が訪れます。

> あるとき，里親さんも私も抑えていたものがバーンと爆発して，夜が明けるまで話をしました。そのとき初めて，死にたいと思っていることを伝えました。私は，小さいときからずっと「お前なんか産まなければよかった」と言われ続けていたので，生きる意味が見つかりませんでした。本当は私のことを心の底から大切にしてくれる人が欲しかったけど，「里親なんて他人」と諦めていました。「死にたいと言うけど，それはもったいない」「あなたにはできることがたくさんある」と里親さんに言われました。里親さんが私のことを見てくれていたことを実感でき，感謝の気持ちが湧いてきました。自分をさらけ出せたおかげで，「良い子のふりをしなくてもいい」と思えて，里親さんとも少しずつ関われるようになっていきました。

　Bさんは，自分の気持ちを里親に思っていることを直接伝えられたことが，本当の自分を開示するきっかけになったといいます。里親からの肯定的な関わりによって，安心感，自尊感情の回復，里親への感謝につながっています。

　Bさんはまた，引きこもり期間を経て対話の機会が訪れたことが重要だったとも振り返っています。Bさんにとっては，里親との関係を避けていた期間にも意味があったのです。子どもが回復や自立に主体的に向かうことのできるタイミングやペースを尊重することもまた大切です。

　Bさんのように，長期間にわたり抑圧されてきた子ども・若者にとっては，自分の気持ちや考えを表現することが難しい場合があります。また，大人が子どもの声を聴かずに必要な支援を一方的に押し付けてしまうこともあります。

　自分の気持ちや考えを軽視・無視された経験は，子どもの成長に深刻な影響を与えます。家族との関係回復や進路選択をあきらめた経験や，直面している

困難が周囲に理解されない経験の積み重ねによって，人生をコントロールする感覚が失われてしまうのです。

　子どもが声を上げることの困難を解消するために，カナダやイギリスなどでは，子どもの立場に立って子どもの声を聴く，子どもアドボカシーの取り組みが進んでいます。日本でも，子どもアドボカシーの理念や実践が広がっています。[3]

　Bさんの里親のように，子どもの様子を見守りながら，子どもの声に耳を傾けることが，信頼関係の土台を築くのです。

　本節では，児童養護施設や里親家庭で暮らした経験のある2人のエピソードを見てきました。児童養護施設や里親家庭で生活する子どもに対してあなたが抱いていたイメージに，何か変化はあったでしょうか。児童養護施設や里親家庭などで生活している子どもの願いや背景は一人ひとり異なります。目の前の子どもが何を望んでいるのか，その背景には何があるのか。「わかったつもり」から脱し，子どもの声に耳を傾け理解に努める姿勢を持ち続けたいものです。

（川瀬信一）

▷3　堀正嗣『子どもの心の声を聴く子どもアドボカシー入門』岩波書店，2020年.

社会的養護における日常生活支援の捉え方

1　社会的養護における日常生活支援とは

　2000年の児童虐待の防止等に関する法律施行以降，虐待を受けた子どもたちが社会的養護を利用することが増えています。子どもたちの多くは施設などに入所するまで大変な生活体験をしてきました。そこでは，「毎日が安全に過ぎていくこと」が当たり前ではなかった場合が多いといえるでしょう。それまでの生活体験の影響から，子どもたちにはさまざまな課題があります。年齢相応の学力が身についていない，食事をきちんと食べる習慣がなかったために食卓に座っていられない，食事を用意してもらえず，空腹に耐えきれずにやった万引きを繰り返してしまう，入浴の習慣がなくきちんと体を洗えない，大切にされた実感がもてず**自己肯定感（観）**が低い，世の中や周囲への怒りを抱えているなどです。これらの課題は子どもたちの過去の経験と大きく関係しています。どのような生活体験をしたことにより，今の状態になっているのかを考え，その上で毎日の生活支援を意図的に行っていく必要があります。つまり，常識やマナーを教える「しつけ」だけでは十分とはいえません。それぞれの子どもたちが「必死で生きぬいてきた」現実を考えた上で，「生活」をつくり上げていくことが，社会的養護における日常生活支援では重要となります。

　以下，ここでは，入所型児童福祉施設の代表的な種別である児童養護施設を例にとってみていきましょう。

2　社会的養護における日常生活支援の実際

　たとえば，物を大切にできない子どもに，「粗末にしたらダメでしょう。物は大切にしなさい」と教える前に，「この子は大切にされた実感をもっているのだろうか」と考えてみます。その子に，「自分が大事にされているなって思ったのはどんな時？」と質問をしてみると「そんなことは一度もない。私はいつもダメな子だった」と悲しそうに話すかもしれません。この子に必要なのは「しつけ」ではなく，「生活」を通して「大切にされるとはどういうことなのか」を実感してもらうことであるとわかります。そうすると，関わりの一つひとつにも意味がうまれてくるのです。

　子どもが自分自身や自分の人生を肯定的に考えることができるようになるためには，日常生活のなかでの支援を通して，自分は愛され大切にされる存在な

▷1　自己肯定感（観）
浅井春夫は「自らを肯定的にとらえることが出来る観点を獲得していること」を自己肯定観，「自らの良いところも悪いところも含めて丸ごととらえた時に，自己を受け入れている感情」を自己肯定感と説明している（浅井春夫『子どもの性的発達論「入門」──性教育の課題にチャレンジする試論10章』十月舎，2005年）。

のだということを実感し，生きる力を獲得していく必要があります。虐待を受けた子どもたちが大人と新たに信頼関係を形成するのには，大変な時間がかかります。職員は何よりも，「暮らし」を通じて子どもたちと信頼関係を築いていくことが大切となります。そして，子どもたちがどのように生きてきたのかをアセスメントし，その子に「安定した生活」を提供するために何をするべきかを考えます。そのようにして提供される「生活」それ自体が，治療的な効果をもつのです。

　ただの家事と思われがちな日常業務も，子どもたちを支援していく上でとても重要な意味をもちます。掃除は生活する空間を清潔で快適に保つこと，また，清潔に保つために職員が掃除をしているのをみることによって，子どもが体験したであろう生活とは異なる方法・形を学ぶことができます。単なる生活の「世話」ではなく，子どもたちの課題を個別的に捉えていく視点をもち，「生活」のなかで意図的な支援を提供していくことが重要です。その子にあった自立のための支援計画を立てていくことが求められているのです。

　被虐待児の増加により，子どもたちの心のケアの必要性が注目されています。子どもたちの自立を目指すためには，まず，子どもが自分自身や自分の人生を肯定的に考えられるようになることが不可欠です。そのためにも日常生活のなかでの支援を通して，自分は愛され大切にされる存在なのだということを実感し，生きる力を獲得していく必要があるのです。

③ 日常の業務

　児童養護施設は生活をする施設です。そのため，生活を送っていく上で必要な日常の家事業務や，他機関との連携などさまざまな業務があります（表Ⅲ-1参照）。ここではソーシャルワークの「相談・援助」業務も，その日常の生活のなかで展開していくことになります。つまり，それらは単純に親代わりとして子どもの教育（しつけ）をしたり，家事をするということだけにとどまるものではありません。職員は専門家として子どもの保護・養育だけではなく，自立支援と心のケアという視点ももち，子どもたちに寄りそいながら援助を行っていく必要があるのです。

（髙山由美子）

表Ⅲ-1　児童養護施設職員の日常業務

生活援助（養育）	生活援助（家事）	家庭支援	記録	連携・その他
日常生活指導 学習指導（進路） 遊び 心理・精神の把握 学校関係（保護者会など） 健康管理（通院）	環境整備（掃除） 衣類管理（洗濯） 食育（食事支援） 居室管理 買い物 備品管理 金銭管理	面接 相談援助 親支援 ペアレントトレーニング 面会・外泊の調整	日誌 ケース管理 自立支援計画の策定	アフターケア ケース会議 施設全体の仕事分担 連携（児童相談所，精神科医，学校，地域など）

出所：筆者作成。

食生活・食育
——発達段階に応じた食育のあり方とは

1　事例の概要

　ユキエさん（22歳，女性）は乳児院保育士になって２年目の職員です。着任初年度の夏から１歳の男の子の**担当養育者**となり，ますます張り切っています。しかし，着任当初から困ったことがありました。それは，先輩職員の食事の際の児童指導の様子でした。

　ユキエさんの担当児も所属している１～２歳児のグループのリーダーは，基本的には厳しさと優しさのバランスのとれた保育士です。しかし，子どもの「遊び食べ」の指導の際は必要以上に厳しくなり，子どもが料理を手で触れて触感を確認したり，途中で食べ飽きたりした時にはかなり強い口調で，「ちゃんと食べて！」「食べないならフルーツはあげないよ！」と叱りつけます。短大で「遊び食べ」や「好き嫌い」の心理発達上の意義を学んできたユキエさんは，子どもたちのそのような行動を受け入れつつ，それでも食事を楽しめるように支援していきたいと思っています。しかし，ほかの先輩職員もグループリーダーの指導と足並みをそろえた厳しい対応をしており，ユキエさんは「自分だけが子どもを甘やかしているのかしら」と不安になっていました。

　ある日，ユキエさんは「私はもうちょっと子どもたちに食事を楽しんでほしいと思っているのですが，このグループの子どもたちは毎食のように食事時間の後半になると大多数の子どもが大泣きしており，職員として辛い気持ちになる」と勇気を出してグループリーダーに打ち明けました。

　グループリーダーは「せっかく出されたものを残すのは栄養面でも問題があるし，第一もったいないから」といいつつも，「たしかに職員間で食育の方向性が統一されていない面もあるから，職員会議の場で話し合いをしてみましょう」と提案してくれました。

2　テーマ

　職員会議での話し合いでは，ベテラン，若手を問わず，「遊び食べには厳しくあたるべき」，「もうちょっと柔軟でもよいのでは」と，さまざまな意見が飛び交い，共有すべき食育のルールが確立されていないことが判明しました。そこで，食育の方向性を決めるにあたって，次の３つの段階を踏んで行うことがまず決定されました。①「遊び食べ」，「好き嫌い」の発達心理学上の意義につ

▷1　担当養育者
子どもの発達におけるアタッチメントの重要性を考慮し，担当養育制をとる乳児院が増えてきている。担当養育制は，保育者が受け持つ子どもを決めて，できるだけその子どもとの関わりを多くすることにより，子どもと担当養育者との間に緊密な関係を形成することをめざす養育方法である（厚生労働省雇用均等・児童家庭局家庭福祉課編『乳児院運営ハンドブック』2014年）。
アタッチメント ⇒ Ⅱ-2
Ⅳ-5 Ⅴ-7 参照。

いて，非常勤の**臨床心理士**[42]に助言を求める。② 年齢段階ごとに必要な栄養価を，食事見本の形にして栄養士に提示してもらう。③ 先の①，②を踏まえた上で，保育士間で協議を行い食育のルールを決定する。

3 解　説

◯事例を読み取るためのキーワード

食育，栄養管理，発達段階に応じた支援，支援方法の改善

◯テーマに関する個別的な読み取り

まず非常勤の臨床心理士は，「遊び食べ」「好き嫌い」の発達心理学上の意義について，「1歳半までの発達段階では，食べ物の食感や味覚に慣れ，食べることの楽しみを感じる時期であることから，『遊び食べ』にも発達的な意義がある」と論じ，まだ食事の「しつけ」を行うには時期尚早であると指摘しました。また「1歳半から2歳までの発達段階では，周囲の模倣を行いながら，自我の芽生えが生じる時期」として，「自我の発露を認めつつも，大人が食事場面をともにして，食事の美味しさを伝えていく段階」と指摘しました。

次に，栄養士は1日に必要な栄養価を摂取するための，典型的な食事の分量を示したモデルを提示しました。一見して1歳児向けとしては分量が多くみえたため，「これを毎食食べさせるのは，結構大変そう」という声が保育士から上がりましたが，「1日の総量が確保されていれば，食事ごとに分量の多い少ないがあっても問題ではない。それよりも，『食事の楽しさ』を感じられるような食事介助を行ってほしい」との提言がなされました。

これらの提言を踏まえ，保育士たちは「食事場面を楽しめる工夫を行う」ことを基本としながら，「遊び食べの場合は，頃合いをみて切り上げる」，「好き嫌いの場合は，嫌いなものも少しがんばってトライできればOKとする」等の基本ラインの共有がなされることとなりました。

◯事例を読み取るためのワンポイントレッスン

2005年に食育基本法が成立し，「食育によって国民が生涯にわたって健全な心身を培い，豊かな人間性を育むこと」が目的として掲げられることとなりました。また，2010年には厚生労働省雇用均等・児童家庭局母子保健課から「児童福祉施設における食事の提供ガイド——児童福祉施設における食事の提供及び栄養管理に関する研究会報告書」が出され，「食事の提供」と「食育」とを一体的な取り組みとして行うための，基本的な枠組みが提示されました。

単なる「栄養管理」に留まらず，「心と体の健康の確保」，「安全・安心な食事の確保」，「豊かな食体験の確保」，「食生活の自立支援」という目標に向け，保育士，栄養士，調理員，そしてほかの施設職員が，それぞれのもち味を活かしながら，よりよい食事の提供を行うことが求められています。　　　　（鈴木崇之）

▷2 **臨床心理士**
「『臨床心理士』とは，臨床心理学にもとづく知識や技術を用いて，人間の"こころ"の問題にアプローチする"心の専門家"です。」
（日本臨床心理士資格認定協会）

参考文献
　厚生労働省雇用均等・児童家庭局母子保健課「児童福祉施設における食事の提供ガイド——児童福祉施設における食事の提供及び栄養管理に関する研究会報告書（平成22年3月）」2010年（http://www.mhlw.go.jp/shingi/2010/03/s0331-10a.html）.

3　衣生活
——本人の気持ちと周囲の善意のはざまのなかで

▷1　脳性麻痺
脳の発達過程（出生前，周産期，出生後）で生じた非可逆性の脳障害で，運動系の機能障害（筋肉の制御困難，けいれんや麻痺，その他の神経障害など）を症状の特徴とする。症状の程度としては，わずかにぎこちなさを感じる程度のものから，ギプス，松葉づえ，車いすが必要となるものまで，かなりの幅がある（『南山堂医学大辞典第18版』南山堂，1998年，1614頁，後藤稠ほか編『最新医学大辞典』医歯薬出版，1987年，1109頁）。

　事例の概要

　軽度の知的障害と**脳性麻痺**のある幸子さん（17歳，女子）は，機能訓練・生活指導を受けるために障害児入所施設を利用しています。コミュニケーションの面では，言葉が出にくい，発語が聞き取りにくいという状態にあります。性格的には，控え目で，周囲との人間関係上のトラブルはほとんどありません。幸子さんは現在，服の選択に関する悩みを抱えています。時々，起床支援で田中児童指導員（25歳，女性，以下「田中指導員」）が幸子さんの居室にやってきます。幸子さんは脳性麻痺のため，身体のコントロールに関して時間がかかります。幸子さんは自分のペースでゆっくりとその日に着る服を選択したいと思っているのですが，田中指導員は「こっちの方がかわいいよ」といって，服をタンスから勝手に取り出すことがあります。その時は，違う服が着たくても言葉がうまく出せないこともあって，田中指導員が選んだ服を着てしまいます。

　田中指導員のこのような関わりの背景として，幸子さんは服の選択から実際に着替え終わるまで15分程度かかり，場合によっては訓練時間に食い込むという事情があります。また，幸子さんの選択に任せると，服の組み合わせとして色彩的に調和がとれていないことが多くなるという認識も，田中指導員の介入の理由になっています。

2　テーマ

　幸子さんの衣行動にかかる事例のように，利用者のできることまで職員が成り代わってやってしまうことが現場ではあります。その背景について想像力を働かせてください。

3　解　説

○事例を読み取るためのキーワード
選択，想像力，善意
○テーマに関する個別的な読み取り
① 利用者よりも職員がやった方が早く，その分，ほかの仕事ができる。
② 利用者のできることを可能な限り見守りたいが，次の予定を考えると待つことができず，手を出さざるを得ない。

③ 利用者自身は自分でできていると思っているのかもしれないが，実際はできておらず，それを補助する形で職員がサポートする。

④ 利用者ができることであっても，そのことを職員に頼み，職員もそれを了解して，やってしまう。

⑤ 利用者ができることであっても，そのことを職員が知らないで，手を出してしまう。

❍事例を読み取るためのワンポイントレッスン

【選択行動にかかる基本的理解】

　シモーヌ・ヴェーユは『哲学講義』のなかで，論理学者は，《概念》と《判断》と《推論》とを区別すると述べています。《概念》は，判断や推論を組み立てる際の材料になります。《判断》は概念同士の結びつきです。《推論》は判断同士の結びつきです。つまり，《推論》の前提には《判断》が，《判断》の前提には《概念》が必要になるということになります。

　たとえば，「今の施設が好きですか，嫌いですか」という問いは，今の施設という《概念》と「好きか，嫌いか」という感情を結びつける《判断》ですので，答える側は比較的容易です。しかし，「どこで暮らしたいか」という問いは，一見したら判断への問いのようですが，実は，「どこどこに住む」という具体的なイメージができなければ，答えることの難しい《推論》に関する問いなのです。「知らないこと，理解することができないことは，答えることができない，しない」のです。

　このことを踏まえて衣行動にかかる選択の過程を考えると，着衣という《概念》，赤い服を着たいという《判断》，赤い服を着るとこのような気分になるだろうという《推論》の三層のレベルを，複合的に組み合わせる操作が求められます。それは経験の裏打ちがあって成り立つ，きわめて人為的な営みです。

【選択するとは，人生の主人公になること】

　選択するという行為のなかには，選択によって利益を得るということ，失敗する権利を行使するということ，利益や失敗から学びを得ることなど，さまざまな意味が含まれています。

　「私が選択する」という主体的な働きからみれば，ある面，正反対に位置する田中指導員の関わりの出発点にあるのは，「幸子さんのために」という〈善意〉です。しかし，善意に基づく行為が，必ずしも当事者を満足させる結果をもたらすとは限りません。善意は，時に当事者の自己決定，自立をさまたげるものになり得ます。幸子さんの側からすれば，人生の先回りをされた関わりとなるかもしれません。幸子さんの心の内には，少なくとも服の色やコーディネーションに関しては，人生の主役から一時的ではありますが，降りざるを得なかったという感覚があったかもしれません。

（宮本秀樹）

▷2　シモーヌ・ヴェーユ著，渡辺一民・川村孝則訳『哲学講義』人文書院，1981年，126〜127頁.

4 住生活
――小集団生活における家庭的環境への可能性と限界性

▷1　「家」の解釈について
一郎君の両親が住んでいる「家」も，一郎君が現在暮らしている施設も，「家」と表記している。前後の脈絡のなかで，どちらの「家」なのかを解釈していただきたい。

▷2　ネグレクト
「児童虐待の防止等に関する法律」の第2条によれば，虐待は，身体的虐待，性的虐待，心理的虐待，ネグレクトに分類される。ネグレクトは，「保護の怠慢ないし拒否」と訳される場合もある（中央法規出版編集部編『六訂社会福祉用語辞典』中央法規出版，2012年，473頁）。

1 事例の概要

　一郎君（14歳，男子）は，地域小規模児童養護施設で生活して，地元の中学校に通っています。その家には，一郎君のほか2名の中学生が住んでいます。そこでは，集団生活というイメージのある施設とは違う，普通の家庭生活に近い形での暮らしを基本方針とし，2名の職員が交代で24時間のケアを提供しています。家庭的雰囲気を出すための具体的な例をあげると，起床時間，下校時間などは一定の時間的な制約がありますが，入浴や消灯など時間的に幅をもたせられるものは，可能な限り職員と子どもたちとの話し合いのなかで決めています。また日曜日は，職員と子どもたちが一緒に食事をつくることもあります。そして一郎君は，ここでの生活がとても気に入っています。この家には家族再統合の一環として，一時帰宅が可能な子どもは，そのリスクを考慮に入れながら，一時帰宅をできるだけ行っています。実習生の中村さん（20歳，女性）は，ここの理念と実践に関して，理想的な支援の形であると考えていました。

　ある日曜日の午後のことです。この家に住むほかの2人が一時帰宅し，一郎君だけが残っていました。**ネグレクト**を入所理由としている一郎君は，祖父母の家に遊びに行くことはできても，両親のもとに一時帰宅できないことは理解しているので，普段から帰りたいと話すことはありませんでした。しかしその時は，初めて「家に帰りたい」という言葉を口にしました。すぐに「今の，ウソ，ウソ」と，「家に帰りたい」という言葉を打ち消しましたが，職員はそれが一郎君の本当の気持ちだと受けとめていました。

　この一件を通じて，中村さんはあらためて，自分が暮らしている家のことを思い出しながら，「住むこと」の意味を考えさせられています。

2 テーマ

　「住むこと」を視点の柱に据えて，一郎君の「家に帰りたい」という思いを多面的に検討してください。

3 解　説

○事例を読み取るためのキーワード
「家に帰りたい」という思い，普通の暮らし，小集団

○テーマに関する個別的な読み取り

【家に対する根源的欲求】

　「家に帰りたい」というのは，今の状況では実現できないことを知りながらも，それは単なる希望ではなく，根源的な欲求に近い，悲痛な叫びのようなものではないでしょうか。この家への不平・不満に対する反射的な感情の表出として，「家に帰りたい」ということは考え難いと思われます。

【気持ちのコントロールと心身のバランス】

　一郎君は，一郎君なりに入所の理由を理解しているので，「家に帰りたい」という気持ちを恒常的に抑えています。しかし，ほかの子どもたちの一時帰宅を目にすると，気持ちの制御ができなくて，「家に帰りたい」という言葉がポロッと出たのでしょう。同時に，一郎君自身が心身のバランスを取るためなのか，その気持ちを打ち消すような言葉を口にしています。

　○事例を読み取るためのワンポイントレッスン

　「住居は，何より人間として生存権を保障する原点であり，また社会に向かい，戻ることのできるこころの安全基地」であり，施設の形態としては，この原点に近いものが望ましいとされています。[3]

　健康・安心・安全でいられること，温かいご飯を食べられること，布団でちゃんと寝られること，汚れていない服を着られること，お風呂にちゃんと入れること，家のなかがそれなりに片づいていることなどは，程度の差はあれ，普通の家庭ではごくありふれた風景で，この家においても同様なことが営まれています。そしてこの家では，小集団生活において，家庭的環境への「可能性」を切り開くために，2人の職員が通常の勤務を超えて子どもたちへのケアを提供しています。しかし，どんなに環境的に一般的な家庭に近づけたものにしても，小集団生活において，一郎君が抱いている「限界性（≒一時帰宅をすれば，ネグレクトの状態になるかもしれないけれども，家に帰りたいという思い）」をゼロにすることは難しいのかもしれません。[4]

　では，この「可能性」と「限界性」との関係をどのように考えたらいいのでしょうか。子どもへの支援は，その子どもが現在抱えている課題への対処と，そういった課題が将来的に発生しないように，負の循環を断ち切ることにその意義があります。[5]健康的な人の集団のなかで，子どもは健康的に成長するという立場に立てば，優先順位としてはリスクのある「限界性」より，安全基地となる「可能性」の拡大に足場を固めることが求められるでしょう。そして，援助者としては，時に発生する「家に帰りたい」という揺れ戻しに対して，一郎君の家に対する思いを受けとめながら，見守りを含めた個別的支援のサインを一郎君に発信し，安全基地で暮らすことの意味を再確認する作業が求められます。[6]

（宮本秀樹）

▷3　児童自立支援対策研究会編『子ども・家族の自立を支援するために──子ども自立支援ハンドブック』日本児童福祉協会，2005年，181～182頁.

▷4　「家に帰りたい」という思い
「家に帰りたい」という気持ちを抱くこと自体が，間違いであるという意味ではない。

▷5　負の循環を断ち切ることの意義
この意義は，大人（支援者）の視点が強く反映されており，子どもの視点からみれば，課題に取り組む力（エンパワメント，コーピングスキル等）の獲得が，意義の柱になる。

▷6　「健康的」という言葉の幅
「健康的」という言葉の内には，個々人によって相当な幅があるが，ここでは「普通の社会生活を営むことができる状態にあること」と仮の位置づけをしておく。

5　遊　び
——伝承遊びの奥深さ

　事例の概要

　マミさん（19歳，女性）は，保育所保育士を目指して保育科のある短大に入りました。第1回目の保育所実習の後に行う施設実習では，児童養護施設に配属されることとなりました。実習前は住み込みでの施設実習にあまり気乗りがしませんでしたが，実際に実習を行うと，幼児だけでなく中学生や高校生の子どもたちも含めて，家族的な関係をつくることができる児童養護施設の仕事に，興味とやりがいを感じるようになりました。ちょうど実習でお世話になった施設から求人があったため，卒業後は児童養護施設の施設保育士として働くようになりました。

　現場職員となって感じる実習の時との違いは，朝から晩まで子どもたちの生活の支援に追われるということ，そしてかなり頻繁にさまざまな生活面での注意を子どもたちにしないと，生活がスムーズに進まないという現実でした。

　「せっかく児童養護施設の職員になったのに，子どもたちと信頼関係を築くよりも前にお小言をいってばかり。子どもたちは個別の関わりを求めてくるけど，一人ひとりに十分に関わる時間もつくれない」と落ち込みがちなマミさんに，主任児童指導員は「平日の夕食後の時間や休日の日中に，なるべく多くの寮舎の子どもと『伝承遊び』をしてみたら？」とアドバイスしました。

　この言葉を聞いたマミさんは，改めて気がつきました。子どもの頃からおとなしい性格で，映画鑑賞や音楽鑑賞が趣味のインドア派で，子どもが少ない都市部で育ったマミさんは，地域の異年齢集団のなかで「鬼ごっこ」「缶けり」など，昔ながらの「伝承遊び」をしたことがほとんどなかったのです。

　テーマ

　少子化社会の到来で，近年は保育士を目指す学生であっても，子ども時代に伝承遊びをした経験のある者が少なくなってきています。仮に経験があっても「ガキ大将」的な立場で，子ども集団のなかで遊びの指導をした経験がある者はほとんどいないといっても過言ではないかもしれません。児童養護施設は保育所とは異なり，寮舎には2歳から18歳までの年齢幅のある子どもたちが生活しています。職員はどうしても十分なケアが必要な低年齢児や，進学・就職や思春期独特のさまざまな問題を呈する高年齢児に時間をとられがちになってし

まいます。DVD やゲームに熱中しているようにみえる就学前から中学低学年の子どもたちも，本心では大人と一緒に遊べる機会を期待しているのではないでしょうか。

3　解　説

○事例を読み取るためのキーワード

伝承遊び，遊びの指導

○テーマに関する個別的な読み取り

「もう現場職員となっているのに，申し訳ないなあ」と思いながらも，まずマミさんは先輩職員が子どもたちに「伝承遊び」を教える場面に，自分も子どもと同じ立場で参加させてもらうことにしました。「グー，パー，グー，踏み，グー，パー」と 2 本のゴムを飛んでいく「ゴム飛び」は，「足首の段」では小学校低学年から幅広い年齢層で楽しめますが，「膝の段」，「腰の段」と難易度が上がるにつれて，高い跳躍力が必要となります。輪にしたゴムを飛ぶだけの遊びであるにもかかわらず，体力の増進，チームプレイ，そして成功した時の達成感までもが味わえることに，マミさんは驚きました。

また，さまざまな「鬼ごっこ」のバリエーションの遊びでは，先輩職員は就学前の子どもを「みそっかす」としてゲームに参加させていました。「みそっかす」とは，ゲームには参加しているものの，鬼にタッチされても鬼にはならないという立場で，低年齢児も一緒に楽しむための工夫でした。はるか昔から連綿と受け継がれてきた「伝承遊び」の奥深さに，マミさんは感動しました。

広い場所や道具等もそれほど必要とせずに，子どもたちと一緒に遊ぶことができるようになったマミさんは，それをうまく寮舎運営に取り入れていきました。就寝前にちょっとした遊びを取り入れたことによって，それまでは順番にマミさんの添い寝を待っていた子どもたちも，それぞれでスムーズに寝ることができるようになり，遊びの効果を実感するマミさんでした。

○事例を読み取るためのワンポイントレッスン

児童自立支援対策研究会編『子ども・家族の自立を支援するために――子ども自立支援ハンドブック』では，遊びの意義として「自由で創造的思考や活動を助成し，豊かな情緒や知的発達を促す」「ストレスや実現不能な願望を昇華させる可能性がある」「新しい友人，仲間との共感的活動を通じて仲間集団への帰属意識を醸成し，ひいては情緒的安定，自我統制，社会適応力などを養成する」という 3 点があげられています。

施設現場ではどうしても日常生活支援に追われがちになってしまいますが，むしろしっかりと子どもと「遊ぶ」時間をつくることによって，さまざまなメリットが期待できることも理解しておくとよいでしょう。　　　　（鈴木崇之）

(参考文献)

児童自立支援対策研究会編『子ども・家族の自立を支援するために――子ども自立支援ハンドブック』日本児童福祉協会，2005年.

6 レクリエーション・行事
——子どもの自発的活動・権利保障として

 事例の概要

　児童養護施設職員の中村さんは，まだ3年目の職員ですが，施設の行事担当となりました。そこで，恒例行事として，夏休みに子どもたちを連れてキャンプに行くことになりました。しかし，この施設は数年前に大舎制からホーム制に建て替え，「ホームごとでキャンプをやりたい。幼児から高校生までの子どもたちのキャンプを，施設全体で，行うのはやめよう」という意見も出され，どうしたものかと考えこんでしまいました。

2 テーマ

　職員会議で，今年のキャンプについて話し合いが行われました。今年は全体キャンプを行わないという意見と，毎年恒例だから行うべきという意見が出され，行事担当者に決定が任されることになりました。さて，あなたが中村さんの立場だったら，どのように考えますか。

3 解　説

　○**事例を読み取るためのキーワード**
　児童養護施設，レクリエーション，グループワーク
　○**テーマに関する個別的な読み取り**
【児童養護施設におけるレクリエーションの意義・目的】
　「児童権利宣言（1959年国連総会）」には，「適当な栄養，住居，レクリエーション及び医療を与えられる権利を有する」（第4条）と明記されています。レクリエーションを「子どもの権利」の一部とみなしています。
　児童養護施設は，小規模化の方向にありますが，実際は集団生活が基本となっています。レクリエーションを単なる日常生活のアクセント程度にしか捉えていない傾向があります。
【グループワークとしてのレクリエーション】
　行事・レクリエーションについて，集団，地域社会に積極的に対応し得る場としての，意図的なグループ体験として捉えていくことが大切です。
　グループ体験につながるところのグループワークは，グループリーダーの援助のもとに実践される一種の教育的活動です。集団的活動は，集団を介して個

表Ⅲ-2　行事プログラム立案時のポイント

〈子どもたちの状態・関係性の把握〉
- グループ特性：発達段階・運動能力・基本的欲求・興味・関心・性向等の把握
- 集団規模と構成：全体人数とグループ数の設定・年齢差や男女比の考慮
- 集団交流の度合い：「初めて同士」か「知り合い同士」か

〈プログラム作成と種別〉
- スポーツ・野外活動：ハイキング・オリエンテーリング・キャンプなど（屋外）
- 集団遊び：体育遊び・ごっこ遊びなど（屋内・屋外）
- レクリエーション活動：ゲーム・歌・スタンツ（寸劇など）・リズム遊びなど（屋内・屋外）
- 造型活動：協同絵画・協同制作など（屋内・屋外）
- 教養活動：討論会・読書会など（屋内・屋外）

（注）
①天候と立地条件：野外で実施する場合，雨天時のプログラムも同時に立案しておく（キャンプファイヤー〔屋外〕からキャンドルサービス〔屋内〕への変更など）。
②キャンプなどを実施する場合は必ず下見を行い，天候等の異変があった場合も想定して，避難場所も検討しておく。

〈実施スタイル〉
- 競技形式：グループ対抗競技・個人競技
- 協力形式：全体・グループ

（注）
①「競技形式」の場合，競争意識が働きグループの連帯感，まとまりが強くなり，ゲームに活気や熱気が出てくる。「協力形式」の場合，自己能力以上の達成感が生まれ，関係性が良好になる。
②競技結果に対する評価：表彰または賞品等をその競技結果に対して行うか否か，事前に協議し「勝者」だけではなく，「敗者」など全体に対しても配慮を行う。

〈実施後〉
- 実施後はふりかえりの時間を必ずもち，次回に向けての改善点などをまとめておく。

出所：筆者作成。

人の成長と発達を図るとともに，そこに関わる諸個人や健全な集団を形成することがねらいとされています。

【自発的活動としての行事・レクリエーション】

　レクリエーションの意味には「気分転換」「再創造」「自発的活動」があります。それをまとめると「身体活動を伴い，心身の解放により日常とは異なった体験をすることで，新たな創造的な活動に向かうことができる」といい換えることができます。

◯事例を読み取るためのワンポイントレッスン

　行事プログラムを立てる場合に参考となるポイントは，表Ⅲ-2のとおりです。基本的にできる限りプログラム立案を事前に行い，職員で役割分担等を行っておくことが必要です。

　近年，施設の「小規模化」が進むなか，施設全体で行事を行うことが少なくなる傾向にあります。「施設内の１つのホーム」としてまとまることも大切なことですが，施設「全体」で行事を実施することも，子どもたちにとって「同じ施設で暮らす子どもたち」という意識を感じる，大切な時間となるでしょう。

（小木曽　宏）

7　学習の遅れ
──児童福祉施設における学習支援体制とは

① 事例の概要

　良太君（11歳，男子）は，学習の遅れがある子どもです。もうすぐ，6年生になりますが，まだ三桁の掛け算，割り算ができず，学年で習う漢字が書けません。そして，学校の授業にもついていけないために，じっと机に座っていることができず，歩き回ったり，ほかの子に話しかけたりしてしまいます。最近では，施設の職員が学校から呼び出されることが多くなっています。先日も担当職員が「良太君，宿題やろうか」というと，「勉強なんかしてもしょうがないよ。勉強なんて大嫌い」といって，部屋を飛び出してしまいました。

② テーマ

　6年生になった良太君は，ますます勉強についていけず，中学では特別支援学校への進学を学校から勧められました。しかし，良太君は「僕は学校の友達と同じ学校に行く」といって，学校の先生や施設の職員の話を聞こうとはしません。良太君にとって，どのような支援が可能でしょうか。

③ 解　説

　◯事例を読み取るためのキーワード
　学習の遅れ，学習環境，学びへの意欲
　◯テーマに関する個別的な読み取り
【児童福祉施設入所児童と学習環境】
　児童福祉施設に入所する子どもたちのなかには，学習の遅れを抱えた子どもが少なくありません。「要保護家庭」，「ハイリスク家庭」という状況に置かれた子どもたちは，適切な学習環境が保障されてきたわけではありません。児童養護施設児や児童自立支援施設児の場合6割以上が，児童心理治療施設児の場合約8割近くが，「被虐待経験あり」であり，不十分・不適切な学習環境とそこから派生する学習体験の乏しさを見出すことができます。その上，この子どもたちのなかには，学校に行けず「不登校」状態だった場合も考えられます。
【児童福祉施設入所児童の学習の遅れと障害】
　このように児童福祉施設の子どもたちは，入所前の家庭環境などの影響から学習習慣が身についていないことも多く，授業についていけず，学習意欲が低

▷1　厚生労働省「児童養護施設入所児童等調査結果」2018年.

い場合が認められます。

　学業の状況について，児童養護施設児の場合「特に問題なし」が５割以上の割合を占めていますが，児童心理治療施設児の場合「遅れがある」が６割近くになっています。また，心身の状況に「問題あり」の割合として，児童養護施設児の３割余りに対して，児童心理治療施設児の場合，８割余りとなっています。子どもによっては，心身の内容，程度，生活のしづらさなども関係してきますが，心身の状況と学習の遅れの２つの問題を抱えている子どもたちが相当数いると推察されます。

▷2　厚生労働省「児童養護施設入所児童等調査結果」2018年.

❍事例を読み取るためのワンポイントレッスン

　子どもたちの「学力」を判断する時には３つの要素が重要だといわれています。第１に障害等も関連する「学習能力」があげられます。学習能力を向上させるためには，学習に取り組みやすい環境の整備，つまり第２の要素の「学習環境」が整っているか否かが重要だといえます。そして，規則正しい生活習慣が身についていくなかで，第３の要素である「学習習慣」も身についていくと考えられます。

　厚生労働省は，児童福祉施設の子どもたちにさまざまな教育支援を展開しています。塾通いがかなり一般的になっていることや，施設の持ち出しによって子どもたちを塾に通わせている現状なども踏まえ，中学生には2009年度から学習塾の費用を，高校生には2015年度から学習塾費等の補習費を創設し，さらに2019年度予算においては高校在学中の通学費の新設や補習費の増額がなされています。

　しかし，制度的にこのように社会資源を整備したとしても，それを最終的に使うかどうかの判断は子どもたちにあります。良太君もしかりです。厚生労働省によれば，児童養護施設の年長児童（中３以上）に大切だと思うものの選択に対して，10項目（勉強，家族，お金，友達，健康，特技，夢，すすんでやる，勇気，仕事）のなかで「勉強のできること」は，22.9％で，選択率としては７番目の低さです。また，中学３年生の高等学校または各種学校への進学希望について「考えていない」と「希望しない」とを合わせると，12.1％になっています。学習の遅れの問題を考えるとき，子どもたちの価値観や進路希望と教育支援とをどのようにつないでいくかは大きな課題です。このことは一般に比べ低い児童養護施設児等の高校進学率にも直接的に影響してくる問題だと思われます。施設や学校等が「学ぶことの楽しさ」や「学ぶことの目標」をどのように子どもたちに根づかせるかが問われています。

▷3　厚生労働省「児童養護施設入所児童等調査結果」2018年.

　上記の問いに対して施設では「学習ボランティア」を導入しているところが多くなっています。学習ボランティアは，現役大学生だけではなく，幅広い方々の協力によって行われています。なお，児童養護施設に入所している小学生に対する学習ボランティアに関しては，予算措置がなされています。（小木曽　宏）

8 生活リズムの形成
——日課は何のためにあるの

▷1　ネグレクト
⇨ Ⅲ-4 参照.

▷2　一時保護所
児童相談所内で，必要と認められる子どもを一時的に保護するための施設．緊急保護のほかに，行動観察などの機能をもっているが，すべての児童相談所に付置されているわけではない.
⇨ Ⅵ-1 参照.

1 事例の概要

　タカシさん（13歳，男子）は，親からの**ネグレクト**[a1]により，小学6年生の終わりに児童養護施設に入所しました。家庭では不登校状態で，生活リズムも昼夜逆転していました。児童相談所の**一時保護所**[a2]では日課に沿った規則正しい生活ができ，施設に入所してからもしばらくは大きく生活リズムを崩すようなことはありませんでした。中学に入学した当初も，元気に学校に通っていました。ところが，ゴールデンウィーク明け頃から，起床時間になっても起きられない日が増えてきました。就寝時間を過ぎても「もう少し」とゲームをしたり，テレビを観ていたりするようになり，それが原因で朝起きられないようです。それでも，最初の頃は職員が何度か声をかければなんとか起きていましたが，次第に職員の声かけにも起きられなくなり，朝食にも間に合わなくなりました。夏休みが間近になると，登校時間にも間に合わず，遅刻する日も出てきました。

　職員はほかの子どもたちを起こして，朝食を食べさせ，排便や歯磨きをみて，学校や幼稚園へ送り出すということを，限られた短い時間のなかでやらなければなりません。タカシさんが何度かの声かけで起きてこられるうちは，時間をつくって声をかけていましたが，何度声をかけても起きてこないのでは意味がないと，最近ではタカシさんに時間を割くことが少なくなってきました。

2 テーマ

　このままズルズルと状態を悪化させてしまえば，遅刻が常習となり，不登校にもつながりかねません。加えて夏休みを控え，生活リズムがさらに乱れることが危惧されます。職員も限られた人数，限られた時間のなかでは対応しきれないと行き詰まりを感じています。タカシさんの生活リズムの乱れをどのように捉え，職員として彼にどう援助していくのがよいのでしょうか。

3 解　説

●事例を読み取るためのキーワード

日課の習慣化，個別支援，自律性の獲得

●テーマに関する個別的な読み取り

社会的養護を必要とする子どもたちの多くは，家庭において規則正しい生活

を送った経験が乏しく，児童相談所での一時保護や施設入所直後に，一時的に規則正しい生活を送れても，生活環境や職員との関係への慣れ，学校などのストレスにより，生活リズムを崩すことがよくみられます。生活の乱れが顕在化することが多い中・高校生においては，職員との関係のこじれなどにより，さらなる問題が併発しやすく，援助を困難にしています。

施設の**日課**[3]はこうした子どもたちが規則正しい生活を送るために考えられており，生活リズムの形成には欠かせません。しかし，集団であるがゆえに柔軟性に乏しく，集団が大きくなればなるほど融通が利かなくなるという欠点もあります。職員が「日課をこなす」ことにこだわるあまり，子どもたちの抱えている個別の課題を見落としてしまったり，施設で育った子どもたちが日課なしには生活できなくなってしまうような事態は，本末転倒といえるでしょう。

日課を中心に規則正しい生活を繰り返す「習慣化」をベースに，子どもが抱えている課題に応じて対応する「個別支援」，子ども自身が見通しや柔軟性をもって生活を組み立てられるような「自律性の獲得」の視点が必要となります。また，生活の乱れがきっかけで，職員と子どもの関係がこじれてしまうこともあり，その場合，特に職員の側に子どもへの否定的な感情が生まれやすいということを，十分留意しておかなければなりません。

❍**事例を読み取るためのワンポイントレッスン**

まず，職員は現在のタカシさんとの関係を振り返り，見直すところから始めました。朝起きられなくなってから，職員の側に「忙しいなか，一生懸命起こしているのになぜ起きないんだ」，「夜遅くまでゲームなんかやっているから起きられないんだ」という否定的な感情が生まれていました。日常のタカシさんに対する関わりにもそれが影響し，朝以外の時間でも厳しく接することが増え，それを察したタカシさんも職員を避けるようになっていました。

タカシさんは家庭でネグレクトを受けてきた期間が長く，長期間に渡って不登校状態にあったため，朝起きて学校に通うという生活リズムを再構築するには，時間がかかるだろうということを職員間で確認しました。職員はタカシさんと話し合う時間をもち，職員が心配していることを具体的にタカシさんに伝え，その上でタカシさんとともに生活の見直しをしました。タカシさんは卓球部に所属しており，ほかの運動部の子よりも比較的早く帰宅するのですが，身体が小さく体力がないためか，夕食までのわずかな時間に部屋で眠ってしまうことがよくありました。その影響で夜眠れなくなり，大好きな携帯ゲームに熱中してさらに寝るのが遅くなっていました。タカシさんとの話し合いのなかで，うたた寝をなくすために，夕食前の時間は職員と学習や運動をしたりして過ごすことと，携帯ゲームは就寝時間になったら職員に預けることになりました。夕食前に職員と過ごすことで関係が徐々に修復され，タカシさんが職員を避けることがなくなり，職員の気持ちにも余裕ができました。　　　　（児玉　亮）

▷3　日課
施設ごとに決められた生活のスケジュール。このスケジュールをもとに生活が営まれる。子どもの年齢や学校の長期休業などの生活時間の変化に応じて，いくつかのパターンが設けられている。

病と健康
── 本人の気持ちに寄り添うことと失敗する権利

 事例の概要

　良子さん（11歳，女子）は発達障害があり，地元の小学校の特別支援学級で学んでいるほか，放課後児童クラブを利用しています。性格的には明るく，友人，先生などと人間関係上の小さなトラブルがたまにある程度です。判断能力も高いと周囲からはみられています。ただ，性格的に頑固なところがあり，一度決めたら頑として譲らない面があります。

　7月，放課後児童クラブで近くの公園に散歩に出かけました。気温は例年よりやや高めでした。小遣いとして1人200円を渡されました。良子さんは公園近くの店でパンを買おうとしたので，職員は「たくさん歩いたし，暑いし，飲み物にしたらどう？」と助言しましたが，結局，良子さんはパンを選択しました。帰り道，頭痛等の体調不良を訴えました。職員は水分補給が十分でないと判断し，お茶を買ってきて，良子さんに飲ませる対応をしました。

 テーマ

　この件で，職員会議が開催されました。ある職員は「たとえ，良子さんが嫌がったとしても，あの状況では飲み物を買ってもらうべきでした。こういう時に職員がどう関わったら子どもに納得してもらえるかが，問われているのです」と発言しました。この発言をどのように受けとめますか。

③ 解　説

◯**事例を読み取るためのキーワード**

　自己決定，意思の尊重，保護

◯**テーマに関する個別的な読み取り**

【基本的には良子さんの意思を尊重することが重要である】

　結果として良子さんは，水分補給が十分でなかったため，体調不良という結果を招きました。その背景にあるのは，普段の良子さんの判断能力を考えると，必要に応じて水分補給ができる意思と能力をもち合わせているという職員の見立てです。見立ての先には，できるだけ良子さんの自己決定を尊重しようという姿勢があります。

【職員の子どもの健康を守る義務と水分補給のすすめなどの助言】

　職員の助言（運動と暑さによる水分補給のすすめ）は，良子さんがよりよい自己決定を行うための材料になります。職員の助言と良子さんの意思を尊重することは，対立関係にはなりません。

【組織的な振り返り作業は問題解決のための大事な土壌づくりになる】

　良子さんの自己決定にかかる影響を組織的にどのように考え，今後の問題解決力につなげられるかが問われています。ここでのポイントは，自己決定をすぐに自己責任に結びつけて考えないことにあります。

○事例を読み取るためのワンポイントレッスン

　この事例は，**自立生活運動における失敗する権利**[1]，リスクを冒すことの尊厳につながる事例です。避けなければいけない点は，職員からの助言があったにもかかわらず，水分補給の優先をしなかったのは良子さんだから，体調不良になったことの責任は良子さんが引き受けなければならない，とする考え方です。良子さんの年齢を考えれば，保護を受ける権利としての主体でありますし，失敗から学ぶ機会を担保する環境の提供は，良子さんの発達保障につながっていきます。児童に対する行動制限の内容・程度，方法，時間などの問題を，施設で実習する学生は時に目にします。典型的な例としては，「偏食矯正」があげられます。偏食矯正の正当性の根拠としては，好き嫌いなく食事ができ，その結果として健康の維持増進が図られることが期待されることにあります。また，ある施設職員は偏食が改善されれば，その子どもの選択肢は1つ増えることになるので，自己選択・自己決定の機会が増えると述べ，偏食矯正の正当性の根拠としてあげています。一方，自立生活運動の観点からみると，施設において好きなものだけを食べる「選択の自由」（施設では「偏食」と呼ばれています）は，一般的には制限を受けているでしょう。

　では，テーマとなった職員の言葉をどのように評価すればよいのでしょうか。この職員は結果論から，良子さんの自己決定に対して制限を加えるべきであったと述べています。援助する側からすれば，100％の満足が得られることが正しい援助であり，善であるという考えが根底に流れています。しかし，判断する人間自体が不完全なので，100％の正しさを常に求めようとすれば，自己決定そのものが成り立ちません。

　人間関係の調整で，よく「すり合わせ」とか，「落としどころをみつける」という言葉が使われますが，職員と良子さんが歩み寄るためには，お互いが100％の正しさを求めないことが重要となります。歩み寄りの線は，時期，場面などの状況によって変化するものです。その線を見出すことが援助関係の基本となりますし，それが援助の醍醐味ではないでしょうか。ただし，異食や重大な他害など生命・安全に関するもので，「待ったなしの介入」が必要な場合がありますが，これは歩み寄りの線を一時的に棚上げする例外的な措置です。

（宮本秀樹）

▷1　自立生活運動における失敗する権利
1970年代アメリカで始まった，重度障害者の人間たるにふさわしい生活を求める運動（全人間的復権への希求）は，「自立生活運動」と呼ばれている。この運動の理論家であるデジョングは，自立生活運動の本質を「リスクを冒すことの尊厳」と捉えている。リスクを冒せば，成功することもあれば失敗することもある。自立生活運動では，失敗することも人間たるにふさわしい生活と考える。ただし，「失敗する権利」の尊重とその行使を積極的に勧めることとは次元を異にする。そして，個別具体的な対応としては，この事例のように権利の行使が本人の健康安全を損なうことが高い確率で予想される場合，子どもの発達の度合いに応じて，本人の健康安全の確保が優先される。

10 安全・安心
——安全・安心は誰のもの？

1 事例の概要

進行性筋ジストロフィー[1]（以下「筋ジス」）の三郎君（15歳，男子）は，日常生活動作の維持等のために障害児入所施設を利用して，３年になります。

入所時には，普通食を平均的な食事時間のなかで，嚥下障害等もなく普通に食べており，食事支援の必要はありませんでした。しかし，病状の進行により，ここ最近は食事のスピードがかなり落ちてきています。また，日常生活動作の低下に伴って，むせたり，うまく嚥下ができなくなってしまっています。施設のケア会議（嘱託医による医学的判断を含む）では，安全面を考えて，普通食はそろそろ限界にきており，できるだけ早期に特別食（筋ジスの人たちのために特別な加工を施している食事）に移行することが必要であるという判断が出ています。

三郎君は，普通食への希望を強くもっています。普通食を希望する理由として，次の３点をあげています。

① 普通食による食事の時間を楽しみにしている。
② 時間がかかっても何とか完食している。
③ 食事の状態として，特別食では味気ないし，見た目も美しくない。

2 テーマ

あなたは，三郎君の担当職員（保育士）です。上司から，上記ケア会議の結果を受けて，普通食から特別食へのすすめを行うよう指示されています。さてあなたは，どのようなことに留意しながら，三郎君への面接を行いますか。

3 解　説

❍事例を読み取るためのキーワード

生命，**生活の質（QOL）**[2]，自己決定

❍テーマに関する個別的な読み取り

① 筋ジスという病気の理解を保育士の業務と関連させながら行う。
② 筋ジスにかかる理解（病状と予後等）について，三郎君がどれほど知っているのか，知らされているのかを可能な範囲で把握しておく。
③ 特別食へのすすめのなかに，特別食を強制するメッセージを入れない。

▷1　**進行性筋ジストロフィー**
代表的な遺伝性筋症。筋肉が萎縮し，その機能を失っていく病気を総称して進行性筋ジストロフィーという。全身の筋肉の萎縮変性は常に進行性であるため，罹患者は歩行不能になり，全面的な介助を必要とする重度身体障害者となる。現在，根治療法はない（「社団法人日本筋ジストロフィー協会」ホームページ〔http://www.jmda.or.jp/〕，『南山堂医学大辞典第18版』南山堂，1998年，1036～1037頁，後藤稠ほか編『最新医学大辞典』医歯薬出版，1987年，707頁）。

▷2　**生活の質（QOL）**
「Quality Of Life」のこと。「生活の質」のほか，「人生の質」「生命の質」などと訳される。一般的には，自分自身の生活に関する満足感，安定感，幸福感，達成感のことを指す。

④ 特別食による食事の摂取で，三郎君の日常生活が楽になる理由をきちんと説明できるように材料をそろえておく。

⑤ 特別食への変更を三郎君が現時点で拒否したとしても，三郎君は現状が認識できていないと判断しない。また，この拒否の心情に対して，共感的・受容的態度で臨む。

⑥ 普通食による食事の負担とリスクについて「脅し」ではなく，三郎君にわかってもらえるように伝える。

◯事例を読み取るためのワンポイントレッスン

生命が守られることは，人が生きることのなかで，大切にされるべき最優先順位に位置し，その順位を確保するための条件としては，衣食住の保障，すなわち安全の保障が必要とされます。そして，主体的な人生を生きるために，人は「自ら選ぶもの」から「選ぶことを支えるもの」まで，幅のある「自己決定」という方法を用います。ただし，自己決定というのは，その人の思いをすべてかなえることによって，成り立っているものではありません。

まず，安全と安心との関係ですが，たとえば，「安全な食品は，消費者に安心をもたらす」という言葉をみても，「安全だから安心する」ということは容易に理解されるでしょう。ところがこの事例のように，立場によって安全と安心との関係が違ってくる場合があります。三郎君が特別食を受け入れてくれれば，施設側としては安全と安心がスムーズに結びつきます。しかし，普通食を希望している三郎君からすれば，〈心の落ち着き〉を意味する「安心」という状態にあるとはいい難いかもしれません。つまり，特別食にすれば安全という環境は，三郎君も施設側もともに認識しているかもしれませんが，心の内を映し出す「安心」となると，立場によって大きく異なってくるのです。

自立生活運動における失敗する権利をストレートに三郎君にあてはめた時，普通食のままでOKとすることに躊躇を覚えることが，この事例の難しさの1つになっています。失敗する権利という時，暗黙裡に「とりかえしのつく」を前提にしていないでしょうか。そうであれば，失敗する権利のことを「条件付きの失敗する権利」と呼ぶ人もいるかもしれません。

この事例においては，抽象的な表現を使うと，三郎君の希望と現実的な対応，三郎君の保護者の意向，三郎君を預かる施設側の社会的責任という3者の立場間での，「ギリギリのやりとり，ミリ単位での調整」が問われています。また，このやりとりを効果的なものにするためには，三郎君の心身の変化について，当事者間の認識を「共通基盤」として形成する必要があるでしょう。つまり，この細かいやりとりという過程を踏むことが，「共通的な安心感」につながっていくのではないでしょうか。視点を変えていえば，「不安を抱えたままでの失敗する権利」から，「安心感をもてるような失敗する権利」に変えていく作業が，支援のための1つの方向性になるのかもしれません。 （宮本秀樹）

▷3 意思の表出が困難な重度障害者などに対して，支援者側が日常的な観察を通じて，その利用者の意思に関する見立てを行うこと（「お察しによる自己決定の支援」）など指す。

▷4 自立生活運動における失敗する権利
⇨ Ⅲ-9 参照。

▷5 「〜する権利」というと，権利の行使が最初にきて，必要に応じて権利行使の制限が行われるという優先順位が認められるであろう。憲法上の自由権と公共の福祉との関係をみても一般的にはこの理解で良い。しかし，この事例のように「子ども」「生命」という要素が加わる場合，「自己決定としての失敗する権利」と「安全健康のための権利行使の制限」の両者に対して，出発点として優先順位をつけずに判断することも場合によっては求められるだろう。

衛　生
——不潔行為と周囲との折り合いのつけ方

 事例の概要

　次郎君（16歳，男子）は中程度の知的障害があり，自宅から地域の特別支援学校中等部に通学しています。身辺処理はほぼ自立しています。発語は少ないですが，日常生活上における言葉の理解はある程度可能です。

　学校で，次郎君のある行動について先生たちがとても困っています。それは，トイレ（大小便）の後，手洗いをせずに，手の指をなめてしまうことです。先生たちは「トイレ後の手の指をなめる行為」をやめるよう注意をするのですが，次郎君の行動に変化はありません。ただし，相当に強い口調で注意すると，この行為を中断することもあります。ほかの子どもも次郎君のこの行動を知っていて，汚いからやめるよう忠告するのですが，効果はありません。

② テーマ

　次郎君の「トイレ後の手の指をなめる行為」は，一般的な判断でいえば，「不潔行為」にあたります。この行為の周囲にいる者にとって，みたくない光景でしょうが，周囲にいる人への具体的な害を及ぼす行為であるかどうかの判断は，一律ではありません。また，他者に直接的な害を与えない「こだわり行動」という見方も可能です。次郎君のこの行動に対する周囲の感情と，トイレ後の次郎君の自己決定（こだわり）とをすり合わせながら，次郎君のこの行動を評価してください。

③ 解　説

○**事例を読み取るためのキーワード**

　こだわり，価値観，社会的許容

○**テーマに関する個別的な読み取り**

【「こだわり」には，社会的に許容されるものと許容されないものがある】

　次郎君のトイレ後のこのこだわりは，他者に対して直接的な害を与えるものではありませんが，社会的には許容され難いものと考えていいでしょう。

【次郎君のこだわりに対して，対応の基本を大別すれば，次の3つとなる】

　① 部分的に認める（認めない時もあるということ）。

　　妥協，交渉が基本的な原則となります。たとえば，小便の時には次郎君に

干渉しないが，大便の時にはこの行動の修正を求めるなどの規制をかけます。

　しかし，人間関係における「押したり引いたり」が理解できなければ，これは無理です。逆に「押したり引いたり」が理解でき，行動の修正が可能となるならば，「こだわり」とはいわないのかもしれません。

② 全面的に認める。

　次郎君にとっては今ある行動の修正は求められないので，結果的には次郎君に負荷はかかりませんが，周囲の者のストレス度を高めます。

③ 全面的に認めない。

　周囲の意思を前面に押し出し，次郎君の意思をまったく尊重しないわけですから，次郎君のストレス度は高まります。

○**事例を読み取るためのワンポイントレッスン**

　「こだわり」の背景として，一般的ないい方をすれば，まずはそのようにせざるを得ない，その人の事情が存在すると考えていいのではないでしょうか。このことを踏まえ，包丁の切れ味に対し過剰なまでに神経質になる調理人の「こだわり」は，本人も周囲も一般的には困らないでしょう。しかし，次郎君のこだわりは，本人自身が本当に困っているかどうかの問題はありますが，周囲の者にしてみれば，不快な感情を引き起こす困ったことになります。このように「こだわり」といっても，相当な幅があります。特に，他者に対して直接的かつ明白な害を与えない，ある面，その人の価値観（自由度）が尊重される領域の行為については，社会的許容の幅はさらに拡がります。

　人間の行動を理解する時，「どうしてそのようなことをするのですか？」と行動の背景にある理由を問うことがよくあります。そして，理由を問うこと自体，間違いではありません。理由がわかれば，解決の糸口がみつかるかもしれないと考えられるからです。しかし，理由そのものを本人自身が認識できていない場合も多々あります。そうであれば，理由への問いを重ねることは，逆に解決を難しくすることになるかもしれません。

　では，次郎君のこの一般的な意味での不潔行為にかかる「こだわり」について，どのように考えればいいのでしょうか。トイレの後，手の指をなめるという行為は，究極的には次郎君次第という自己決定に帰結する部分はあるのですが，同時に社会的には望まれない行動であるので，子どもという特性も加味して，ある程度の制限はやむを得ないと考えられます。そして，この制限は第三者がみて，不適切な関わりであるとは判断され難いでしょう。

　次郎君のトイレ後の指なめは，長期目標としてはそれが完全に消失することが望ましいのですが，大便の時だけは少なくとも指なめはしないという目標設定のもと，中長期的には，「まったくコントロールできないこだわり」から，「多少なりともコントロールできるこだわり」に変えることを支援目標とすることが，現実的な対処になってくるのではないでしょうか。　　　　（宮本秀樹）

治療的支援の目的と特徴

 社会的養護における治療的支援の定義

　社会的養護における治療的支援とは，日常生活のなかで子どもたちが表出する情緒や行動面のさまざまな状態に対して，過去の体験や現在の要因といった「背景」を踏まえて，日々の養育を行うことです。

　「治療」とは，医者が診察をして必要があれば手術を行い，薬を処方するといった原因を特定して医療を提供することによって病気を治す行為を指します。一方，「治療的」とは病気そのものを治す行為ではなく，病気の回復に機能する環境面の整備や日常的な配慮を意味しています。

　とくに社会的養護においては，虐待をはじめとした子どもの人生にふりかかってきた逆境的体験（被虐待体験を含む両親の離婚や精神疾患，両親が収監される出来事等）の影響やそれに伴うさまざまな困難に対して，日常生活上の出来事や日々の関わりを通して回復を促す働きかけを治療的と表現しています。したがって，逆境的体験がある子どもたちに対する支援は，これまでの人生に対する敬意と配慮をもった関わりが求められ，人生を歩んでいく困難さを踏まえて日々の養育を行っていく視点と方法を「治療的」と称しています。

　つまり治療的支援は子どもたちの過去の逆境や現在の困難に対して，支援者が理解を示す眼差しとそれらを踏まえた養育を行うことを意味しています。

② 社会的養護における治療的支援の対象や方法

　ここでは社会的養護における治療的支援の対象・実施者・実施期間・実施方法について説明します。

　まず治療的支援の対象は，定義で示したように，すべての社会的養護を利用する子どもたちになります。社会的養護を必要とする子どもたちの多くは，逆境的体験から親に対するさまざまな感情，自分に対する否定的な認知，社会に対する不信などを抱えていることがあります。こうした子どもたちの人生に思いを寄せ，日々の歩みを支えていく視点はすべての子どもに必要となるでしょう。

　次に，治療的支援を提供する実施者は，社会的養護に関わる直接支援職員や心理職をはじめ，全ての職員が該当します。定義にあるように，子どもの背景を踏まえた眼差しや対応をしていくことは直接的・間接的に関わるすべての大

人が実施者といえるかもしれません。

　次に実施期間や実施場所なども対象者と同様に24時間すべての場所で提供されることになります。施設内における起床時，朝食時，登校時，学校場面，自由時間などあらゆる場所で限定された期間ではなく継続的に必要とされます。その際，対応する職員は，子どもの示す表面的な行動にとらわれることなく，背景となる本質的な課題を捉えて対応していくことになります。

　こうした治療的支援の実施方法として，行動上の問題に対応する技法には，生活場面面接（後述）があります。

③ 具体的対応事例

　ここでは児童養護施設における治療的支援について，現在12歳になるＡ君（仮想事例・男児）をもとに，具体的に整理していきたいと思います。

　Ａ君の母親はDV^{▷1}があったことから生後間もなくＡ君の父親と離婚し，単身で養育してきました。Ａ君は幼少期から興味関心のある物を見つけるとすぐに行動しがちで，集団行動が求められる保育園でもなかなか周囲に合わせることができませんでした。母親はＡ君の行動に対して暴力を用いてしつけを行ってきましたが，小学校に入学したＡ君の行動はよくなるどころか次第に学校場面でも周囲の子どもに暴力を振るい，教室にとどまることができなくなっていきました。ある時，顔にアザを作って登校したことから，学校から児童相談所に通告があり，一時保護を経て10歳の時に児童養護施設に入所することになりました。

　施設入所後のＡ君は，職員に対して挑発的で攻撃的な言動を繰り返し，周囲の子どもたちに対しても支配的な関わりをしていました。職員からは，「これでは親も怒るよね，殴るのも理解できる」という声も聞こえてきます。さて，こうした子どもに対して治療的支援の考え方と対応方法を検討してみます（図Ⅳ-1）。

▷1　DV
　⇨ Ⅳ-4 参照。

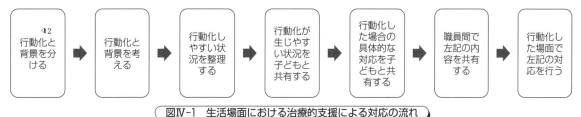

図Ⅳ-1　生活場面における治療的支援による対応の流れ

○治療的支援の視点

　まず治療的支援の視点から入所時の状態を考えてみると，Ａ君の挑発的な言動について，Ａ君自身の問題として捉えるのではなく，入所前の逆境的体験の影響が児童養護施設入所後の今でも，Ａ君に影響を及ぼしているのではないか，と捉え直してみます。その上で，次のような対応を検討してみることができます。

▷2　行動化
　⇨ Ⅳ-4 参照。

○行動化と背景を分ける

　担当職員はＡ君の行動自体の問題性と背景を整理して考えることにしました。当然，攻撃的な言動は認められるものではありませんが，一方で，逆境的体験に伴う困難さを暴力や挑発的な行動として表出しているのであれば，行動を抑えつつ，その背景は丁寧に見ていく姿勢が求められます。

○行動化の背景を考える

　行動の背景については，繰り返し身体的暴力を受け，怒鳴られて育つなかで，むしろ暴力を振るわない関係性に不安が生じているのかもしれない，暴力的な対人関係しか学ぶことができていないのかもしれない，攻撃される前にすぐに自分が攻撃しないといけないと思っているのかもしれない，などとさまざまな仮説を立てることができます。幼い子どもであるほど，言語的な能力に乏しく，葛藤を言葉で説明することができません。そのため職員は，行動の背景に関する仮説をたくさんもつことが必要になります。

○行動化しやすい環境を分析する

　さらに行動化しやすい場面を分析すると，職員から注意される場面や思い通りにいかない場面，友だちとの関係ではすぐに「なめているのか」などと反応しやすいことが整理できました。治療的支援では，過去の関係性の視点と現在の周囲との関係性の両方の視点から現在の行動を見る努力をします。

○行動化が生じやすい状況を子どもと共有する

　職員は行動上の問題が生じやすい状況についてＡ君と整理をしていきました。またＡ君の長所や日頃頑張っていることを強調して伝えることを繰り返し，これまでの暴力を振るわれる親子の関係性とは異なる体験を積み重ねていきます。さらに，Ａ君が行動化につながりやすい場面やその時の感情（自己否定的になることや批判されていると受け止めやすい認知面について等）を共有することを繰り返し，具体的な対処方法をＡ君と職員で検討していきます。

○行動化した場合の具体的な対応を子どもと共有する

　次に行動化した場合の対応について，事前に約束事を整理しました。具体的には，まず刺激の少ない個室に移動し，落ち着くまで深呼吸をするなどです。

○職員間で上記の内容を共有する

　担当職員はＡ君と共有できたことを同僚とも共有し，職員間で統一した対応ができるようにしました。またそのことをＡ君にも話をしました。

○行動化した場面で上記の対応を行う

　実際に行動化した場面で職員は上記の対応を行い，再び振り返りの面接を行いました。

　このように，治療的支援は生活場面で生じるさまざまな出来事に対して，その背景を踏まえた理解と対応を行うことになります。

④　社会的養護における治療的支援と心理面接の関係

　ここでは治療的支援と心理面接の関係について整理します（図Ⅳ-2）。すでに説明したように，治療的支援は，社会的養護を利用するすべての子どもが対象であり，24時間の生活全体を通して提供される職員の眼差しや背景を踏まえた対応です。この点は図Ⅳ-2に示した，「治療的支援の考え方」を踏まえた「治療的支援による養育」が提供されることになります。

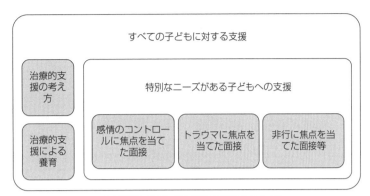

図Ⅳ-2　治療的支援と心理面接の関係

　一方で心理面接は基本的に週1回1時間という決められた枠組みのなかで，心理的症状に対応した働きかけであり，虐待等の影響が心身に現れている優先度の高い子どもが対象になります。したがって，日々の日常のなかで提供される治療的関わりだけでは十分にニーズが充足されない子どもに対しては，心理面接の時間を設けることになります。特に，「感情のコントロールに焦点を当てた心理面接」や「トラウマに焦点を当てた心理面接」「非行に焦点を当てた心理面接」などが実施されます。

　一方でニーズが高いものの，情緒や行動のコントロールが難しい子どもは，面接室での約束を守れないことも多く，そのような場合にはまず生活場面での治療的支援が提供されることになります。いずれも治療的支援と心理面接が連携した形で提供されることによって，子どもたちにとって良好な支援になります。

⑤　社会的養護の方向性と治療的支援

　2017年に公表された「新たな社会的養育ビジョン」（平成29年8月2日とりまとめ）において，「愛着形成に最も重要な時期である3歳未満については概ね5年以内に，それ以外の就学前の子どもについては概ね7年以内に里親委託率75％以上を実現し，学童期以降は概ね10年以内を目途に里親委託率50％以上を実現する」ことが明記されました。

　こうした我が国の社会的養護の施策が進められている現状から，ケアニーズが比較的低い子どもは里親委託が中心となり，情緒や行動面に重篤なケアニーズがある子どもが施設に多く委託されることになると考えられます。そのため，施設養育を担う保育士や児童指導員には，特に専門的な養育を担う視点と方法が求められるようになると考えられ，「治療的支援」の視点は今後ますます社会的養護を担う職員に求められる考え方やスキルになると思います。

（大原天青）

2　心理治療のモデル

 社会的養護を要する子どもたちの心理

〇愛着関係形成と分離・喪失体験

　子どもが成長・発達していく上で，養育者（親やそれに代わる身近な大人）と愛着関係を形成することが重要です。良好な愛着関係は，基本的信頼感や自己肯定感など生きる上で重要なものをもたらします。社会的養護を要する子どもたちは，家庭，一時保護所，施設，里親家庭などを転々とし，生活する場所がめまぐるしく変わることも少なくありません。子どもを養育する大人が一定しないことは，不安感，孤独感，見捨てられ感など，子どもの心に多くの傷つきをもたらすだけでなく，子どもの愛着形成にとって危機的な状況といえます。親との間に継続的で安定的な愛着形成の機会を失ってしまった子どもたちは，児童指導員，保育士などの生活担当職員との暮らしのなかで，愛着関係や信頼関係を形成します。そして，子どもは親や家族にまつわる心配事を1人で抱えこんでいることも少なくありません。生活担当職員は，親や家族のことについて子どもと一緒に悩んだり考えたりする姿勢も大切です。

〇虐待を受けたことによる傷つき

　近年，何らかの虐待被害を経験して，施設や里親家庭で暮らす子どもが急増しています。親からの虐待を受けた子どもは，自分に対して不信感をもつようになり，自己制御力が弱く，衝動コントロールができにくく，相手を怒らせるような行為をするなどの精神発達上の問題を呈し，自己評価の低下と対人関係の問題を引き起こすといわれています。たとえば相手を怒らせるような挑発的な行為などは「虐待関係の反復傾向」ともいわれており，虐待を受けた子どもは関わりをもつ大人にフラストレーションを与えて虐待を誘うような形で関わり，過去の虐待的な人間関係を現在の人間関係において再現するという特徴があります。これらの特徴から，他者と良好な対人関係を結ぶのが困難になってしまいます。生活担当職員はこうした心理や行動を十分に理解して子どもと向き合っていくことが必要です。理解ができていないと，不適切なケア（虐待関係の再現など）につながってしまう可能性も出てきます。

〇さまざまな行動上の問題

　不安定な愛着形成および虐待を受けた影響，もしくは**生物学的な要因**などから，子どもたちはさまざまな症状や行動を示す場合があります。自閉的な傾向

▷1　村瀬嘉代子「子ども虐待と心のケア」『世界の児童と母性』，1999年，vol. 47，2～5頁.

▷2　西澤哲『子どもの虐待』誠信書房，1994年，38頁.

▷3　**生物学的な要因**
遺伝的な要素など，器質的な要因.

▷4　**解離性障害**
解離状態を主徴とする障害。解離状態とは，「連続し統合された通常の意識状態に断裂を生じ，通常の意識状態とは連続性を欠いた変容した意識状態」のこと（市田勝「解離性障害」『精神科治療学第16巻増刊号　小児・思春期の精神障害治療ガイドライン』星和書店，2001年，322頁）.

▷5　**行為障害**
他者の基本的権利，または年齢相応の主要な社会的規範，または規則を侵害することが反復し持続する行動様式（猪股丈二，山崎晃資「行為障害」『精神科治療学第16巻増刊号　小児・思春期の精神障害治療ガイドライン』星和書店，2001年，223頁）.

▷6　**箱庭療法**
砂を6～7分目まで入れた砂箱（72 cm ×57 cm ×7 cm）のなかに，ミニチュア（人，動物，植物，建物など）を使ってクライエントに好きなものをつくってもらうことで，心理状態を分析し治療していく.

や多動性や衝動性がみられたり，うつ状態がみられることもあります。他に，吃音・異食・チック・遺尿・遺糞・緘黙・摂食障害・睡眠障害・**解離性障害**[4]・**行為障害**[5]などのさまざまな状態に至る場合もあります。かんしゃく・暴言・暴力・支配的な態度・挑発的な態度・攻撃的な態度・自己破壊行動などの行動が表れる場合も多く，このような行動に起因して，他者との間でトラブルが起きやすくなります。さらには，引きこもり・不登校・非行などの社会的な不適応行動につながることもあります。生活担当職員は心理や医療など他分野の専門家と協働しながらチームでケアすることが大切です。

2 子どもへの心理治療

○心理治療を受けられる機関

子どもが心理治療を受けられる機関としては，病院，児童相談所，教育相談所，学校のスクールカウンセラー，地域の発達センターなどがあります。児童福祉施設には，施設内に心理職が配置されているため，施設内で心理治療を受けられます。

○子どもへの心理療法

心理療法としては主に遊戯療法（プレイセラピー）が用いられることが多く，ごっこ遊び，描画，粘土，ボール遊び，ゲームなどのさまざまな遊びを媒介にして，子どもの自己表現を促し，治療的に活用していきます。ほかにも，**箱庭療法**[6]，カウンセリング，**グループ心理療法**[7]，**行動療法**[8]，**心理教育**[9]などのアプローチ法があり，子どもの年齢や特性に応じてどのような心理療法を提供するかを見極めて行っていきます。過去の過酷な体験によって**トラウマ**[10]を受けた子どもは，心理療法のなかでトラウマを扱っていくことが必要になります。必要に応じて心理テストも実施し，子どもの状態を的確に**アセスメント**[11]していくことに役立てます。

○治療的養育：心理士と生活担当職員との協働

子どもの問題は，心理室のなかで行われる心理療法だけでは改善しません。子どもの養育環境全体を治療的にすることが重要です。生活担当職員が子どもと関わる際に，子どもの行動の真意がつかめなかったり，感情的になってうまく対応できないなど，さまざまな理由で対応困難になる場合があります。そのような時は心理士と話し合いながら，子どもへのより良い関わりの方策を具体的に見出す作業を，一緒に行うことが有効です。昨今，子どもたちの親も精神的な疾患を抱えていたり，子どもを受け入れられずに不適切な関わりをしてしまったりと，対応の難しい場合も少なくありません。親との関わり方についても心理士と話し合うことは有効です。

（若松亜希子）

▷7 **グループ心理療法**
何名かの集団に対して行う精神療法的アプローチ。違った個性をもつ個人が何名か集まることによって，新たな集団としての特徴が生まれる。グループの成熟とともに，個人の成長を目指していく。

▷8 **行動療法**
人の抱える問題を「病気」としてではなく獲得された「行動」として捉え，問題行動に代わる行動を訓練する手続きを用いて，好ましい行動を獲得できるように援助する（河合隼雄『臨床心理学』第1巻，創元社，1995年，146頁）。

▷9 **心理教育**
疾病などについての知識をクライエントや家族に伝えて，治療に活かしていく教育的な方法。

▷10 **トラウマ**
一般に心身的な不快をもたらす要因をストレスと呼ぶが，それが非常に強い心的な衝撃を与える場合には，その体験が過ぎ去った後も体験が記憶の中に残り，精神的な影響を与え続けることがある。このようにしてもたらされた精神的な後遺症を心的なトラウマ（外傷）と呼んでいる。（厚生労働省精神・神経疾患研究委託費外傷ストレス関連障害の病態と治療ガイドラインに関する研究班『心的トラウマの理解とケア』2001年，3頁）

▷11 **アセスメント**
クライエントが直面している問題や状況の本質，原因，経過などを理解し，問題解決のための計画をつくっていく過程。

3　虐待を受けた子どもの心理治療

 虐待が与える子どもへの影響

虐待は子どもの成長発達に短期的，長期的に大きな影響を与えることがわかっています。ここでは身体的虐待を例に，身体面，認知面，心理面，行動面，生理的側面に現れる影響について説明します（図Ⅳ-3）。身体的虐待には直接暴力を受けることだけではなく，タバコの火を押し付けられたり，重度のやけどを負わされたりすることも含まれます。こうした身体的虐待は，身体に痛みを与え，アザができたり骨が折れたりするなどの身体面に影響を与えることはすぐに想像できると思います。こうした行為を繰り返し受けるとさらに影響は拡大していきます。

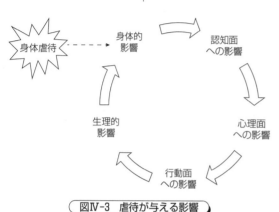

図Ⅳ-3　虐待が与える影響

◯認知面

子どもは本来愛されたい対象から繰り返し暴力を受けることで，周囲の人や物事に対する受け止め方を変化させることで対処しようとします。たとえば，「僕が悪いことをしちゃうから，お母さんが怒っちゃうんだ」「殴られても慣れているから，痛みも感じないし大丈夫」などです。当然ながらこれらの認知は歪んでおり，時間の経過とともにさまざまな影響を与えます。これらの認知面の歪みは，虐待環境に適応し，身体的虐待の意味を変化させることで自分の感情面を保つような働きをしています。それは，「悪いことをしたら，暴力でわからせないといけない」「相手が俺を怒らせたから暴力を振るわれて当たり前。俺は悪くない」といった暴力を肯定する価値観や力の強いものには従い，弱い者には自分の主張を押し通そうとするような人との関係を形成する認知などに現れます。こうした認知傾向は将来親になった際に子どもにしつけと称して暴力を肯定することにつながることもあります。

◯心理面

上記のような認知面の変化は，「悪いことをする自分が悪い」「なにをやっても自分はダメな子」という否定的な自己イメージを強め，精神面では抑うつ症状を高めてしまうこともあります。さらにいつ暴力を振るわれるかわからない状況は，常に強い不安を与え，緊張感のある生活が継続していくことにもなり

ます。こうした傾向は親の前ではいい子を演じるものの，親がいない学校場面や放課後の行動に現れることもあります。一方で年齢が上がるにつれ，暴力をふるう親や大人，社会に対する不信感を強めていくこともあります。

○行動面・生理的側面

このような認知面や心理面の変化が時間の経過とともに起きてくると，行動面や生理的側面にもさまざまな影響があります。いつ暴力を振るわれるかわからない状況は，常に緊張状態を作るため交感神経が常に働いている状況となり，リラックスすることができないことにつながります。すると行動面では落ち着きのなさや多動傾向が目立ち，ADHD（Attention deficit hyperactivity disorder：注意欠如・多動症）に似た症状を呈するようになります。また対人関係では，認知や心理面の変化に伴い，暴力的な行動や非行的な行動を行うようになったりすることもあります。さらに近年では虐待が脳に与える影響も指摘されています。また長期的には身体疾患をはじめとした健康問題にもリスクがあるという調査があります。

○虐待の重複がもたらす影響

実は身体的虐待には心理的虐待やネグレクトが重複していることもあります。暴力を振るう状況で親は，「なにやってんだ！　またやらかしたのか！　お前なんて死ねばいい」などの何らかの言語的な暴力を行っていることも多くあるからです。また問題行動をしたら罰として，食事を与えない，医療的対応を行わないなどのネグレクトを行うこともあります。心理的虐待のみでも身体的虐待と近い影響を与えますが，虐待が重複することはさらに子どもの心身に否定的な影響を与えることになります。

② 虐待を受けた子どもへの心理面接の過程

虐待を受けてきた子どもの心理面接では，まず虐待のない環境を保障し，子どもにとってリラックスでき，安心できる時間や場所が確保されていることが前提です。いつ暴力を振るわれるかわからない虐待環境のなかでは，虐待等のトラウマを抱えた子どもやその保護者の養育に対する効果的な治療方法であっても，効果がでないことは明らかです。まずは暴力を振るわれない環境に慣れていく段階が必要となります。しかし暴力を受け続けてきた子どもにとって，暴力がない環境は逆に不安な気持ちを抱く時期でもあります。つまり，暴力を受け続けることに慣れ，それが愛情の示し方だと理解してきた子どもにとって，暴力を受けない状況に強い違和感をもち，客観的にみれば安心できるはずの施設において，職員から暴力を引き出すような言動を行うことを試みるのです。重篤な虐待を受けてきた子どもほど，このような傾向は強く，対応にも苦慮することになりますが，背景を理解しておくことで落ち着いて対応することが可能になると思います。

　以下では，幼少期から身体的虐待を受け，認知面や心理面への影響に加え，行動上の問題を示すようになった中学生年齢の子どもへの入所型施設における心理面接のポイントを整理します（図Ⅳ-4）。

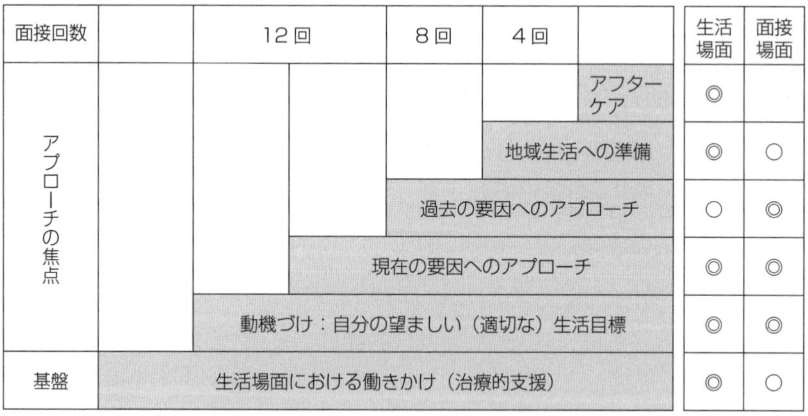

面接回数	12回		8回	4回		生活場面	面接場面
アプローチの焦点					アフターケア	◎	
				地域生活への準備		◎	○
			過去の要因へのアプローチ			○	◎
		現在の要因へのアプローチ				◎	◎
	動機づけ：自分の望ましい（適切な）生活目標					◎	◎
基盤	生活場面における働きかけ（治療的支援）					◎	○

図Ⅳ-4　心理面接の焦点と生活場面と面接場面に対する働きかけ

（◎ 働きかけが多い，○ 働きかけが少ない）

○生活の安定

　すでに説明したように，身体的虐待を受けてきた子どもは，安心で安全な環境に移行してもこれまでの影響をさまざまな形で表出するようになります。心理面接を実施するためには，生活が安定していることが重要です。面接によって引き起こされる変化について生活場面でも適切に対応してもらえるように，心理職と生活場面を支援する職員間で共通理解があることが必要になります。

○動機付け：自分の望ましい（適切な）生活目標

　心理面接の開始にあたって目標設定をすることが重要です。心理面接を通して，現在の困難感を解消し，希望する状態に近づくために必要なことを明確化し，子どもと共有することです。心理面接の過程では，テーマが大きくずれていくこともありますが，目標を設定しておくことで，現在の話と目標との関係を整理し，面接の本来テーマに話を戻すことができます。

○現在の要因へのアプローチ

　虐待を受けて行動化している子どもへの心理面接では，現在起きている生活上の困難やトラブルを中心に扱っていくことからスタートします。多くの子どもは，言葉で自分の気持ちや行動，考えを説明する力が乏しいことがあります。そのため，日常場面で起きるさまざまな出来事とそれによって生じる気持ちやその変化を共有することを，丁寧に行っていくことが心理面接の基礎になります。つまり，「○○があってイライラしてなかった？」などと，出来事と該当する感情をつなげることを補助していきます。こうした働きかけを粘り強く，心理面接場面と生活場面の双方で行っていきます。この過程は心理面接の全期間を通して必要な働きかけになります。

○**過去の要因へのアプローチ**

現在の要因を整理することを繰り返すなかで，現在と過去のつながりを整理する必要に迫られる段階があります。たとえば，「親のせいでこうなった」「ずっと暴力を受けてきたら当たり前だと思っていた」など，現在の要因と過去の虐待等の影響について，つながりをもって語る場面が出てくることがあります。このような洞察ができるようになれば，過去の虐待が人生のさまざまな出来事に与える影響を子どもに伝え，当時の理解や対処方法と現在の理解や対処方法の違いを共有することができるようになります。

○**地域生活への準備・アフターケア**

施設から自宅や地域での生活を開始する段階では，保護者や地域の所属機関等にも子どもの状態を共有することが大切です。子どもたちは施設のなかで安定した生活を継続でき，心理面の整理が進んでいると思われます。ただ，退所後の環境面が整っていなければ心理面接の効果も継続することは難しくなります。地域のなかで各子どもの心理面を含む特徴を理解し，身近で支援をしてくれる人とつないでいくことは，子どもの人生をつなぐことになります。

③ 虐待を受けたこどもへの心理面接の現状と課題

最後に上記のような心理面接を進めていくうえでの課題を3点示します。1つ目は，生活支援職員と心理職の連携・協同が欠かせない点です。心理面接のみで虐待の影響から回復することは困難であり，日々の生活が治療的環境であることが必須になります。2つ目は，施設心理職の配置の問題です。現状では1名の非常勤心理職のみが配置されている施設も多く，入所する子どもの数やニーズに対応できる職員配置が必要です。3つ目に，エビデンス（根拠）に基づく心理療法の普及の課題です。個々の子どものニーズに応じて，効果的な心理面接の方法を活用していくことは，職員の研鑽が常に求められていることにもなります。今後よりよい支援を提供するため，上記の点にさらに取り組むことが必要になります。

（大原天青）

発達段階ごとの心理治療的アプローチの違い

1　乳幼児期における心理治療的アプローチ

　乳幼児期に大切なのは，養育者（親やそれに代わる身近な大人）と愛着関係を形成することです。子どもが要求を出した時に養育者が敏感に応えてあげることによって，良好な愛着関係が形成されます。赤ちゃんが泣くと，養育者は「お腹が空いたのかな？」「オムツが濡れたのかな？」と赤ちゃんが何を要求しているか想像を巡らせ，要求を満たしてあげる努力をします。幼児期になると，少し言葉が話せるようになりますが，言葉で伝える能力はまだ不十分です。何をしてほしいのかうまく伝えられずにぐずって泣いたり，かんしゃくを起こしたりすることもあるかもしれません。そのような時，養育者である生活担当職員としてどのように対応するのが望ましいでしょうか。多くの子どもを育てている状況では，その子の要求をすべて物理的に満たすことは難しいかもしれませんし，それが望ましいとも限りません。子どもが望むからといって，一緒にスーパーに行くたびにおもちゃを買ってあげるわけにはいきません。重要なのは，子どもの"気持ち"を理解しようとすることです。子どもの要求を物理的に満たせなくても「そうして欲しい気持ちなのね。気持ちはよくわかったよ」というメッセージを子どもに伝えることが大切です。また，子どもの感情を共有し，その感情を子どもに"伝えかえす"ことも大切です。「うれしいね」「悲しいね」「さっきは怒っていたんだよね」など，人間にはさまざまな感情があり，それぞれの感情には名前があるのだということを子どもに教えてあげます。養育者から教えてもらうことで子どもは自分の感情に気づけるようになり，少しずつ他者の視点や気持ちにも気づけるようになります。そして，自分の感情を自己調整できるようになっていきます。

2　学童期における心理治療的アプローチ

　小学校に通いはじめると，子どもの社会が大きく広がります。社会性を十分に身につけられていなかったり，**自己肯定感**¹が低い状態で集団生活に入ってしまったりすることで，友人関係がうまく築けない，集団になじめないなどといった困難を抱えることがあります。社会的養護のもとで暮らす子どもたちは，周囲の子の生活環境と自分の置かれている環境との違いをはっきり意識するようになります。「なぜ親は自分のことを育てずに施設で暮らさねばならないの

▷1　自己肯定感（観）
　⇨ Ⅲ-1 参照。

か」「自分はいらない子なのだろうか？」などの疑問や葛藤が大きくなりはじめるので，子どもが自分の存在や人生を前向きに捉えられるように生い立ちを整理することが必要になってきます。日常生活のなかでさりげなく話された家族の話をていねいに聴いたり，子どもが生活していた乳児院を訪問して当時担当者だった職員に会いに行ったりするのも良いでしょう。自分が"可愛がられて大切に育てられてきた"という実感がもてることによって，荒れていた子どもの気持ちが穏やかになることもあります。

　学童期になっても自分の感情に気づけずに感情コントロールができない子もいます。そのような子には感情や気持ちを"伝えかえす"ことをていねいに行うことが大切です。この時期，情緒面も複雑になり行動化（引きこもり，不登校，非行，暴力，自傷行為等）が激しくなって対応困難になる場合もあります。施設内外の心理や医療の専門家と連携したチームアプローチも必要になります。学力面の問題が原因で対人トラブルに発展する場合もあるため，教育機関とも連携しながら子どもに適した学習環境を整えることも重要です。

❸　思春期・青年期における心理治療的アプローチ

　この時期，異性（同性）への関心が高まり親密な関係をもつようになります。虐待やネグレクト経験のある子は自己肯定感が低く他者との距離感をつかみにくいため，**DV関係**に陥りやすくなったり性的な行為を関係づくりの手段にしてしまったりする場合があります。子どもの友人関係などを注意深く見守ることが大切です。

　さまざまな行動化の背景には精神的な症状や疾患があって専門的な治療が必要になる場合があります。心理や医療の専門家と連携して子どもの状態をアセスメントし，必要な場合は外部の医療機関につなげます。子どものなかには，施設外の人のほうが相談しやすいと思う子もいるので，外部機関をうまく活用します。

　原則的には18歳になると施設を退所せねばならないため，自立に向けたケアが必要になります。子どもが生活担当職員と一緒に親や家族についての気持ちを整理する最後のチャンスになるので，しっかりと生い立ちの整理に寄り添うことが大切です。子どもの人生は施設で暮らす期間よりも，施設を退所後に歩む人生のほうが長くなります。子どもが施設を出たあと，自分の家族とどのような関係をもっていくのかについて一緒に考えることも必要です。さまざまな事情があって家族と交流がもてない子についても，家族に対してどのような想いをもっているのかをていねいに聴いていくことで，子どもの心の整理につながります。たとえば施設に入所中は親の住所を子どもに教えられないというケースでも，子どもが望めば退所する時に教えてもらうことができます。児童相談所と連携して子どもの意思を確認しながら，施設を退所した後に自身の人生を前向きに歩んでいけるようなサポートをします。

（若松亜希子）

▷2　DV関係
配偶者またはパートナーなど親密な関係にある者の間の暴力関係のこと。

生活のなかの治療

① 子どもの抱える心の葛藤

　児童虐待は年々増加し，今や大きな社会問題の１つとなっています。児童養護施設でも，虐待を受けて入所してくる子どもの数は年々増えています。家庭のなかで虐待を受けるということは，子どもたちにどのような影響を及ぼすのでしょうか。虐待を受けた子どもたちは，その家庭において「この世は安全であること」「生きることは楽しいこと」を実感するよりも先に，日々の生活のなかで傷つけられてしまいます。

　愛着の絆とはなんでしょう。生まれたばかりの赤ちゃんは他者（養育者）からの世話（授乳や身体の世話）を通し，「温かく包まれる」なかで成長します。このように他者からお世話されることも，誕生した頃にはあまり認識していないものです。赤ちゃんの頃は養育者と一体化して命をつないでいきます。成長するにつれて徐々に個としての自覚が生まれてきます。「それまでの過程で，子どもは他者への基本的な信頼感を作りだし，共感や別々の存在だけれど一緒という一体化が生まれる。これを愛着の絆とよぶ。子どもの育みの本質がそこにある」とするゆえんです。

　虐待を受けた子どもたちは，本来なら安全であるはずの「家庭」で不適切な扱いを受けることで，心に深い傷を負ってしまいます。子どもの**愛着行動**は健全に形成されず，**無差別的愛着傾向**や**虐待的人間関係の反復傾向**といった歪んだ対人関係パターンをもつ場合があります。このことは，思春期など一定の年齢に達した後において，「怒りが爆発する」「嫌なことを嫌といえない」など，感情調整の問題や，過食・拒食を繰り返す，リストカットがみられるなどの情緒問題にも大きく影響することがあります。そのほか，虐待の影響から表れる問題はさまざまなものがあります（反社会的行動・暴力的行動・自己中心的行動・爆発的なかんしゃくやパニック・**フラッシュバック**・無気力など）。

　児童養護施設には，入所の理由が「虐待」ではなくても，入所後職員が子どもたちとの会話のなかから虐待の事実を発見することが少なくありません。たとえ虐待されていなくても，家族と離れて暮らさなければならないことは子どもの心に葛藤を生みます。職員は，2006年から常勤で配置されるようになった心理職と，施設内の相談室の利用だけでなく，日常生活支援においても連携し，「生活」のなかで安心が感じられるように工夫します。「生活」を意図的に支援

▷1　全国社会福祉協議会「子どもの育みの本質と実践」2009年，104頁.

▷2　**愛着行動**
ジョン・ボウルビィ（Bowlby, J. M.）が提唱した概念。特定の人と人との間に形成される心理的な結びつき（J・ボウルビィ著，黒田実郎ほか訳『新版愛着行動──母子関係の理論(1)』岩崎学術出版社，1991年）。
　　⇨ Ⅴ-7，Ⅱ-2 参照。

▷3　**無差別的愛着傾向**
誰にでもべたべたしたかと思うと，急によそよそしくなるなど，不安定な愛着の状態。

▷4　**虐待的人間関係の反復傾向**
虐待的人間関係の再現傾向のこと。虐待された子どもがその関係しか知らないために，大人をわざと怒らせているのではないかという言動を無意識にとり，再び虐待される関係をつくり出してしまう傾向をもつこと。

▷5　**フラッシュバック**
虐待された場面が，まさにその時の感覚でよみがえってくること。

するなかで，もう一度大人との愛着関係や信頼関係を結び直し，徐々に傷が癒えていくことを目指すのです。

事例：叩くけれども大好きなお母さん

小学校2年生の圭子さんは，身体的虐待で保護されました。母親は，ホステスとして働いていたため，圭子さんは夜，1人で過ごさなければなりませんでした。圭子さんは1人ぼっちがさみしくて，夜，近くの公園やコンビニを徘徊するようになります。近所の人にそのことを指摘された母親は怒って，「夜1人で外に出るから，私が叱られる」と怒り，叩いたのです。ある日，圭子さんに「どうして学園（児童養護施設）に来ることになったの？」と尋ねると，恥ずかしそうに「私，夜遊びしていたの……」と答えました。職員が「違うよ，圭子ちゃんが悪いのではないよ。お母さんが圭子ちゃんを怒りすぎちゃったからよ」と話しましたが，「ちがう！お母さんは悪くない。私が悪いの」と職員を睨みつけました。

　ある実習生は「虐待されても『親と一緒に暮らしたい』っていうのですか？」と驚いていました。子どもにとって親は絶対的な存在です。子どもは無条件に親を愛して，求めているのです。大好きな親が怒る，叩く，そのことが原因で一緒に暮らすことができなくなり，自分は家庭から追い出される，このようになったのは，「自分が悪い子だったからだ」と考えてしまう子どもは少なくありません。施設で暮らす子どもの**自己肯定感（観）**はとても低い傾向にあります。職員は子どもたちが傷つきながらも親を求めている気持ちを理解し，寄り添えるように生活を通して信頼関係を形成していく必要があります。

▷6　自己肯定感（観）
　⇨　Ⅲ-1 参照。

❷ 実際の支援

　「生活」のなかで，子ども自身が大切にされていると感じることは，自己肯定感（観）を取り戻す（獲得していく）上で大切なことです。たとえば，衣類についてもいろいろと支援ができます。衣類を提供するだけでなく，子どもの意思を尊重し，好みにあった服を自分で選ばせることで，自己決定力を育てることができます。いつも清潔なものを用意し，TPOにあった衣類を選ぶことを教えていきます。自立が近い子どもや思春期以降の子どもは，自分で洗濯できるようになることも大切です。

▷7　TPO
時（Time）・場所（Place）・場合（Occasion）。またその3つの条件。

　食事場面も重要です。児童養護施設の食卓には，食に関するさまざまな体験をしてきた子どもたちが集まります。心の傷が，過食・拒食・偏食などの形で現れることもあります。特に食事に関する虐待を受けていた子どもには配慮が必要です。この場合，「食事を楽しむことができるようになること」が支援の基本となります。もちろん，テーブルマナーや好き嫌いなく食べられるように，職員が手本となって示していく姿勢も重要です。このように，毎日の支援を継続していくことに，治療的な効果が期待できるのです。

（高山由美子）

子どもの自立支援の基本

▷1　微笑み
秋山智久は，「微笑む」ことについて水野源三という詩人のことを紹介している。水野は，ALS（筋萎縮性側索硬化症）の重度障害者で，動かせるところはただ１つ，まぶただけであった。水野は母親のサポートにより詩を書き始めた。そして彼は「私は何もできない。私はただ微笑むだけ」という。微笑んでくれて不快に思う人がいるだろうか。赤ちゃんの微笑みは，側にいる者の気持ちを心地良くしてくれる，柔らかくしてくれる。馬やチンパンジーは歯をむいて笑うけれど，人間は社会的に生きるために，「微笑む」という笑いを人類400万年の歴史の中で獲得してきたのである（秋山智久・平塚良子・横山『人間福祉の哲学』ミネルヴァ書房，2004年，20頁）。

▷2　国語的な定義として，「自立」と「依存」は，次のとおりである。
自立：他の援助や支配を受けず自分の力で身を立てること。ひとりだち。
依存：他のものをたよりとして存在すること。
（新村出編『広辞苑第５版』岩波書店，1998年）

1　子どもを社会のなかで育てることの意味

　社会は子どもを次世代の大人にしていくことが必要であり，子どもは持続可能性のある社会づくりのための土台になります。表現を変えていうと，児童は将来の支え手としては期待されていますが，成人と違って，児童が現役の支え手になることはできません。児童福祉法第１条においても，社会は子どもを心身ともに健康に育てること，生活を保障すること，愛護することにおいて「客体としての対象」ではなく，「主体としての存在」として捉え，その目的達成のために，社会は大人側の責任を規定しています。社会（大人）と本人との関係でいえば，障害者や高齢者が双方的な責任関係だとすれば，子どもの場合には，子どもの権利性を踏まえた上で，社会の義務として社会から子どもへ働きかける関係が中心になるといえるでしょう。

2　自立と依存との連鎖のなかで，人は生きられる

　人間は，成人としてこの世に生まれるのではありません。自分自身では何もできない赤ちゃんとして生まれます。成人となるプロセスのなかで，自立という観点からは，一番遠い存在です。人間は人間に全面的に依存をしなければ生きていくことができない存在として，この世に生を受けるのです。大雑把な理解として年齢を重ねる（成長する）ということは，自立度を高め，依存度を低めるプロセスでもあります。その出発点に立っている赤ちゃんは，親から一方的にケアしてもらっているかのように外見的にはみえます。ところが，親はわが子から「**微笑み**」[▷1]をもらったり，親として成長していく喜びを子どもから与えられているのです。赤ちゃんは親に対して十分，精神的な貢献をしているのです。個別具体的な場面で，「自立」と「依存」との関係をみると[▷2]，この２つは明確な線で区切られているというより，図Ⅴ-1のように，「自立」という面と「依存」という面とが相互に交わって，環境や時間的な流れのなかで変化すると考える方が自然ではないでしょうか。そこには，個別性（唯一無二性）に収れんしていきながら，自立部分と依存部分とが混ざり合った現実的な人の姿がみえるのではないでしょうか。このことが，自立支援の過程における核になっているといえるでしょう。

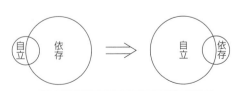

図Ⅴ-1　自立と依存との基本的な関係
出所：筆者作成。

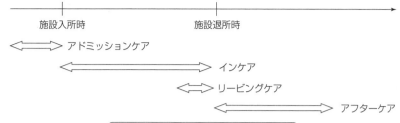

図V-2　子どもたちの自立支援の過程

出所：児童自立支援対策研究会編『子ども・家族の自立を支援するために——子ども自立支援ハンドブック』
日本児童福祉協会，2005年，130〜134頁をもとに筆者作成。

③　児童福祉施設における自立支援の過程

施設に入所している子どもたちの自立支援の過程は図V-2のとおりです。

◯アドミッションケア（施設入所前・施設入所時のケア）

施設を利用するということは，一定の課題解決（非行の矯正等）をその目的
とします。その目的を挟んで，児童相談所・施設職員と子ども・保護者とが向
き合います。その際，重要となるのは児童相談所・施設側の「わかりやすい説
明」と，子どもや保護者の「理解した上での納得と受けとめ」です。併せて，
関係の諸機関・施設間の情報交換，連携も大事です。

◯インケア（施設入所中のケア）

入所となった時点で，退所を含めた自立支援計画に沿った支援が展開されま
す。そのためには，当該児童の選択と自己決定の力をつけるための支援や，保
護者との家族調整[注3]（面接，一時帰省など）等が求められます。

◯リービングケア（施設退所前・施設退所時のケア）

児童自立支援対策研究会は，リービングケアを「子どもが施設を退所する時
期に，社会的な自立に必要な力を獲得するために受ける援助や体験などにより，
総合的な生活力を育てること」と位置づけています。この目的を達成するため
には，炊事，掃除，洗濯などの家事，金銭管理，健康管理，関係機関の利用の
仕方などの生活技術や，人間関係にかかる調整能力の習得が重要です。

◯アフターケア（施設退所後のケア）

退所する子どもたちに対して，孤立感を抱かせることなく，何かあれば相談
できる安心感の提供が重要です。依存することの大切さが問われます。

千葉県で初めて**自立援助ホーム**[注4]を立ち上げた高橋克己は，自立援助ホームに
来る子どもたちのことを「頼るものがない人たち」[注5]とみています。他者に頼り
たくても頼れない歴史を歩んできた子どもたちです。そして，自立を「上手に
人に頼る力（施設の子どもたちが苦手とする部分）」と位置づけています。つまり，
人間関係の網の目を使って，「SOSを適切に発信できること」[注6]も自立の形にな
るのですが，このことが行えるためには「支え―支えられる関係」を日常生活
のなかにいかに取り入れるかが鍵となります。　　　　　　　　（宮本秀樹）

▷3　**親子関係再構築**
⇨　XII-2　参照。

▷4　**自立援助ホーム**
⇨　V-8　参照。

▷5　2004年4月に千葉県
内に初めてNPO法人（当
時）による自立援助ホーム
「人力舎」（人は人の力で生
きるからというのが命名の
由来）が開設された。児童
養護施設職員の経験者であ
る高橋は，そこのホーム責
任者（当時）であった
（2005年6月28日『読売新
聞』より）。

▷6　1979年NHKテレビ
ドラマ「車輪の一歩」（『男
たちの旅路』）は，社会の
なかで障害をもって生きる
ことの意味を問うた作品。
いつも周囲に対して遠慮し
ながら生きているという車
いすの青年に対して，警備
会社の社員（鶴田浩二）は
「障害をもつことは特別な
人生を生きている」，「社会
の常識が君たちを縛ってい
る」，「もっと他人に迷惑を
かけてもいいじゃないか，
いやかけるべきだ」と説い
ている。

入所前・入所時（利用開始時）の支援（アドミッションケア）

▷1　自立支援の過程
　⇨　 V-1 参照。

① アドミッションケアとは何か

　アドミッションケアとは，児童相談所から児童養護施設や里親委託等に「措置決定」される子どもたちに対して，事前あるいは入所（措置）直後に行われる一連の支援のことをいいます。

　措置決定前に子どもたちはさまざまな理由で，児童相談所の一時保護所に保護されます。家庭復帰できる子どもたちも多くいますが，すぐに家に帰すことのできない子どもや親から虐待を受けた子どもの場合，児童養護施設や里親に「措置委託」されることになります。しかし，多くの子どもはいつか家に帰りたいと思っています。しかし，家には帰ることができないと告げられた時，「なぜ，自分が施設に行かなければならないのか」と思い悩みます。「二度と家には戻りたくない」と考えていたとしても，「新たに暮らす場所はどんなところだろう」と不安を感じています。

　そこで，たとえば，新しく施設入所になった場合，その理由や背景，新しい施設生活の内容や流れ，将来のこと，子どもたちが抱くさまざまな不安や疑問など可能な範囲で，子どもたちに説明の実施や納得を得るための関わりが求められます。施設や里親に預けられる子どもたちにとって，これが最初のアドミッションケアの場面になります。

② アドミッションケアの重要性

　社会的養護を必要とする子どもたちの一部には，身の回りの出来事を知的に理解することが難しい状況がときに起きます。警察との関わりもある子どもが違法性薬物の使用などの「問題行動」を起こして一時保護され，児童自立支援施設に措置されるような場合が一例としてあげられます。また，児童養護施設で他児童への暴力などの「問題」を起こしてしまい，「措置変更」をしなければならない場合もありますが，これも知的に理解することが難しい状況の一つかもしれません。そのような子どもたちは，「施設から見捨てられた」と思い込み，将来に希望ももてず保護所にきます。保護所でも適応できず，無断外出をしたり，保護所の職員に反抗的な態度をとってしまうこともあります。

　このような状況に対して，自分自身を振り返り，他の方向性について，考えられるような働きかけの一つとして，たとえば，児童養護施設から児童自立支

援施設に変更になる場合，事前に施設職員に来ていただき，実際の生活について，お話をしていただくこともアドミッションケアの一つの形になります。また，虐待ケースなどのように保護者に協力を得ることが難しい場合もあるのですが，保護者から子どもに対して，一時保護となった理由や家庭引き取りの可能性を含めた話を伝えてもらうこともアドミッションケアの重要な側面になります。

　また，大人たちが「子どもの意見」をどのように捉えるかは，アドミッションケアを効果的なものにするためのキーになります。以前は子ども自身の意見が反映されないまま「支援方針」が大人だけで決められていました。将来的なことを考慮して，児童相談所が立てる「自立支援計画」も子どもを中心に，子どもの意見が反映されることがポイントになってきます。「子どもの意見」を反映させるためには，養育力向上のための支援プログラムの一つである**ワーズ&ピクチャーズ**のような試みがアドミッションケアの段階で，入所後に展開される「支援プログラム」に組み込まれていることが望まれます。

③ アドミッションケアと「自立支援計画」

　1997年以降，入所型児童福祉施設は子ども一人ひとりに「自立支援計画」の策定が義務づけられました。もちろん前述したように，児童相談所が一方的に決定するべきものではなく，保護者や本人の意向をできる限り反映したものでなければなりません。

　「援助指針」や「自立支援計画」には，「本人の意向」や「保護者の意向」を記載する項目があります。子どもの入所を受け入れる施設にとっても，入所以前の子どもの状況を知る極めて重要な情報になります。

　事前に児童相談所の担当児童福祉司から施設職員に直接，伝えられる機会が必要です。これがきちんと行われたか否かによって，子どもが「安心」して施設で生活できるか否かを左右することにもなるからです。

④ 施設入所当初のケアとは

　新しく施設に入所する，別の施設に移動するというのは子どもたちにとって大変な出来事になります。家族や地域を離れ，転校の必要性も生じます。また施設内での人間関係（対子ども，対職員），学校内での人間関係（対クラスメート，対教師）をゼロからつくりあげなければなりません。施設によっては，同じ寮（ホーム）の同学年の子どもに，登校初日から「お世話係」をお願いするところもありますが，アドミッションケアの延長線にあるケアと位置づけられるでしょう。

（小木曽　宏）

▷2　ワーズ&ピクチャーズ
基本的に子どもの問題は当事者家族の問題であるという視点に立って，子ども本人の意見に耳を傾け，できるだけ親から子どもに状況を伝えてもらうように，働きかけるアプローチのこと。

3 # 入所中の支援（インケア）

▶1　自立支援の過程
　⇨　Ⅴ-1 参照。

 **1** ## インケアの基本

　Ⅴ-1の図Ⅴ-2で確認したとおり，インケアの過程はアドミッションケアとアフターケアの間に位置しており，退所直前の段階ではリービングケアの過程が併行することとなります。

　インケアは個々の子どもの自立支援計画に基づいて実施されます。しかし，里親委託や施設入所の当初は児童相談所が作成する援助指針に基づいてケアが実施されていきます。特に施設においては，施設環境の下でおおむね3か月が経過した時点を目途として，施設の担当者が自立支援計画を立案します。

　自立支援計画の内容は個々の子どもの家庭環境や問題状況を踏まえたオーダーメイドの計画となっています。以下，「生活支援」「学習支援」「心理的支援」「家族への支援」「自立支援」に分けて，解説を行っていきます。

2 ## インケアの実際

○生活支援

　ネグレクトのケースや，あるいは正反対の行き過ぎたしつけのケースに限らずとも，家庭において子どもの自立を促すような適切な生活支援を受けることができなかった子どもは，社会的養護の現場では少なくありません。発達段階に照らして適切な行動が身についているかどうかを勘案しながら，自己管理に委ねるべき点と支援をすべき点を慎重に検討して，支援を行う必要があります。

○学習支援

　落ち着いて学習に取り組むことができない家庭環境で生活していた子どもも多いです。学習支援は学校での適応を図るために重要であるばかりでなく，子どもたちの将来の自立のあり方にも大きな影響を及ぼします。家庭の代替機能としてホッとできる時空間を維持しつつも，不得意分野を克服し，子ども自身が達成の喜びを感じられるように学校教員等と連携することが必要となります。

○心理的支援

　被虐待等のために心理的な支援が必要になった子どものみならず，感情コントロール等の心理教育を実施するなど，幅広い子どもに心理的支援が必要です。主に心理療法担当職員等が対応しますが，保育士や児童指導員も子どもが受けている心理的支援の必要性や内容について理解し，日常生活場面でフォローす

る必要があります。

❏家族への支援

　子どもと家族の連絡や面会，一時帰宅等に関しては，施設等の家庭支援専門相談員（ファミリーソーシャルワーカー）や児童相談所の児童福祉司と連携しつつ，子どもの主担当職員である保育士や児童指導員が対応することも多いです。

　子どもが将来的に帰宅可能なケースもあれば，そうでないケースもあります。どのようなケースであっても子どもが安定した生活を送るためには，家族との関係を調整し，必要に応じて家族の支援を行うことが重要となります。

❏自立支援

　発達段階に応じて自立にはさまざまな形態があります。つい私たちは，誰にも頼ることなく独力であらゆることができる状態を「自立」のイメージとしてしまいがちですが，それは必ずしも正しいとはいえません。必要なのは，周囲の人間との間に適度な信頼関係を形成し，必要な時に支援を求め合える人間関係を形成する力を子どもに身につけさせることであるといえます。

　そのためには自らを信頼し，そして依存しきることなく適度な距離感で他者との信頼関係を形成することが必要となります。しかし虐待その他の要因により，本来もっとも基礎的な信頼関係を築くべき家族との信頼関係形成が不可能であった子どもたちにとって，自己と他者への信頼関係を取り戻すことは非常に困難な作業となります。

　社会的養護を必要とする子どもたちに関わるすべての大人たちは，子どもたちに「大人は信頼するに足る存在である」ことを示すという責任を担っているといえます。そして，このような基本的信頼感の土台があって，はじめて長期的な自立支援の過程が位置づけられていくといえます。

③ インケアの課題

　本項において，「生活支援」「学習支援」「心理的支援」「家族への支援」「自立支援」という５つの側面からインケアの状況を概説してきました。

　課題としてまず指摘しておきたいのは，特に学齢児に関しては，「生活支援」と「学習支援」への対応だけで手一杯な状況があり，長期的な自立支援に向けての対応が取りづらいという現状があるということです。

　また，日本経済の長期的な低迷と非正規雇用労働者の増加は，社会的養護を必要とする子どもたちに将来への「希望」を見出しづらい状況を生み出しています。大人になり社会に出ることが，「希望」の延長上に位置づけられるような社会を私たちは作り得ているでしょうか。社会のひずみが社会的養護を必要とする子どもたちに降りかかりやすい状況は，一刻も早く改善されねばなりません。これは非常に大きな課題ですが，社会とのつながりの感覚を子どもが実感しやすい社会環境の重要性を，ここでは指摘しておきたいと思います。（鈴木崇之）

4 退所前・退所時（利用終了時）の支援（リービングケア）

1 リービングケアに関する基本的な考え方

「新しい社会的養育ビジョン」（2017）は，自立支援としてのリービングケア，アフターケアの重要性を指摘しています。代替的養育で育った子どもの自立支援に際し，強い制度的枠組みのもとで養育されたこと，原家族自体に社会的な課題を抱えているがゆえに，子ども支援のための期待が難しいこと，子ども自身が対人関係上の困難を抱えている場合があることなどを踏まえ，リービングケア，アフターケアにかかる社会的基盤の整備の必要性が強調されています。[91]

また，「児童養護施設運営ハンドブック」（2014）によれば，子どもたちは自立的生活能力を獲得して社会に出ていくのではなく，社会に出て失敗を積み重ねながらその力を身につけていく必要があり，施設としてそのお手伝いをすることを「アフターケア」と位置づけています。アフターケアを「失敗することを想定した支援」とするならば，リービングケアは「子どもが失敗しないように事前に社会生活を営むうえでの知識や技能を身につけていく支援」と述べられています。[92]

構造的にはリービングケアはインケアのなかの一部として捉えられますが，リービングケアもアフターケアも子ども支援上，自立支援計画のもとで展開されていきます。[93] 当然のことながら，退所後の生活形態によって，リービングケアの実際も変わってきます。[94]退所後の生活形態としては，① 家庭復帰，② 他施設や里親などの措置変更，③ 就労と進学にかかる社会的自立，があげられます。

川井（2010）は，社会人として生きていくためには，働くこと，納税，保険・年金，住まい，家族，お金，情報などさまざまな仕組みやルールを知り，義務を履行したり，権利を主張していかなければいけないと述べています。[95] 社会で上手く働くためには，住宅の確保，起床・就寝・通勤・勤務などの時間管理，清潔の保持，身だしなみ，買い物や調理，洗濯・掃除・整理，ゴミ出し，金銭管理，役所への届け関係，電気・ガス・水道等の管理，対人関係，危機対応，その他社会資源の活用などさまざまな社会的なスキルが求められます。

2 就労自立に着目したリービングケア

退所は，子どもが施設での生活を終えることでもあり，新たな生活を始めることでもあります。次にリービングケアで求められるいくつかの具体的なポイ

▷1　新たな社会的養育の在り方に関する検討会「新しい社会的養育ビジョン」2017年8月.

▷2　厚生労働省雇用均等・児童家庭局家庭福祉課「児童養護運営ハンドブック」2014年3月.

▷3　社会的養護関係施設，里親等は，「児童福祉施設の設備及び運営に関する基準」により，自立支援計画の策定が義務づけられている。

▷4　リービングケアとアフターケアは，時系列的には異なる支援過程であるが，リービングケアには自立に向けての準備と，退所してからのフォローの2つの側面が含まれると考え，これらを分けて考えるのではなく，同じ線上に連なる一貫した社会的養護という考え方がある。
東京都社会福祉協議会児童部会リービングケア委員会編『Leaving Care 児童養護施設職員のための自立支援ハンドブック』東京都社会福祉協議会，2009年.

▷5　川井龍介『社会を生きるための教科書』岩波ジュニア新書，2010年.

ントを整理します。

◯対人的な課題

良質な人間関係を形成するためには，「自己理解」と「他者理解」をいかに積み重ねていくかの課題があります。私たちは，相手の気持ちを受けとめたり，相手から受けとめてもらったりしながら，人間関係を体験的に学び続けています。日常生活の積み重ねのなかで，「自己と他者との適切な距離」を試行錯誤しながら少しずつ身につけているともいえます。しかし，児童養護施設の子どもたちは，このような経験の積み重ねがしにくい状況にあるといえるでしょう。

◯経済的問題

家庭で生活している子どもたちは，親と一緒に買い物に行って，たとえば「今日はほうれん草の値段が高いから小松菜にしよう」などと，日々の暮らしに直結する言葉を親から聞く体験を大なり小なりしているでしょう。このことは生活のなかで，「モノの値段」を捉える学習になっています。好きなものを，予定していたものをそのまま買うのではなく，家計のなかでの調整が必要であることの学びをしているのです。一方，児童養護施設の子どもたちは，一定のルールのもとで小遣いをもらい，自分の好きなものを買うことはできます。しかし，上記のような家庭経験が乏しいことなどもあり，収入支出にかかる自己管理ができずに，給料を1週間で使いきってしまうこともあります。

◯食生活

食事は，栄養・バランス・好み等を考えながら，献立を立て，食材を買って調理し，食事をした後，食器洗い等の後片付けをするのが基本的な形になります。グループホーム等小規模ケアにおいては，これら一連の流れが組み込まれた食事支援プログラムが用意されています。一方，大規模施設では，子どもたちは食事準備や後片付けをそれほど体験することもなく，「出された食事を食べる」ことが一般的な食生活の形になっているのではないでしょうか。これは大規模施設の日常的な運営のなかでは，やむを得ない形なのでしょうが，料理をつくる機会を体験せずに社会に出てしまうと，コンビニ弁当やカップラーメンなど，「ジャンクフード」といわれるものを中心とした食生活になってしまうことも多々みられます。

❸ 自立に戸惑った時の出身施設等へのアクセス

子どもたちのなかには離職やその迷いについて「人生上の重大な挫折」[46]と感じてしまう人もいるでしょう。その際大事なことは，その子どもが「1人ではない，誰かとつながっている」感覚をもてるかどうかではないでしょうか。頼るべき存在をその時点でもっているかどうかが，アフターケアを規定します。このことは，リービングケアとアフターケアは同じ線上に連なる一貫した社会的養護という考え方につながります。

（小木曽 宏）

▷6 特定非営利活動法人ブリッジフォースマイル「全国児童養護施設調査2018—社会的自立と支援に関する調査—結果概要」（2018年11月）によれば，「高卒で就労した退所者の離職率は3年3ヶ月で44.7％で，一般高卒生の3年後離職率と大きな差はありませんでした」という所見となっている。

退所後の支援（アフターケア）

▷1　措置事務
児童福祉施設は措置費と呼ばれる，児童福祉法第49条の2～第56条の5による児童入所施設措置費等国庫負担金に基づいて運営され，その事務総称が措置事務と呼ばれている。入所（措置決定）・退所（措置解除）は，施設には措置対象児に対する措置費という運営資金収入が入る・入らなくなる状況を指す（全国児童養護施設協議会「もっと，もっと知ってほしい児童養護施設——子どもを未来とするために」2010年）。

▷2　成育歴のふりかえり支援
多くは児童相談所一時保護所からスタートする，社会的養護の諸施設での子どもたちの成育歴は，個々の機関・施設では記録されているものの，社会的養護を受ける主体である子どもが成育歴をふりかえるために使いやすい形式ではなく，また措置変更等でいくつかの機関・施設・里親宅等で生活した場合には，その過程の全体像を知ることは困難であるため，連携体制の確立が求められている。2010年から国立武蔵野学院が主催している「社会的養護における『育ち』『育て』を考える研究会」は，まず子どもの「育ち」の過程におけるさまざまなエピソードを，養育担当者がみずからの気持ちとともに記述し，後に養育担当者や措置先が変更になっても引き継いでいく

1　アフターケアとは何か

　施設を退所した児童に対し，施設が行う相談援助をアフターケアといいます。退所すると施設との関係は**措置事務**[※1]上解除されますが，同時に今までの関係が終わるというわけではありません。生活拠点であった施設，里親等は，措置解除後も児童のアイデンティティの根拠となる「ふるさと」であり続けるため，児童福祉法第6条の3を中心とした事業により，退所児童の相談援助を行うことが施設には求められています。またアフターケアとともに，退所後支援が必要と予測されるニーズへの対応を目的としたリービングケアも重要です。

2　求められるアフターケアの支援内容

　求められるアフターケアの支援内容は，実家を離れた子どもに対して親が行う援助内容に似ており，就労支援，住居支援，生活支援，ふりかえり支援，家庭支援，司法支援に大枠で分けられます。また，施設外の関係者との調整作業も必要となるため，そういった調整業務もアフターケアとして求められます。

> **アフターケア事例1：成育歴のふりかえり支援**[※2]
> シンジさん（15歳，男子）は生後間もなくから乳児院，児童養護施設で生活，就学前に里親委託となりました。高校進学を前に自分の成育歴を知りたくなり，当時の担当者から子ども時代のことを聞くため，里親とともに施設を訪ねました。

　みずからが育った環境を知ることは，アイデンティティの確立，自己のふりかえりのために必要な援助です。児童がなぜ入所し，どのように養育され，どんなことを楽しんだのか，可能な限り担当した職員から直接伝える環境の提供が望まれます。事例1ではシンジさんのアイデンティティの確立過程に応じ，施設・里親等が連携する成育歴に関するふりかえりの支援が求められています。

> **アフターケア事例2：社会生活に関する生活支援から発展した家庭支援**
> 施設退所後1人暮らしをするレイさん（18歳，女子）のもとに訪問販売員が訪れました。販売員に早く帰ってほしい一心で，高額な英会話教材を契約してしまいます。契約費用を支払うと家賃が払えなくなりますが，保護者には相談することができず，施設に相談に来ました。

アフターケアの相談内容は，生命保険の選び方から悪徳商法等の被害対応までさまざまです。事例2の場合，クーリングオフや消費者センターとの連携や弁護士相談など，本人が以後繰り返し被害にあわないように支援します。また，保護者の元に戻った場合でも，措置期間中離れていた親子関係の調整業務をアフターケアとして行わなくてはなりません。さらに，家庭と施設の連携での支援の強化，問題発生により保護者と退所児童との同居を解消されてしまった場合への対応など，家庭支援も重要なアフターケアとなります。

アフターケア事例3：就労支援から発展した住居支援

中学卒業後すぐ寮付美容室に勤めたアスカさん（16歳，女子）は，ある日友人に誘われ夜遅くまで遊んでしまったため，寝過ごし遅刻してしまいました。遅刻の気まずさからその日は無断欠勤をしてしまい，翌日も，そして翌々日も気まずさから無断欠勤を続けてしまいます。職場から施設へ相談があり，発覚しました。

事例3のように，施設を退所し就職する児童の多くは，保護者の元から就労に出ることができず，寮等のある職場に就職していきます。そのため退職は，収入のみならず住居を失うことにも直結します。施設は住環境を含め，児童の退所後の状況を支援に合わせて把握し，支援に必要な関係先との連携を図ります。事例3の場合，雇用主と職場復帰への調整支援等も行います。

退所児童のなかには保護者から支援を受けられない状況のまま退所し，自立生活を始める児童もいます。保護者の元に戻れない場合は，まず住居確保が第一に必要になるため，アフターケアとは住居確保から始まるともいえます。したがって**住居支援の問題**は重要です。**連帯保証人確保**や各種契約，進学，一般生活のなかでの悩み相談支援等も必要になります。また，もし収入・住居の喪失等に陥った場合でも，自立援助ホームの利用や生活困窮者自立支援法や生活保護等の福祉制度を連携させることで，生活の立て直しを図ります。

また，退所後何らかの罪を犯してしまった場合，少年審判での付添人弁護士との連携，そして贖罪後の再スタート支援を行う司法支援も望まれる支援です。

③ アフターケアの今後の課題

アフターケアはさまざまな支援と連携することが重要です。近年，公的な**アフターケアの制度**は次々と創設されています。大学進学を含む22歳までの生活支援制度も始まりました。高卒就職，高校・大学中退での就労支援，再就職を含む就労後支援もまだまだ重要です。さらにアフターケアの対象年齢は何歳までという区切りが難しく，大きな課題です。そのようななかで，現状の支援制度の積極的活用や**CSR**と予測ニーズを結ぶ支援など，変化に柔軟な相談援助やアフターケアの充実が求められています。 （島谷信幸）

ことができる「育てノート（第1版）」を作成し，公開した。
(http://www.mhlw.go.jp/sisetu/musashino/22/syakai/sodachi2307.html)

▷3　住居支援の問題
ハウジングプア（住まいの貧困）と呼ばれる「派遣職員寮」，「会社名義の住宅」など，失われやすい住環境の貧困性ゆえに「ネットカフェ難民」，「住民票無しによる就職不利益」など，経済的貧困へとつながる状況がある。これは児童福祉だけの問題でなく，若年者，労働者，高齢者と全世代につながるものである（稲葉剛『ハウジングプア』山吹書店，2009年）。

▷4　連帯保証人確保
退所児童が就職したりアパート等を賃借する際，施設長や担当職員個人がボランティアで連帯保証人となる場合がある。

▷5　アフターケアの制度
児童福祉法の改正，社会的養育ビジョンにおいても自立支援が明記され，22歳までの現入所施設での生活維持，社会的養護自立支援事業，身元保証人確保対策事業，自立支援金貸付事業などがある。

▷6　CSR（Corporate Social Responsibility），企業の社会的責任
企業はさまざまなボランティア活動を行っている。そのなかには，弁護士と借金や悪質商法をめぐるトラブル相談や，商社や工場，建築現場などの職業体験，現職者との交流を行うなど，児童の自立支援につながる活動も多く存在している。

通所による支援
──１人暮らしを視野に入れた自立支援を

 事例の概要

❍**義男君の家族**

　義男君は，特別支援学校高等部の３年生で，父親（普通のサラリーマン）と母親（近所のコンビニでパートタイム就労中）の３人世帯です。

　義男君は，軽度の知的障害があり，地元の特別支援学校小学部，同校中学部を経て，現在は同校高等部３年生で進路問題を考える時期にいます。性格的には温和で，他者との協調性は良好です。また，年齢に見合った作業遂行能力も有しており，周囲からの期待と評価は高いです。父親は，子育てに対して無関心ではないが，どちらかといえば母親に任せている部分が多いようです。母親としては，知的障害があっても義男君によりよい教育を提供していきたいと考えており，義男君に関わること（子育て）を生きがいの一つとしています。また，義男君自身も母親の期待に応える形で行動しています。

❍**自立支援にかかるエピソード**

　母親は，義男君が同校高等部を卒業して，地元のクリーニング店に障害者枠で入り，自宅から通勤すると思っていました。そのための職場実習も重ねていました。ところが，職場実習中に義男君から**体験型グループホーム**（以下，「体験型GH」）を利用したいとの希望が出されました。

　母親としては，義男君が学校を卒業しても，しばらくは一緒に暮らすつもりでいました。したがって，母親としては義男君の体験的GHを利用したいという希望を聞いた時，ある種のショックを受けました。母親の思いとは別に，義男君はもっと先を見据えて，一人暮らし生活（自活）を視野に入れていました。体験型GHを使ったからといって，すぐに実家を出るわけではありません。

　しかし，時期ははっきりしないものの，いつかは実家を出るであろうということが母親のなかで，よりリアルになったのかもしれません。

　本来ならば，子どものこのような成長は喜ばしいことなのですが，義男君に関わることを生きがいの一つとしていた母親としては，素直に義男君の希望を受け入れることができませんでした。

 このエピソードから読みとれること

　通常，親は子どもの自立を望みます。普通に考えれば，このことに異議を唱

▷１　**体験型グループホーム**
主として長期間の入所・入院から地域生活に移行する場合等において，短期間，障害者グループホームを体験利用することを指す。学校に在学中であっても，体験型GHの活用は可能である。

える必要はないのですが，このエピソードにあるように義男君の将来を見据えた体験型GHの活用について，素直に受け入れられない感情を母親が抱くことも一つの真実です。義男君とまだまだ一緒にいたいという思いとは別の現実が訪れるかもしれないという感情を母親は体験しているのです。

母親の側から見ると，義男君の自立支援の取り組みについて，「うれしさ」と，ある種の「寂しさ」等の感情が複雑に絡み合っています。結論的には親として義男君の自立支援について時間をかけながら受け入れるプロセスになると思われます。このような思いは，社会福祉・保育の現場において，目に見える形の論点・課題にはなりにくいかもしれません。しかし，義男君の自立支援という肯定的な側面と併せて，母親の義男君の自立に伴っての複雑な感情の側面があるかもしれないということを，支援者は必要に応じて気にとめておかないといけないのではないでしょうか。

一方，体験型GHの活用などは義男君にとって，新しい世界を拡大することになります。義男君の自立生活に向けて，「できること」と「できないこと」にかかる判断力をつけることにつながりますし，このことは進路の選択肢を増やすことに他ならないのです。

③ 自立支援に向けて

○支援の方向性を定めること

①「できることを伸ばす」，②「できないことを少しでもできるようにする」，③「①と②の両方をバランスよく配置する」。障害の有無に関係なく，自立支援の問題を考えるとき，この3つの支援方向は常に考える必要があるでしょう。

ここで，このことに関連して，ひとつの言葉を紹介します。

> 神よ，願わくば私に，変えることの出来ないことを受け入れる落ち着きと変えることのできることを変える勇気と，その違いを常に見分ける智恵とを授けたまえ。▷2

○時間軸のなかで考えること

本事例のように，自立支援という面を巡り，必要に応じて当事者本人と周囲の温度差は意識しておくことが求められるでしょう。その温度差は，本事例で言えば，義男君と母親との関わりの歴史のなかで生まれたものです。M.リッチモンド▷3は，ケースワークを個人と環境との相互作用と位置づけていますが，本エピソードにもこのことは当てはまります。

歴史（生活史）と人間関係のなかで，周囲への配慮を忘れることなく，当事者本人への自立支援というものを考えたいものです。　　　　　（宮本秀樹）

▷2　God grant me the serenity to accept the things I cannot change, the courage to change the things I can, and the wisdom to distinguish the one from the others.（ラインホールド・ニーバー祈りの言葉詩「変革の祈り」）アメリカの神学者，倫理学者である，ラインホールド・ニーバー（1892-1971）の言葉。この言葉は，マサチューセッツ州西部の山村の小さな教会での祈りの一節（1943年夏）。

▷3　M. リッチモンド（1861-1928）ケースワークの理論化・体系化に寄与し，専門職として確立させたことから，「ケースワークの母」と呼ばれる。

児童養護施設における自立支援

1　事例の概要

　図Ⅴ-3は，離婚母子家庭で，育てにくい子として母親から身体的虐待を受け，児童養護施設に入所した小学校2年生の男の子（シンゴ）について，施設入所から家庭引き取りまでの支援経過をまとめたものです。入所時，シンゴさんは児童相談所から **ADHD**▷1 と診断されていました。

2　支援経過

○職員との関係構築（前期）

　シンゴさんは施設に入所してすぐ，職員に対して挑発的な態度や暴言などの試し行動をとるようになりました。これは虐待再現行動と呼ばれ，虐待的な環境で育てられ，本来親との間でつくられるべき**愛着関係**▷2 が形成されてこなかった子どもが，新たに大人との関係をつくろうとする時に多くみられる行動です。

　ここでは，担当職員との1対1の時間を意図的に生活に盛り込むなど，個別的な関わりを重視しました。また，このような対応によって担当職員が虐待的

▷1　ADHD（注意欠如多動症）
多動性，不注意，衝動性を症状の特徴とする発達障害の1つ。その症状によりさまざまなタイプがある。

▷2　愛着関係
ジョン・ボウルビィ（Bowlby, J. M.）の愛着理論による。子どもは，他者を求め他者に接近しようとする行動（愛着行動）をとり，それを受けとめてくれるある特定の存在に対して愛着を示すようになる。やがてその存在によって自分や世界に対する信頼感を獲得することができるようになる。
⇨　Ⅱ-2，Ⅳ-5参照。

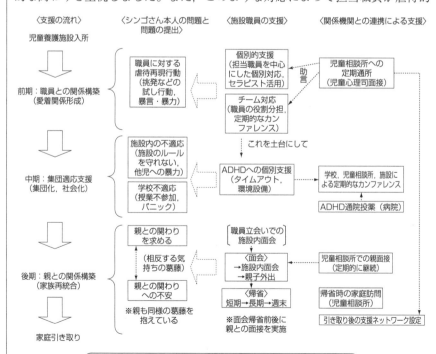

図Ⅴ-3　児童養護施設におけるシンゴさんへの支援経過

な関係に巻き込まれてしまうのを防ぐために、職員間で定期的にカンファレンスを開き、それぞれの役割を確認しながらチームとして担当職員を支えました。担当職員が職員集団に支えられながら、シンゴさんをまるごと受けとめていくことにより、シンゴさんは担当職員に対して少しずつ愛着を示していくようになりました。

○集団適応、学校適応（中期）

担当職員との関係が落ち着いてくるなかで、施設内では集団のルールが守れなかったり、カッとなるとほかの子に暴力をふるったりするという問題が顕著となり、学校では、先生から注意を受けたり、ほかの子とトラブルになったりすると興奮状態に陥り、なかなかそれが収まらないという問題が起きてきました。

彼は虐待の影響により、人と関係をつくることが苦手です。加えて ADHD であることが、集団や学校への適応をさらに難しくしていました。施設では、前期の個別的支援を土台にしながら、それを学校と共有するために定期的なカンファレンスを開き、また ADHD への具体的支援として病院への通院や、**タイムアウト**[3]、**環境整備**[4]などの支援技術を実践しました。彼の行動を矯正するのではなく、被虐待体験と ADHD という彼の特性を理解し、支援者が適切に関わることによって、暴力やパニックを回避することができ、彼自身がうまくいった体験を積むことで少しずつ適応手段を学んでいくことができました。

○家族再統合[5]（後期）

入所後 1 年半が経過しました。施設ではこれまで、職員立会いのもとで母親との面会を定期的に実施してきました。シンゴさんは面会を楽しみにしながらも、実際の面会場面では母親にうまく甘えられないという葛藤を抱えていました。しかし、施設での生活が安定してきた頃からシンゴさんは自然に母親に甘えられるようになり、「家に帰りたい」という思いも口にするようになりました。児童相談所との協議の上、段階的に母子で過ごす時間を増やし、場所も施設内から外出、さらには家への帰省という形で、ステップアップしていきました。

ここで大切なのは、児童相談所と協力してその都度シンゴさんの気持ちを確認し、問題があったらすぐにストップするという体制をとったことと、同時に母親にも児童相談所に通ってもらい、シンゴさんとの関わりをふりかえってもらうという支援を行ったことです。その後、約 1 年かけて母子関係を修復し、シンゴさんは家庭引き取りとなりました。

○シンゴさんにとっての自立支援

これまでみてきたように、児童養護施設におけるシンゴさんの支援は、「育ち」や「育ちなおし」への支援であり、支援の一つひとつが次の支援を行うための土台となることが、大切な意味をもっています。 　　　　　　　　（児玉　亮）

▷3　タイムアウト
子どもが興奮して手がつけられなくなった時に、あらかじめ決めておいた隔離されたスペースに連れていき、一定時間過ごさせて落ち着かせるという手法。

▷4　環境整備
①視覚・聴覚刺激の少ない環境をつくる、②いつも使う物の置き場所を決めたり、あらかじめスケジュールを決めるなどの枠組みをつくる、③アラームや声かけなどにより行動するきっかけをつくるなど、障害の特性に合わせて環境を整備すること。

▷5　家族再統合
狭義では、「虐待などの問題によって分離した親子が、再び家庭で一緒に暮らすこと」を指すが、広く、「親子関係の再構築」や「家族機能の再生」を意味する場合もある。
　⇨　XII-2 参照。

自立援助ホームにおける自立支援

 ## 自立援助ホームの目的と法制度

　自立援助ホームとは，被虐待体験などさまざまな理由により家庭で生活することができず，働いて自立しなくてはならない原則として15歳から20歳までの青年たちのための生活型のグループホームで，児童福祉法第6条の3，児童福祉法第33条の6「児童自立生活援助事業」として第2種社会福祉事業に位置づけられています。児童養護施設や自立支援施設等の児童福祉施設を退所した青年，家庭で生活していたが中卒後家庭にいられなくなってしまった青年，家庭裁判所で保護観察の処分を受けた青年，少年院を出た後に帰る場所を持たない青年たちが多く入居しています。また2016年に成立した改正児童福祉法において，児童自立生活援助事業（自立援助ホーム）の対象者に，22歳の年度末までの間にある大学等就学中の者が追加され，引き続き必要な支援を受けることができるようになりました。

　まだまだ未熟な年齢で，家族を含め適切な社会的援助を受けられない孤独な青年たちが社会で自立していくことはとても困難です。また，不本意な家族との別離や被虐待体験をしている青年たちの多くは人間関係や自尊感情に大きな**トラウマ**を抱えており，職場や社会生活に適応していくことへの大きな課題となります。自立援助ホームは，そのような状況におかれた青年たちに，信頼できる大人が存在する生活の場を提供し，自立へのエネルギーの獲得と将来への希望をもって社会的な自立ができるよう援助することを目的としています。

▷1　トラウマ
　⇨ Ⅳ-2 参照。

 ## 自立援助ホームの生活支援や就労支援等

　自立援助ホームは，誰かに適切に頼りながら自立していくことをサポートする伴走型支援を主としています。青年たちは，ホームのスタッフと相談しながら自分の力で仕事を探し，原則として面接予約の電話や実際の面接なども自分一人で行います。一人では不安な時にはスタッフに尋ねたり，手伝ってもらいながら進めていきます。一緒に新聞広告を見たり，ハローワークに出向いたり，面接の練習をしたりすることもあります。また，仕事が始まってからも，時間管理，金銭管理，ビジネスマナー，職場でのトラブル対応などの，さまざまな場面でスタッフは青年たちと共に考え解決を目指します。

　知的なハンデハンディキャップを抱えていたり，発達に課題を抱える青年た

ちには，特別な配慮を必要とする場合があります。時には，雇用先とその青年の特性を情報交換をしたり，就労後も定期的に連絡を取り合い，長く働き続けることで自信の獲得を目指し協力し合うこともしばしばです。

　自立援助ホームでは，少しずつ，高校生や大学生の入居も増えています。高校生であれば，ホームが保護者替わりとなるため，学校生活についての責任が生じます。学校の規則を逸脱したり，不登校や怠学傾向の青年の課題をアセスメントし，青年とともに解決を目指します。学校の３者面談等を通しての進学支援や奨学金の受験，進学後の経済的シミュレーションをしながら，支援します。大学生であれば，学校での人間関係や，金銭管理，アルバイト就労や卒業後の進路指導，など多岐にわたり支援をしていきます。

③ 自立援助ホームの援助の内容

　自立援助ホームを利用する青年たちの多くは，被虐待体験や劣悪な家庭環境での生活など幼少，少年期に過酷な体験をしています。そのため，心の奥底には深い人間不信と孤独感を抱えています。その深い悲しみや絶望感に覆われたトラウマは時として過度の精神的な不安感をともない，反社会的な行動や自傷行為等となって表出してしまうこともあります。深い心の傷を抱えた青年たちにとっては，職業指導や生活指導よりも一人の人間としての自尊感情や，人への信頼感や安心感を取り戻すことが何よりも必要です。そのため，自立援助ホームは，まずは安全な環境で安心できる大人との関係作りが援助の基盤となります。ごく普通な日常的な生活の繰り返しのなかで，徐々に安心感や人への信頼感が宿る事を期待します。時には大人から見れば危うく不安を感じる行動をとってしまうこともありますが，自ら選択し行動する意思を尊重しともに考えます。そして，失敗をしてもそこから何か気づきやり直していくことを保障します。自立援助ホームは自分でやってみようという意欲をもちながら人と関わり，人に適切に相談したり頼ったりしながら生きていけるようになることを期待します。ありのままの自分をまずは無条件で受け入れてくれる人に出会い，数少ない経験から出てくる主体性の小さな芽がどんなに稚拙であっても踏みにじらずに育ててくれる大人と出会うことが大切だと考えます。

　自立援助ホームでは，入所して生活を共にするなかで行う援助のほかに，生活の拠点を移し自活し社会で生活をさせながら援助を続ける「相談活動」が特色です。青年たちに自立の機会を設け，そのプロセスのなかで青年たちの自立を待つ援助です。退所後の援助は入所中の援助よりも多くの困難がありますが，自立援助ホームは孤独な青年たちを見守る大人として，その活動を重要視し大切にしています。

（髙橋克己）

第 **2** 部

社会的養護の実際

児童相談所・一時保護所

 児童相談所・一時保護所とは

　一時保護所とは，児童福祉法第33条に規定される一時保護を行うために，児童相談所に付設された施設のことをいいます。2021年4月現在，全国225か所の児童相談所中145か所に付設されています。

　一時保護所の主たる機能は「緊急保護」「行動観察」「短期入所指導」の3つです。「緊急保護」は，棄児，迷子，家出した子ども等の緊急保護や，虐待等の理由によりその子どもを家庭から一時的に引き離す必要がある場合等に行われます。「行動観察」は，一時保護所の職員による入所児童の基本的生活習慣，日常生活の状況，入所後の変化等，子どもの生活全般にわたる参与的な行動観察とその記録作成のことで，この記録は子どもの援助方針を決定する際の重要な資料となります。「短期入所指導」は，一時保護所入所による短期間の心理療法，カウンセリング，生活指導等が必要なケースに対して行われます。

　入所児童の年齢はおおむね2歳から18歳までと幅広く，また相談種別も「養護」「非行」「育成」と児童相談所で受け付けているほとんどの種別に対応しており，また「障害」のある子どもでも重度でなければ入所することがあります。一時保護所での保護よりも児童養護施設や里親宅で保護された方が良いケースや，入院が必要なケース，乳児のため乳児院での保護が適当なケース等は，一時保護所以外の場所に委託一時保護されるケースもあります。

 児童相談所・一時保護所における支援の基本

■ 幼児（未就学児）の日課						
7:00	10:00	12:00	15:00		18:00	20:00
起床 朝食	自由遊び おやつ	昼食	お昼寝	おやつ 入浴 自由遊び グループ活動	夕食 テレビ 自由遊び	就寝

■ 学齢児（小学生以上）の日課						
7:00	12:00		15:00		18:00	21:30
起床 朝食	学習または運動	昼食	学習または運動	おやつ そうじ 入浴	夕食 一日のまとめ	就寝

図Ⅵ-1　東京都児童相談センター一時保護所の日課の例

出所：東京都福祉保健局ホームページ。

　多くの子どもたちにとって児童相談所一時保護所は，保護者や親戚等と離れて暮らす初めての生活の場となります。

　子ども自身は保護者と一緒に暮らしたいにもかかわらずさまざまな理由でそれが不可能なケースもあり，入所時にはさまざまな形で心理的な不安感を表現する子どももいます。一時保護所の児童指導員や保育士は，

そんな子どもたちの不安を受け止めながら，図Ⅵ-1のような比較的ゆるやかな日課のなかで生活を共にします。そして，ごく「当たり前」の生活を送るなかで見えてくる，子どもたちの入所前の生活状況，子ども自身のもつ問題点，子どもの日常生活を支援するための適切な対応方法のあり方を，行動観察記録に記していきます。

③ 児童相談所・一時保護所における支援の実際

　トシキくん（8歳）は，離婚してシングルマザーとなった実母による身体的虐待と心理的虐待を受けていました。緊急保護と専門里親もしくは児童養護施設への措置の可能性を検討するための行動観察を目的として一時保護されることとなりました。基本的に明るく活発なトシキくんでしたが，他の保護児童であるシュンタくん（5歳）を強い口調で怒鳴りつけたり，また気に入らないことがあると暴力をふるうという行動が観察されました。このような行動の背景には実母からの虐待の影響があるのは明らかでしたが，一時保護後に通う学校への適応などを勘案するとそのままにしておくこともできません。

　トシキくん担当の児童指導員は，トシキくんがシュンタくんに暴力や暴言を行った時は，トシキくんを面接室に連れていき，「どうして，暴力をしてしまったのか」「暴力を受けたシュンタくんはどんな気持ちになっただろうか」ということについてトシキくんと話し，よりふさわしい行動についてトシキくんに考えさせるように対応しました。トシキくんは「自分がされて嫌だったことはシュンタくんにもしたくない」と考えるようになり，徐々に暴力や暴言を減らすことができるようになってきました。

　このような対応の必要性については，その後にトシキくんが措置されることとなった専門里親さんにも援助指針の内容のひとつとして引き継がれることとなりました。

④ 児童相談所・一時保護所における支援の課題

　子どもの措置決定に関する重要な役割を担う児童相談所一時保護所ですが，**保護期間の長期化**や**混合処遇**等さまざまな問題を抱えています。特に指摘しておきたい支援の課題としては，一時保護所職員の専門性の問題があります。子どもの措置決定につながる行動観察等，重要な役割を一時保護所職員は担わねばなりません。しかし，特に都道府県レベルの児童相談所では公務員保育士等の数が減っており，専門性の維持が困難になりつつあります。国や都道府県は一時保護所職員に求められる**コンピテンシー**を明確にした適切な採用と研修計画により職員の専門性を維持し，職員がさまざまな問題をもつ子どもへの支援技術を学び続けることが不可欠です。

（鈴木崇之）

▷1　保護期間の長期化
近年は虐待問題の影響等で入所児童数が増えており適切な措置先の選定が困難になっていることなどのため，児童福祉法第33条の第3項に一時保護の期間は2ヶ月を超えてはならないと記されているものの，それを超過することも少なくない。一時保護所では自由な外出が困難である，学校に行かなくても良いが適切な学習指導を受けられる環境整備が不十分である等の問題もあることから，保護児童数の増加および保護日数の長期化問題に対する早急な改善が求められている。

▷2　混合処遇
一時保護所では幅広い年齢の，多様な問題をもつ子どもが生活することとなる。しかし，子どもの居室などのハード面の改善が遅れており，旧態依然たる混合処遇で子どもを生活させている一時保護所は少なくない。混合処遇の生活状況は，一時保護所内での子ども同士のいじめ・暴力や，性的な問題などが生じやすい等のデメリットが多く指摘されている。一部には児童用の個室を設けるなどの方法で対応している一時保護所もあるが，まだまだ少数にとどまっている。抜本的な改善が必要な児童福祉システム上の大きな問題点となっている。

▷3　コンピテンシー
ある職業分野においてすぐれた成果を出す職員の行動特性のこと。

乳児院

 ## 1　乳児院の概要（定義・対象児童・支援内容）

　乳児院とは，家庭での養育が困難な乳幼児を養育することを主な役割とした施設です（児童福祉法第37条）。2004年の児童福祉法改正後は，必要な場合は幼児（6歳未満）までが対象となりました。基本的な養育機能だけでなく，病児，障害児にも対応できる専門的な養育機能をもち，保護者支援，退所後のアフターケア等も担っています。

　乳児院は，安心して生活できる安全で清潔な場所であること，十分な栄養を摂取し，ゆっくり眠れること，一人ひとりの発達に応じて興味・関心を満たす遊び（探索活動）を満足いくよう楽しめること，そしてこれらの環境に細やかな配慮を施し，深い愛情もって見守る大人（保育士）の存在があること等の条件を備えた生活の場です。子どもたちは24時間体制で専門のスタッフが見守るなか，穏やかな生活を送っています。子どもたちにとって，そこはあたたかく見守られながら，のびのびと育つことができる家なのです。

 ## 2　乳児院の支援の実際
事例「乳児院における母子支援ケース──カオリちゃん（生後3か月）

○ケースの概要

　未婚母子。母親は複雑な家庭環境に育ち，妊娠中も親族には頼れず，就労，生活は不安定でした。心から望んだ出産ではなく，母親自身も我が子を受け入れられるか不安を抱いていました。産院からの施設入所となりましたが，出産後に子どもと関わるなかで母親の心境に変化がみられ，生活基盤を整えて早く引き取り，自分で育てたいという気持ちが徐々に強くなりました。

○入所後の経過

　母親は母乳を与えるうちに，体力が戻り仕事が見つかるまではできるだけ一緒にいたいと希望し，ほぼ毎日面会に来ました。家庭支援専門相談員は，丁寧に育児指導を行い，面会時はカオリちゃんの世話を母親にすべて任せ，親子だけで過ごせる時間を多く作りました。体力が回復してくると，一緒に暮らしたいという思いから，仕事と母子で暮らせる家を探しはじめました。関係機関の協力もあり，比較的早く住居の目途がたち，パートでの就労が決まりました。

　3か月が経過。仕事は順調に続き，休日は必ず面会に来て一緒に過ごし，散歩や外出を楽しんでいます。母親の希望で乳児院での宿泊練習も行い，新しい

住居の生活環境が整えば，帰宅外泊に移行して行く予定です。

○事例の解説

　事例は，実親の元への家庭復帰を目標としたケースです。ここでの支援の内容は，子どもへの支援，子どもの成長を通した親への支援，親子関係への支援の3つの視点から捉えることができます。

　まず子どもには母親との愛着形成のために一緒に過ごせる時間の確保が，そして母親には日々の育児行動を通して子どもの成長や愛情の深まりを実感できることが，その積み重ねが母性を培う意味でも大切です。このような支援が必要な背景には，親自身も複雑な生育歴をもち，愛着形成が阻害されたまま現在に至っているケースが少なくないという事実があります。親子への支援には，親と同じ立場で共に養育に携わり，共に子どもの成長を喜び合う協働の姿勢が必要なのです。また次のステップとして，実際の家庭生活をイメージしやすいよう，親子外出や帰宅外泊等も積極的に考えてよいでしょう。親が子どもにとって一番の愛着の対象になり得る状況なら，愛着が一層深まるよう支援することが，子どもにとって今後の成長に大きな意味をもちます。

表VI-1 入退所理由の状況

	新規入所理由		退所理由	
1	虐待	39.9%	家庭復帰	39.4%
2	精神疾患	18.2%	里親委託 養子縁組	23.5%
3	経済的困難	6.3%	施設移管	36.1%

出所：令和元年度全国乳児院入所状況実態調査より。

③ 乳児院の支援の現状と課題

　昨今の乳児院への入所状況にみられる傾向では，虐待を理由とした入所数の占める割合が顕著に高くなっており（表VI-1），心身に深刻なダメージを受けた子どもの入所が増えています。また，病弱児・障害児の割合が半数を占めており，複数の疾病や障害を重複している子どもも少なくありません。これらの状況から，乳児院にはさまざまな面でケアニーズの高い子どもの入所が増えており，アセスメントに基づいて，個別的な配慮と専門性が必要とされる質の高いケアの提供が求められているということがいえるでしょう。

　一方で，早期家庭復帰のみならず，できる限り家族とのつながりを維持できるよう支えていくことや，入所の長期化が予想されるケースについては，里親委託等を検討するなど，より良好な家庭的環境への移行を支援することは権利擁護の視点からも必要です。子どもの最善の利益の実現を目指し，養育者間でバトンがうまく渡せるような子どもと家庭をつなぐ取り組み，たとえば，家庭復帰や里親委託といった家庭への移行の際には，面会・外出・外泊といった段階を踏みながら丁寧に子どもの育ちを引き継ぎ，移行から移行後のアフターフォローまで，地域の関係機関との連携も含め，幅広い積極的なサポートが求められています。

　今後の方向性として，このような乳児院の専門性や機能を地域子育て支援にも展開し，家庭のより多様なニーズに対応していくことが期待されています。

（宮本由紀）

児童養護施設

児童養護施設の概要

　児童養護施設とは，児童福祉法第41条の規定により設置されている児童福祉施設です。児童福祉法によると，「児童養護施設は，保護者のない児童，虐待されている児童など，環境上養護を要する児童を入所させて，これを養護し，あわせて退所した者に対する相談その他の自立のための援助を行うことを目的とする施設」と定義されています。

　児童養護施設は全国に612か所あり，2万4539人の子どもたちが生活しています（2020年3月末現在）。支援の対象となる児童は，乳児を除く原則18歳までの児童です。2歳未満の乳幼児は乳児院を利用することになっていますが，特に必要があると判断された場合は乳児も対象となります。また，必要に応じて20歳まで措置を延長して支援することもできます。2017年度より，社会的養護自立支援事業を活用することで，22歳の年度末まで支援を継続することも可能となりました。

　児童養護施設にはさまざまな形態があります。男女別々のところもあれば，男女混合のところもあり，年齢も横割り，縦割りなどさまざまな形で生活しています。2016（平成28）年，児童福祉法が改正されました。その第3条の2において，「児童ができる限り『良好な家庭的環境』において養育される」ことが明記されています。それをうけ，「良好な家庭的環境」で子どもを養育するために，養育形態の小規模化を目指す児童養護施設が増えています。

② 児童養護施設の支援の実際

　児童養護施設の生活は一般の家庭と同じように営まれています。職員は衣食住を中心とした生活のケアをしています。児童養護施設を知らない人からは「障害がある子どもがいる」「悪いことをした子どもが入る」など誤解されることもあります。「孤児院」と説明すると理解されやすいですが，施設で暮らす子ども達の多くに親がいることを考えると，正しい説明とはいえないでしょう。児童養護施設は，親や家庭の問題を理由に入所し，生活をするところです。

> 17時です。「ほら，宿題やろう」と職員の嶺さんは小学生に声をかけます。「音読聞いて〜」「一人じゃできないよ〜」と小学生たちがリビングで宿題をはじめます。

▷1　厚生労働省「福祉行政報告例」，2021年5月末より.

▷2　児童福祉法第31条第2項.

▷3　20人以上のグループで生活する大舎制，13〜19人は中舎制，12人以下が小舎制といわれている。

3歳のゆうくんは「今日は誰とお風呂？」とそわそわ。「平野さんが保護者会から帰ってきたらね」と声をかけます。嶺さんは夕食を作りながら音読を聞き，計算ドリルをしている子を見守ります。「ただいま」トイレットペーパーを抱えた平野さんが帰ってきました。保護者会の後に日用品を買ってきたようです。ゆうくんは大喜びで平野さんとお風呂に向かいます。その時，中2の翔くんが部活から帰ってきました。「腹へった〜。嶺さん，明日朝練だから部活着洗っておいて」と言うと，リビングの絨毯に寝転がります。「先に着替えて。ゆうくんがお風呂に入る前に足だけ洗っちゃいな」と配膳しながら声をかけます。そろそろ夕食です。子どもたちに手洗いを促しながら，洗濯機を回します。「これきらーい」「ねえねえ，聞いて，今日ね……」賑やかな食事が始まります。食後，ゆうくんと歯磨きをしていると，アルバイトから高校生が帰ってきました。食事を温める嶺さんに「今日さ，進路のことで相談がある」といいます。嶺さんは「夜に時間とるね」と答えました。

　子どもたちは施設から友達の家に遊びに行きますし，友達が遊びにくることもあります。年齢に応じてお小遣いももらえます。おやつも出ます。それぞれの施設ごとにルールや決まりごとはありますが，「子どもたちが生活をする」場所です。もちろん，子どもたちにいわせると，「門限が厳しすぎる」とか「お小遣いが少ない」とか，いろいろな不満はありますが，どの施設もなるべく「施設」色を感じさせない，家庭的な生活の提供を目指して努力をしています。

③　児童養護施設の支援の現状と課題

○さまざまな課題と専門的な支援

　2019（令和元）年度中の児童相談所における虐待対応相談件数は19万3780と過去最高となりました[4]。統計を取りはじめた1990年から最高値を更新し続けています。「虐待」を理由に施設に入所している子どもは7割（65.6%）[5]にのぼります。知的な課題や発達に課題を抱える子どもも増えており，36.7%の子どもがなんらかの障害をもっています。他にも，外国にルーツをもつ子どもの入所も増えており，言葉や文化の違いなど，施設ではその対応に苦慮しています。

○自立への課題

　児童養護施設は「自立のための援助を行う」[6]ことがその目的の一つとなっています。高校卒業後に進学する子どもは，ここ数年増えています。しかし，一般の進学率70.8%と比べると30.1%と低く，就職する子どもの割合（63.3%）が高くなっています。進学しても，16.5%が中退しており（一般進学者2.7%），自立に向けた支援への課題は大きいといえるでしょう。

（髙山由美子）

▷4　厚生労働省報告書. https://www.mhlw.go.jp/content/000696156.pdf

▷5　児童養護施設入所児童等調査結果 2018年2月1日現在（2020年1月）.

▷6　NPO法人ブリッジフォースマイル「全国児童養護施設調査2018 社会的自立と支援に関する調査」2018年.

4 児童自立支援施設

 児童自立支援施設の概要（定義・対象児童・支援内容）

○歴　史

　児童自立支援施設は，日本における児童福祉施設の種類のなかで最も長い歴史をもつ施設です。その源流は，1883年に大阪につくられた私設感化院までさかのぼることができます。1900年には感化法が制定され，公共事業として感化院の設置が進みました。その後感化院は，少年教護院（1933年），教護院（1947年）と名称を変え，1997年に現在の名称である児童自立支援施設になりました。それぞれ名称変更と共に，時代のニーズに応じて施設の機能や目的に改変がありました。児童自立支援施設は，都道府県と政令指定都市に設置義務があり，現在，全国で58か所設置されています。[1]

○目的，対象児童，入所経路

　児童自立支援施設の目的は，不良行為を行う子ども，または行うおそれのある子どもと，家庭環境などの理由により生活指導を必要とする子どもを入所させ，または保護者の下から通わせて，個々の子どもの状況に応じて必要な指導を行い，その自立を支援することです。また，退所した子どもの相談や援助を行うことも目的としています。[2]さらに地域の住民に対して養育に関する相談に応じ，助言を行う役割も担っています。[3]入所の対象となる子どもの年齢は，18歳未満です。

　児童自立支援施設への入所には，2つの経路があります。一つは児童福祉系列の経路である，児童相談所の措置によるものです。入所に際して親権者の同意を得ることが原則となっています。[4]もう一つの入所経路は，司法系列の経路で，家庭裁判所の少年審判における保護処分によるものです。[5]保護処分については，入所に際して親権者の同意は不要です。

○支援内容

　児童自立支援施設での支援の内容は，①生活指導，②学科指導，③作業・職業指導の3本柱からなっています。生活指導は，基本的生活習慣の獲得や生活を通して対人関係を学ぶことを目的にしています。学科指導は，基礎学力の習得に加え，学校教育が導入され学習権の保障がされています。子どもたちは施設内に設置された学校に通います。作業・職業指導は，働くための基礎的な能力と態度を育てる支援を行っています。多くの施設が農場をもち農作業を行

▷1　全国58か所の施設のうち2か所を除き公立で運営されている。なお，政令指定都市では，横浜市，名古屋市，大阪市，神戸市の4自治体が設置している（2021年4月現在）。

▷2　児童福祉法第44条

▷3　児童福祉法第48条の2

▷4　施設入所の措置に関して親権者の同意を得られない場合でも，児童相談所が申立てを行い家庭裁判所の承認を得ることができれば（児童福祉法第28条）施設入所は認められる。

▷5　少年法上の処分である保護処分には，家庭裁判所に送致された少年を更生させるために行われる処分として，保護観察，少年院送致，児童自立支援施設または児童養護施設送致の3種類がある。

っています。

　上記の3本柱の他に，心理的ケアと家庭環境の調整が個々の必要性に応じて行われています。

② 児童自立支援施設の支援の実際

　児童自立支援施設は少年院と混同されることが多い施設です。よくある誤解は，児童自立支援施設では子どもは施錠された部屋に入れられているのだろう，というものです。実際は，鍵がかかる部屋に子どもを閉じ込めることは基本的にはありませんし，施設の周りに逃亡を防止するための高い塀や壁を設けてはいません。児童自立支援施設では無断外出をはじめとする子どものルール違反や失敗は起こりえます。それらを封じ込めるのではなく，子どもが失敗から学び成長する姿勢を尊重しているのです。職員は子どもの繰り返される失敗に付き合い，または寄り添うことで，問題を解決する術を共に探します。このような支援のあり方は，発達の過程でつまずいてきた課題を丁寧にやりなおしすることから「育ちなおし・育てなおし」と呼ばれています。

　児童自立支援施設の支援観は，家庭での養育をイメージして形作られています。というのも，長らく児童自立支援施設では，一組の夫婦が職員として寮舎に住み込み，子どもたちと起居を共にしながら支援をする小舎夫婦制と呼ばれる支援形態が理想形としてあったからです。現在は小舎夫婦制を採択する施設は全体の2割程度にまで減少し，職員が交代シフトで支援する形態が主流になっていますが，家庭的な雰囲気を目指す支援観は堅持されています。

③ 児童自立支援施設の現状と課題

　2016年改正児童福祉法で**家庭養育優先の原則**▽7が明示されたことにより，従来の施設養護のあり方は根本的に問い直されることになりました。特に改善が求められるのは，すべての施設は「できる限り小規模で家庭的な養育環境の形態」に移行しなければならない，とされたことです▽8。たとえ小舎夫婦制であっても，国が示した要件には当てはまらない点がいくつか出てきます▽9。たとえば，従来の小舎の定員数（12人以下）では要件を満たせず，今後は最大で6名，困難な問題を抱えた子どもがいる施設では4名以下という，さらなる小規模化が求められています。これを実現するだけでも，職員の増員と公的な費用負担が必要なのは明らかです。人材育成と確保については，国立武蔵野学院（さいたま市）に付設されている児童自立支援専門員養成所の拡充を期待するとして▽10，国は必要な予算確保に向けて最大限努力しなければならないでしょう。

（井上健介）

▽6　ただし，国立2施設のみ施錠可能な設備があり，家庭裁判所の許可がある場合に限って使用が認められている。

▽7　**家庭養育優先の原則**
⇒ Ⅶ-1，Ⅶ-5，Ⅶ-8 参照。

▽8　厚生労働省子ども家庭局家庭福祉課「社会的養育の推進に向けて」2017年12月．

▽9　新たな社会的養育の在り方に関する検討会「新しい社会的養育ビジョン」2017年8月．

▽10　国立武蔵野学院附属人材育成センター養成部は，1年間の養成課程で児童自立支援専門員，児童福祉司，児童指導員，社会福祉主事の資格を取ることができる。関連分野への就職率は極めて高い。寄宿制をとっており，授業料と寮費は無料である。詳しくは国立武蔵野学院のホームページを参照のこと。

母子生活支援施設

図Ⅵ-2の左側のフロー図：

利用開始前の施設見学・面談　〜利用者自身の意思決定〜

アセスメント
その時々の利用者のニーズの把握　退所まで常に続けられる

入所後面談　〜自立支援計画の作成・支援の合意形成〜

インケア
自立支援計画に基づいた支援
主訴の解決だけではなく，その時々のニーズへの対応が必要となる

定期（随時）面談　〜計画の見直し〜

リービングケア
地域での生活を念頭に置いた関わり方へ徐々に移行する

退所前面談　〜支援の振り返り〜

アフターケア　〜施設が相談先としてあり続ける努力を〜

図Ⅵ-2　支援の流れ

出所：筆者作成。

▷1　職員については，児童福祉施設の設備及び運営に関する基準第27条に規定されており，母子支援員は母子生活支援施設において母子の生活支援を行う者とされている。また，少年を指導する職員（少年指導員）も同様に考えられている。生活支援の内容については，同基準第29条に規定されている。

▷2　2017年3月29日厚生労働省雇用均等・児童家庭局長通知「母子生活支援施設運営指針」によると支援のあり方の基本的な考え方として，支援は母親と子どもの最善の利益を保障するために行われること，その関わりは母親と子どもそれぞれの人格と個性を尊重し，人としての尊厳を尊重したものでなければならないことなどが示されている。

 母子生活支援施設とは

　母子生活支援施設は，女性とその者の監護すべき子どもを保護し，自立のための生活支援を行い，また退所後の支援などを行う児童福祉施設です（児童福祉法第38条）。児童福祉施設で唯一，母親が子どもと共に生活を送りながら支援を受けられます。

　職員は，施設長，母子支援員，少年指導員，保育士，心理療法担当職員などが配置され，社会福祉士や精神保健福祉士なども活躍しています。

2　母子生活支援施設での支援

　母子生活支援施設では，家族を支援の単位としつつも，その構成員である母親や子どもを個別化して必要な支援を行うこと，さらに構成員間の関係性に着目した支援を行うことが大切です。支援の流れを図Ⅵ-2に示しています。入所前の見学と面接（施設での支援について説明），自己決定を経て入所となります。

○問題解決のための支援

　主に主訴となる問題に着目した支援です。利用者の半分以上が夫などからの暴力（DV）を受けていること，児童虐待を受けている子どもも多いこと，なんらかの障害を抱えた方もいること，母親自身が被虐待経験を語ることもあることなどから，専門的な支援が必要です。個々の利用者にあわせた支援を行うための専門領域は広く，DV・児童虐待・疾患・障害・司法・教育などがあげられます。すべてを施設のみで対応するのではなく，それぞれの専門機関と連携しながら支援を進めていく力が求められます。

○生活支援・子育て支援

　母子生活支援施設では母子での生活を保障しながら，安定した生活基盤をつくることを支えています。世帯ごとに鍵つきの居室があり，就労可能な母親は仕事に就き，子どもたちは地域の学校や保育所に通います。それぞれの世帯ごとに，食事の準備や洗濯などの日常の生活が営まれています。

職員は相談援助業務を基礎として，就労や子育ての支援，学習支援，補助保育などを行います。日常生活での困りごとの相談に応じ，必要な介入も行われます。支援をする上では，ストレングス視点にたちエンパワメントを支えること，利用者にとって子育てのパートナーであることが重要です。[5]

3 支援の実際——DV被害から避難した佐藤さん（仮名）親子

結婚した当初から夫の暴力に苦しみながらも，子どものためにと我慢を続けていた佐藤さんでしたが，夫が娘の前でも手をあげたことを機に家を出ることを決意，母子生活支援施設の利用を開始しました。小学2年生の桜ちゃんは，父親が振るう暴力を見ていたことで大人への恐怖心が強く，担任の先生が父親と同世代の男性ということもあり，登校できない日が多くありました。佐藤さんも長年続いた暴力により精神疾患を患い，定期的な通院と服薬が必要でした。

佐藤さんは夫と離婚をすべく職員と話し合いを重ね，弁護士へも相談していましたが，病気と子どもの不登校が重なって，母子での生活に強い不安を感じ，夫の元へ帰ることも考えていました。しかし，職員と一緒に，日々の生活のなかでひとつひとつ課題に向き合い，乗り越えていくことで，徐々に母子で生活を送ることへの自信を獲得していきました。同じ頃，桜ちゃんも職員との日々の関わりを通して大人への安心感を取り戻し，学校へ通える日も増えていきました。

上記は創作した事例ですが，このように主訴はDVからの避難であっても，実際は，複合的に問題を抱えてしまっているということがあります。丁寧に時間をかけた支援を続け，利用者の気持ちの変化を理解して支えることが大切です。図VI-3は支援のイメージを示したものです。利用者は常に目標に向かって真っすぐに進んでいくのではなく，日々の暮らしの中で悩み，行きつ戻りつしながら，それでも少しずつ前に向かって進んでいきます。

4 母子生活支援施設の現状と課題

2016年の児童福祉法改正や2017年の「新しい社会的養育ビジョン」では，家庭養育の優先や代替養育による家庭的養育の推進が示されました。

母子生活支援施設においても社会の要請に応えるため，これまで培ってきた支援スキルをより一層高めてインケアの充実を図ることはもとより，地域の子育て家庭やひとり親家庭への支援なども求められています。　　（松原恵之）

▷3　DV
　⇒　IV-4 参照。

▷4　児童虐待の防止等に関する法律第2条第4項では，児童が同居する家庭における配偶者またはそれと同様の関係にある者への暴力は児童に対する心理的虐待であると定義されているため，DV被害を受けてきた世帯については，児童虐待の影響も考慮する必要がある。

▷5　ストレングス視点とエンパワメント
ストレングス視点とは，人は本来回復する力・強さをもっているという視点を指し，エンパワメントは，その人が本来もつ力を引き出し，再びその人の力として活かしていくということを指す。

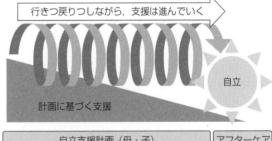

図VI-3 支援のイメージ

出所：筆者作成。

6 児童心理治療施設

▷1　「情緒障害」は emotional disturbance（情緒の混乱・動揺）に当てられた行政用語であり，「障害」は本来の意味ではない。この用語に対し「回復不能な障害があるとの誤解を招きかねない」と指摘されてきた。

▷2　2021年4月現在，全国に53か所ある。

▷3　歴史的には，1950年代半ばから出現した子どもの「自殺」「非行の低年齢化」「学校恐怖症（現，不登校）」，1970年代の「家庭内暴力」，1990年代から今日では「児童虐待」「発達障害」の顕在化・増加に伴い，これらが主な対象になっている（時代に応じた「子どもの心理社会的問題」への対応）。なお，入所の対象年齢は小・中学生が主である。

▷4　「非社会的問題行動（不登校，場面緘黙，孤立，自傷行為等），反社会的問題行動（反抗・乱暴，盗み，持ち出し，怠学，授業妨害等），神経性習癖（チック，爪かみ，夜尿，遺尿，偏食・拒食，吃音等）」（中央児童福祉審議会の意見具申〈1967年〉）に加え，精神症状として，フラッシュバック，解離，病的退行，不安発作，（人，物，行為への）依存などがある。

▷5　通所は施設本体のノウハウを基に，個々のニーズに応じたプログラムを準備し，概ね週1回実施する。

▷6　決定は措置であるが，本人や家族への説明と同意も進め，支援課題を明らかにすることが重要である。

児童心理治療施設の概要

　児童心理治療施設（以下，児心施設）は「家庭環境，学校における交友関係その他環境上の理由により社会生活への適応が困難となった児童を，短期間，入所させ，又は保護者の下から通わせて，社会生活に適応するために必要な心理に関する治療及び生活指導を主として行い，あわせて退所した者について相談その他の援助を行う」（児童福祉法43条の2）ことを目的としています。この施設は，1961年に児童福祉法に法制化された「情緒障害児短期治療施設」から，2017年4月に名称変更されました。

○対象児童

　家庭や学校などにおける「対人関係や環境」の影響により，情緒に混乱が生じ，悪循環に陥っている状態の子どもたちを対象にしています。情緒面の混乱は思考や身体や行動に影響を与え，さまざまな状態や言動となって現れます。

○治療・支援の内容

　児童福祉法に定められた治療施設として「養育」と「治療」の機能を併せもち，入所・通所の形態があり，児童相談所の措置に基づき利用します。また，入所や通所後の継続支援（アフターケア）も行います。ここでは，入所における治療・支援について簡潔に説明します。

　情緒が混乱し悪循環に陥っていた子どもに，安定した日課やルールにより安全が保たれた生活環境の提供と，安心感をもてるような対人関係を提供し情緒の安定を図ります。そして，情緒の問題の要因を環境（養育，学校等での対人関係等）─子ども（特性理解，能力評価等）の相互関係のなかから探ります。そのために生活支援，学校教育，心理ケアや治療・精神科医療，ソーシャルワークの専門職が「生活」場面に関与し多角的な視点から子どもの全体像の理解を進め，総合的な治療・支援として「総合環境療法」（杉山，1990）を行います。

　職員配置の特徴は，医師（精神科や小児科）の配置，心理療法担当職員は概ね「児童7名に1名」，児童指導員・保育士は概ね「児童3名に1人」となっています。また，多くの児心施設では施設内に公立学校が配置されています。

2 児童心理治療施設の支援の実際──過保護と身体的虐待の併存のケース

　児心施設に入所した小学校5年生のAくんは，遊び道具などの物の要求やル

ールの逸脱，また，暴言・暴力を繰り返し，その都度「だって，お母さんは何でもやってくれたのに…」や「お父さんは僕に暴力をして，物を取り上げんだ。だから，僕だって…」と叫んでいました。

入所1カ月後のAくんのカンファレンスでは，知能検査の結果，B心理士から「言葉が流暢であっても理解に落とし込むことが難しく見通しがもちづらい」との見解が示されました。また，C医師からは自閉症スペクトラムによる感覚過敏，虐待やいじめによる対人トラウマ反応の見解もあがり，診察を開始しました。

また，Aくんの「理解の難しさから生じる負担感」や「対人刺激への過剰な反応」を減らすため「伝える言葉は具体的かつ見通しをつけること」や，「個別」に落ち着ける時間・場所と，みんなと交わる「集団」生活にメリハリをつける個別日課を準備しました。

Aくんは対人トラブルや日課の崩れがある度に「どうせできないよ」「何をやっても無駄」と自暴自棄になりましたが，担当のD保育士を中心とする専門職チームで「困難なことを乗り越える」ことへの励ましと，具体的な解決方法を一緒に考え・取り組むためのミーティングを繰り返しました。その過程で，徐々に気持ちも生活も落ち着き，今では大好きな写真撮影を通じて仲間との交流を広げ，不登校状態から段階的に登校ができるようになってきました。

3　児童心理治療施設における現状と課題

○更なるニーズに向けた専門性とマンパワーの準備

現場の実態では，虐待を背景にした愛着障害，さまざまな発達障害，うつや不安といった精神障害を抱えるなどの「重複障害」，また，措置変更が繰り返され何層もの喪失・トラウマ体験を抱えた子どもが増えています。これらの重層的な生きづらさに対し，多職種協働による専門職のチームワークによって，常に治療・支援の方法や体制を進化させていくことが求められています。また，それらと連動し人材確保や育成の体制づくりに取り組むことが必須であります。

○地域に向けた機能の充実

現在，児心施設の守られた空間と地域生活のギャップに，退所生が困惑している実態もあります。通所支援，アフターケア，医療の外来機能等の充実を図り，退所後の地域生活に向けての段階的かつ継続支援の必要性があります。また，外部資源の活用・他機関連携によるネットワーク形成も重要であります。と同時に，社会的養護のセンター的役割（スーパービジョンや研修等）や子育ての地域包括ケアシステム（早期ケア～高齢児支援を含む）への期待もあるため，まずは限られた人材や資源を有効活用し体制の準備に努める必要があります。

（上野陽弘）

▷7　具体的には，日常生活，学校生活，個人心理治療・集団療法，医療受診（服薬調整等），余暇，休養，施設内外での個別―集団活動，家族交流，社会資源の活用などさまざまな生活体験のメリハリを意識しつつも，有機的に結びつけ「養育」と「治療」を進める。その基盤となる生活環境の設定は，刺激・負荷の微調整，心理・物理的境界線，生活リズムへの考慮に加え，子どもたちとの意見交換により共通理解を深めていく。

▷8　学校の形態は，一般校の特別支援学級分級，一般校分校，特別支援学校分級などある。

▷9　特定の事例と関係がない架空事例を記した。

▷10　子どもが危機に遭遇した時，困難さを受け止め，乗り越えるための試行錯誤を支える支援者との信頼関係（アタッチメント）の成熟が必要となる。また，情緒の混乱や悪循環に埋もれてしまう，子どもの強みや可能性を体験的に見出し，自己肯定感・効力感を育みながら，その子なりの「困難を乗り越える術」や「自分を活かす将来への歩み方」を考え取り組んでいく。

▷11　作業療法士，里親支援専門相談員，自立支援コーディネーターなどの配置の必要性もあげられている。

（参考文献）

杉山信作，全国情緒障害児短期治療施設協議会編『子どもの心を育てる生活――チームワークによる治療の実際』星和書店，1990年.

滝川一廣他，全国情緒障害児短期治療施設協議会編『子どもの心をはぐくむ生活――児童心理治療施設の総合環境療法』東京大学出版，2016年.

福祉型障害児入所施設 （旧・知的障害児施設）

1 福祉型障害児入所施設（旧・知的障害児施設）とは

　福祉型障害児入所施設は，児童福祉施設のひとつで，障害のある子どもを入所させ，保護し日常生活の支援や独立自活に必要な知識や技能を身につけるための支援を行うことを目的とした施設です（児童福祉法第42条）。2012年児童福祉法改正において，これまでの障害種別の施設体系から複数の障害に対応できるように障害児入所施設として再編されました。

　施設入所の判断・決定は児童相談所が行います。子育ての困難さ，保護者の病気・入院，離婚・片親など家庭生活維持の困難さ，虐待など入所理由はさまざまです。それぞれの家庭事情によって，子どもの意思とは関係なく親元を離され家庭から離れて生活することを余儀なくされます。そのため，障害児入所施設には，子どもの発達や育ちの支援が必要とされています。

2 桐友学園における子育て

　桐友学園は 7 ～ 8 名の 4 つの「ユニット制（寮）」で，より家庭に近く小規模で大人と密着した生活空間で子育てをしています。寮はマンションをイメージした造りで，女子寮，学齢期（小・中）の男子寮が 2 つ，高校生男子の寮の 4 つに分けています。玄関，リビング，キッチン，風呂場，トイレ，居室で構成され，ひとつの寮を職員 5 人が交代制で日中は 2 名，夜間は 1 名で24時間子どもたちの生活を支えています。食事は厨房で調理し，寮ごとに配食され子どもたちそれぞれの食器に盛り付けます。食事までのひとつひとつの準備も一人ひとりに役割があり子どもと一緒に取り組み，学校の出来事を話しながら和気あいあいとした雰囲気のなかで子どもと職員が一緒に食事を楽しみます。洗濯や掃除もお母さんのお手伝いをするように取り組みます。生活に必要な日用品やおやつなどは月 8 万円程の寮費で賄い，必要な物は職員と子どもで近所のスーパー等に買い物に行き，自分たちの暮らしを自分たちで創ることを取り入れ，生活で必要な物はできるだけ個別化し，当たり前の生活を目指しています。このような生活環境は子ども自身が身近な物と捉えやすく，成功体験も積みあがり**自己肯定感**が育っていきます。施設全体の行事は，年 1 回の親子で楽しむ夕涼み会だけで，それ以外はお出かけや食事作り等はそれぞれの寮で行います。

▷1　桐友学園
千葉県柏市を拠点とし，知的発達障害児（者）の療育・生活支援事業を多岐にわたって展開している社会福祉法人。

▷2　自己肯定感（観）
　⇨　Ⅲ-1 参照．

③　2歳11か月で乳児院から入所したHさん

　ダウン症のHさん（女児，9歳，重度知的障害）は，2歳11か月の時に乳児院から入所しました。生後ほとんど母親に抱かれることもなく乳児院に入所したため，安心できる場所で特定の大人との関わりを大切にし，育て直しをすることにしました。当初は多くの生活場面で大人が必要であるにもかかわらず，頼り方を知りませんでした。側に寄り添い常に特定の大人と密着した関わりや要求を叶える経験を増やし，いろいろな経験を一緒に積んできたなかで，自分でやろう，やりたい，やってみようとする気持ちを大切に同世代の友だちとの時間も作りました。このような生活を続けることで，寮の職員が出勤すると抱きつく姿や泣き出した時に職員に抱きつく姿が見られました。ほめられることや認めてもらうことに喜びを表し，自分で取り組むことやチャレンジする姿がみられ，また，同世代の友だちと楽しいことを行いたい，楽しい雰囲気に混ざりたいという気持ちが芽生えてきました。密着した関わりをもつことで信頼関係を築き，見守られている安心感，認めてもらえる喜びにつながり，「やる気」や「意欲」につながっていきました。障害があることで大人との愛着を築くことが難しく，形成されにくいまま育ってしまうことがあります。どんなに親が愛情をもって育てていても，子ども側にも愛情を受け取る土台が必要です。その土台作りには時間がかかり，子育てをする中には安心・安定した人的環境が必要不可欠です。疎遠な母親とも年1～2回の面会を通し，わが子がかわいいと思えるようになることを基本におき一緒に子どもの成長を見守っています。

④　今後の障害児入所施設の充実にむけて

　私たちは，何よりも子ども一人ひとりを尊重する支援を目指していかなければなりません。家庭から離れて施設で暮らす一人ひとりの子どもの「こころ」の叫びに耳を傾け，「こころが癒される」支援が何よりも大切です。子どもの叫びの根底には，さまざまな癒されない苦しみがあり，その表現は行動を通じて表れます。この行動の奥にある「こころ」の痛み，苦悩を感じとり「癒す」ことが課題となります。生活技能の向上も必要なことですが，人として「こころ」の育ち・人格形成に向けた支援を基本に考えたいものです。

　人生の質の基礎は児童期の育ちにあります。人格はくらしの営みを通じて育っていきます。子どものための居住施設は，より家庭的な環境のもとで生活支援することが望ましく，小規模で大人との密着した生活空間での「くらし」を土台として，「ひと」と「ひと」とのふれあい，ぬくもり，そしてくつろぎと安心，信頼が「こころ」の成長・人格形成の糧となります。不安，緊張を「癒し」，豊かな「こころ」の育ちをめざし，笑い声と笑顔の多い「くらし」をつくりたいと考えます。

（新福麻由美）

8 福祉型障害児入所施設 （旧・自閉症児施設）

 福祉型障害児入所施設（旧・自閉症児施設[注1]）の概要

▶1　2010年12月の児童福祉法改正により，2012年4月から障害児関係の施設種別が再編された。これまで，「知的障害児施設」「盲ろうあ児施設」「肢体不自由児施設」「第2種自閉症児施設」等とされていた施設種別が「福祉型障害児入所施設」に，また「肢体不自由児施設」「重症心身障害児施設」「第1種自閉症児施設」等とされていた施設種別が「医療型障害児入所施設」に移行されている。

　自閉症の歴史は，1943年アメリカで精神科医のレオ・カナー博士が「早期幼児自閉症」という症例報告をしたことに始まりました。そして，ほぼ同時期の翌1944年に，オーストリアで小児科医のハンス・アスペルガー博士が「自閉的精神病質」として症例報告をしています。その後さまざまな研究が進み，WHO（世界保健機関）が提唱するICD（国際疾病分類）やアメリカ精神医学会のDSM（精神障害の診断と統計の手引き）によって，発達障害のひとつとして診断基準が示されています。自閉症の主な特徴としては，①コミュニケーションの問題，②対人関係の問題，③イマジネーション（想像力）の欠如という，いわゆる「自閉症の三つ組」があげられます。さらには，強いこだわり・感覚過敏・多動・高所登り・睡眠障害といった行動障害につながることが多いという特徴もあります。

　わが国の旧自閉症児施設の施策は，（以下「自閉症児施設」），児童福祉施設の1つで，1981年に知的障害児入所施設のなかに位置づけられました。入所する児童は，知的障害があり，さらに「自閉性を主たる症状とする児童であって，病院に入院することを要する児童を入所させる第一種自閉症児施設」と，「自閉性を主たる症状とする児童であって，病院に入院することを要しない児童を入所させる第二種自閉症児施設」に分かれていました。現在は，児童福祉法の改正（2010年12月改正，2012年4月施行）により，第一種自閉症児施設は，医療型障害児入所施設（児童福祉法第42条の2）へ，第二種自閉症児施設は，福祉型障害児入所施設（同法第42条の1）へと再編され制度上からは自閉症児施設という名称がなくなっています。知的障害児が入所する施設と自閉症児施設との違いは，職員の配置に現れています。児童福祉施設の設備及び運営に関する基準第49条の4において，自閉症児施設は，医師及び看護師の配置が求められていて，児童おおむね20人につき1人以上とされています（同基準第49条の8）。ここに記述する自閉症児施設とは，福祉型障害児入所施設に再編された旧・第二種自閉症児施設を指しています。現在全国の旧・自閉症児施設の設置数は3か所です（2021年現在）。

　ちなみに第一種自閉症児施設は，全国で4か所でしたが，すべてが医療型障害児入所施設へ転換したわけではなく，小児医療センターに転換したり福祉型

障害児入所施設に移行したりしています。

② 自閉症児施設の支援の実際

　入所している児童は，自閉症に加えて約９割が重度の知的障害[42]を有しています。また，その約５割がてんかん発作を有し，ほとんどの児童が向精神薬を服用し医療的ケアと併せた支援を行っています。一概に自閉症といっても，一人ひとりが示す状態像はさまざまで，そのほとんどが個別的配慮を必要とする児童です。

　自閉症児施設に入所する児童は，一次的障害である自閉性の障害に起因して，二次的障害である行動障害が表出し，家庭や地域社会で生活を送ることが難しくなり，やむを得ず施設利用を辿るケースがほとんどです。少し難しい表現をしましたが，ある児童を例に出してみますと，音（音といってもいろいろありますが，たとえば，小さな子どもの声や，ある一定の波長の音等）に対して過敏（一次的障害）なお子さんは，苦手な音を耳にすると突然混乱（パニック[43]）を起こします。しかし，周りにいる大人は本児がなぜパニックを起こしたのか原因がつかめず，ますますパニックがエスカレートし，パニックだけで収まらず，学校の教室に入れなくなったり，周りの人を叩く，嚙むなどの行動障害（二次的障害）が表出してきます。この二次的に表出する行動障害に対して，家族だけでは対応が難しくなってしまいます。またさらに行動障害が強まると，**強度行動障害**[44]に至り，ますます対応が困難になってきます。そこで，自閉症児への専門的な療育を求めて入所を希望してきます。

③ 自閉症児施設の支援の現状と課題

　しかしここ数年は入所に至る理由が多様化してきています。たとえば，地域生活支援のサービスが相当数整備されたことで，幼児から小学生の時期においては各種サービス（放課後等デイサービス，日中一時支援，短期入所等）を利用し，家庭・地域生活が維持可能な環境が整ってきていますが，「両親の別居，離婚」「養護性の欠如」「児童の行動障害の対応に苦慮しての虐待」といった家庭自体の養護機能の低下により措置入所となるケースが増加してきています。またその一方で前述の，それまで各種サービスを受けながら家庭生活を送っていた児童が思春期を迎え，それを機に行動障害が強くなり，中学の卒業直前や，高等部の入学時期に入所希望の相談に至るというケースがここ数年増加しています。さらに児童福祉法の改正により，療育手帳をもたず，医師の意見書に基づき入所療育の必要性が認められた児童についての入所ニーズも増え，知的障害が重度の児童で占められていた自閉症児施設に対して，新たに知的障害をもたない，または，軽度な知的障害のある児童への施設内における環境整備を含めた対応が求められています。

（柳　淳一）

▷2　知的障害は，居住地の自治体で，知能測定値，社会性，日常の基本生活などを年齢に応じて総合的に判定し最重度・重度・中度・軽度の判定を受ける。発行される手帳の名称は自治体により異なり，療育手帳や東京都のように「愛の手帳」として発行している自治体もある。

▷3　パニック
突然泣き出す。奇声をあげる。自傷（自分の頭部を叩いたり，手を嚙んだり）する。パニックには本児にとっては何らかの原因があり，その原因を推察し対処することが大切。

▷4　強度行動障害
厚生労働省が定めた「強度行動障害判定基準」により評価し，20点以上の者を特別に処遇が必要とされている。

医療型障害児入所施設
（旧・肢体不自由児施設）

 医療型障害児入所施設（旧・肢体不自由児施設^{▷1}）の概要

　肢体不自由とは，四肢体幹に不自由がある，すなわち身体障害を意味する言葉ですが，奇形や**骨形成不全症**^{▷2}のような身体面にのみ障害のある利用者は少なく，**脳性麻痺**^{▷3}や**二分脊椎**^{▷4}，**筋ジストロフィー**^{▷5}のように，先天的な知的障害をはじめ，**てんかん**^{▷6}や視覚障害・言語障害，また二次的・三次的な障害を併せもつ重複障害であることが大多数を占めます。そのなかでも**重症心身障害**^{▷7}と呼ばれる，身体的にも知的にも，さらに医療的にも最重度の子どもが数多くなっています。そうした子どもが入所して一定期間，集団生活を送るのが旧・肢体不自由児施設です。入所の理由は，① 保護者の不在や身体的・精神的疾患，虐待・**ネグレクト**^{▷8}のため家庭での養育困難による長期入所，② 手術・リハビリのための短中期入所，③ 早期療育に主眼を置いた親子入所，④ 家族の病気や休息，母親の出産等のための短期入所があげられます。いずれの場合も，入所した子どもは必要に応じて診察，検査を受け，**PT**，**OT**，**ST**^{▷9}などの訓練を受けます。同時に，幼児であれば保育を受け，学齢児は特別支援学校で教育を受けます。障害が最重度で通学できない子どものための訪問教育やベッドサイド授業も実施されています。高卒後も，在宅が不可能であったり，次の成人施設が空かずに施設に在園延長となる，いわゆる過年児も全国的に増加の傾向にありますが，外部の作業所との交流，外出，病棟内でのサークル活動，あるいは施設内に日中活動部門を立ち上げて活動の場を保障する動きも増しています。

②　医療型障害児入所施設（旧・肢体不自由児施設）の支援の実際（事例）

　幼少時に母子入園，就学前に生活病棟，学童期に手術病棟，そして生活病棟を経験し，退所した事例について述べます。この方は軽度の脳性麻痺で，幼児期から独歩も可能，**ADL**^{▷10}もおおよそ可能，両親健在で，兄弟が複数いました。

　母親の障害受容のための 2 か月の母子入園，就学前の ADL 能力の向上を目指した 1 年の生活病棟への入所を経て在宅となりましたが，養護学校より，望ましい養育が行われていないようであると報告があり，小学校中学年の時に手術病棟へ入所しました。これは，手術病棟では他の利用者は週末全員が外泊し，治療が終了すれば自宅へ帰っていくので，その様子に触れ，このケースの保護者に在宅を意識していただくためでした。入所すると，本人と母親との間に乖離

▷1　2010年12月の児童福祉法改正により，2012年4月から障害児関係の施設種別が再編された。これまで，「知的障害児施設」「盲ろうあ児施設」「肢体不自由児療護施設」「第2種自閉症児施設」等とされていた施設種別が「福祉型障害児入所施設」に，また「肢体不自由児施設」「重症心身障害児施設」「第1種自閉症児施設」等とされていた施設種別が「医療型障害児入所施設」に移行されている。

▷2　**骨形成不全症**
わずかな外力によって容易に骨折を起こす遺伝病。たび重なる骨折のため，四肢，脊柱，胸郭の変形を生じる。

▷3　**脳性麻痺**
出生前・出生時・出生後の種々の原因により，新生児期までに生じた脳障害であり，運動系の機能障害を基本とする。麻痺の内容により，強（痙）直，失調，アテトーゼ，無緊張などに分類される。合併症候として，知的障害，てんかん発作，言語障害などがある。

▷4　**二分脊椎**
脊椎破裂とも呼ばれ，胎生期における脊椎の形成不全により脊椎が左右に分裂しているものをいう。比較的頻度の高い先天性奇形であり，骨以外の脂肪や血管にも何らかの奇形・変形が合併していることが多い。

が見られ，母親も本人を拒否する言葉を発していましたが，家庭との距離が離れてしまわないようにするため，定期的な外泊や面会を義務づける方針が取られました。平日は問題なく，介助も要さない生活を送っていましたが，週末自宅へ帰ると拒食や緘黙[11]，失禁等が見られました。面会に対する母親からの不満，拒否感もありました。母親への面接を交えながら1～2年続きましたが，変化が見られないため方針を転換し，本人と家族にとってストレスのない生活を送っていただく，単独でも生活していく力を養うことを最優先し，入所する病棟も手術病棟から生活病棟に変更しました。家庭と距離を置いたのが功を奏したのか，高校になってからは，通知表を持って自主的に自宅へ日帰り外出をすることも見られました。この時期になると母親も本人を受け入れる余裕が生じたようです。

　高卒後の進路は，学校教員・病棟担当保育士・担当医療ソーシャルワーカーが連携して本人に合った仕事と生活の場を検討し，実習も重ねた結果，当方を退所して，自宅と同じ区に位置している入所型の作業所に入ることができました。それからすでに20年近くが経過していますが，現在では作業所近くのアパートで自活した生活を送りながら，同じ作業所に通所しています。

❸ 医療型障害児入所施設（旧・肢体不自由児施設）の支援の現状と課題

　普遍的な課題として，家庭と比較した場合に十分な支援が行えていると断定するのは難しいところです。一般的に，子どもは家庭で育つのが正しいと見なされ，大型施設は存在そのものが肯定的に受け入れられないこともあります。こうした施設においては人手が足りない部分があったり，何より職員は家族ではありませんので，特定の関係作りができません。限られた空間で生活しており，外出の機会も多くありませんので，社会的な経験不足になり，個人の自由度が少ないです。これらの課題に対して，利用者全体のバランスを取りながら，できる限り細やかに，個々に応じたケアを実施することが目指されています。

　最近の課題としては，利用者の事故防止，感染症拡大防止，職員の精神衛生，利用者の権利擁護，虐待（身体拘束）防止，災害対策等が挙げられます。

　事故や感染症が生じることで，利用者の心身の健康が乱され，活動が中止や延期にならざるを得ません。事故や感染症の発生を防ぐことは困難ですが，いったん発生しても，再発や拡大させないことが重要です。職場の雰囲気が悪く，信頼関係ができていないと，気持ちに行き違いが出たり，程度がひどければ，心の病気にかかってしまう場合もあります。悩み事を打ち明けて相談できる，また，お互いを注意し合える信頼関係が築かれていることが望まれます。精神的に安定や成熟していない職員による，利用者に対する虐待は絶対に防がなければなりません。特に，無意識のうちに心理的虐待を犯していることがないよう，また身体拘束を行っていないか，すべての職員のモラルとチェック機能が必要です。

（浦野泰典）

▷5　筋ジストロフィー

筋線維の破壊と再生を繰り返しながら，次第に筋萎縮と筋力低下が進行していく遺伝性筋疾患の総称。発症年齢や遺伝形式，臨床的経過等からさまざまな病型に分類される。

▷6　てんかん

脳の神経細胞群の異常興奮により，脳活動の異常が症状として現れたものをいう。その症状も多彩で，全般発作，部分発作，難治性発作，痙攣重積症などがある。

▷7　重症心身障害

　⇨　Ⅵ-10 参照。

▷8　ネグレクト

児童の心身の正常な発達を妨げるような著しい減食または長時間の放置，その他の保護者としての監護を著しく怠ること。

▷9　PT, OT, ST

PT：Physical　Therapy。理学療法。移動，姿勢の保ち方など，全身の運動機能の訓練。

OT：Occupational Therapy。作業療法。食事，更衣，排泄など，身辺自立を目指す訓練。

ST：Speech　Therapy。言語指導。言語，非言語など，あらゆる方法で他者とのコミュニケーションを図る訓練。

▷10　ADL

Activities of Daily Living日常生活動作。起き上がり，歩行など移動に関する動作と，洗面，食事，更衣，トイレ，入浴など身の回りの生活動作および作業的動作などに分けられる。

▷11　緘黙

言語能力を獲得しているにもかかわらず，何らかの心理的要因によって，一時期にあらゆる場面，あるいは特定の場面においてのみ，言葉を発しない状態。

10 医療型障害児入所施設 （旧・重症心身障害児施設）

▷2　医療型障害児入所施設
2010年12月の児童福祉法改正により，2012年4月から障害児関係の施設種別が再編された．これまで，「知的障害児施設」「盲ろうあ児施設」「肢体不自由児療護施設」「第2種自閉症児施設」等とされていた施設種別が「福祉型障害児入所施設」に，また「肢体不自由児施設」「重症心身障害児施設」「第1種自閉症児施設」等とされていた施設種別が「医療型障害児入所施設」に，移行されている。

▷3　ムーブメント教育療法
健康と幸福の達成を目的としたものといわれている。障害のある人にとって動く楽しさ，動く喜びを感じるような環境を設定して行われる療法。

▷4　スヌーズレン
オランダのアド・フェルフール（Ad Verheul）によって始められ，ヨーロッパ各地に広まり，近年日本にも紹介されたもの。音や振動，光，匂い，などさまざまな感覚を参加者自身が選択して楽しめるよう組み合わせて工夫されている。

1 重症心身障害とは

　重症心身障害は，重度の身体障害（肢体不自由）と重度の精神遅滞（知的障害）が重複している方々であり，歩行や手指を自由に動かすなどの機能が困難となっています。また自身の欲求や要求を含めた意思の表現が微弱であり，それらを発信するまでに時間がかかることがとても多いことから，意思疎通も大変困難となっています。食事に関しても援助が必要であり，排泄についてもほとんどの場合おむつを使用しています。その他に衣類の着脱や洗面など日常生活動作（ADL）の大部分にほぼ全面的な援助を必要としています。このように障害が大変重いため，生活の場としての福祉施設の機能だけでなく，意思の疎通が困難であっても体調の変化や疾病の早期発見および治療が行える医療施設としての機能が必要となります。

　法制度上，旧・重症心身障害児施設は**医療型障害児入所施設**という位置づけになっています。なお重症心身障害という用語や概念はわが国独自のもので，社会福祉的要請に基づき使用されています。

2 どのような支援が行われているか

　上記のように，障害が大変重いため快適な生活を送るためには，さまざまな支援を必要としています。その支援は大きく2つに分けることができます。一つは「生活支援」，もう一つは「意思決定支援」です。まず生活支援についてですが，ここでいう「生活支援」とは日常生活動作（ADL）の介助・支援だけを指すのではなく，「利用者が人として生活をする上で必要な支援全般」を指しています。つまりは ADL 介助のほか，**ムーブメント教育療法**やスヌーズレンなどの療育活動全般を指す「日中活動支援」，利用者がより快適に過ごせるよう周囲と生活空間全体を対象とした「環境整備」，利用者個人が好む音楽の再生などを行う「余暇活動支援」と，一言で生活支援といってもその内容は多岐にわたります。そして利用者個々の特性に配慮した支援を行うため，希望や趣向，要望を取り入れた「個別支援計画」を作成することで本人にとって快適な生活の確立，空間作りが行われています。

　もう一つの支援である「意思決定支援」ですが，重症心身障害の利用者は自身の欲求や要求を含めた意思の表現に困難を抱えています。だからといって，

その為に利用者の意思決定がないがしろにされることがあっては
なりません。日中活動ひとつをとってみても，その活動を利用者
が本当に好むのか，望んでいるのかを考える必要があります。支
援者はどのような場面，どのような利用者であっても反応を受け
止め支援を行っています。その為にも支援者には利用者との意思
を読みとれる関係性を構築することが日々求められているのです。

写真VI-1　ムーブメント

③ 支援の現状と課題

　旧・重症心身障害児入所施設では多くの場合，18歳を超えた利
用者についても同じ施設でそのまま生活を送っています。本来で
あれば18歳未満は児童福祉法が，18歳以上は障害者総合支援法が
適用され，それぞれに対応した施設を利用することになりますが，
旧・重症心身障害児入所施設については旧制度下から子どもも大
人も同じ施設で生活をする「児者一貫」の体制で長い期間運営さ
れてきたこと等から，現在も特例措置としてその状態が恒久化さ

写真VI-2　スヌーズレン

れています。これについては良い面もそうでない面もありますが，
日中活動においては「年齢や状態に応じた日中活動の提供」を，厳格に行わな
ければならないというひとつの契機となり，各施設においての課題となってい
ます。たとえば，活動を始める際に歌っている「始まりの歌」が，大人を対象
とした活動であるにもかかわらず幼児向けの歌をそのまま使用しているといっ
たことや，それぞれ障害の程度等の異なる利用者を多人数集め，同一のテーマ
で活動を行ってしまう集団活動などは，早急に利用者一人一人のニーズに対応
したものに改めなければ，年齢や状態に応じた日中活動を提供しているとはい
えないでしょう。

　筆者の施設においては保育士を中心に看護師，作業療法士，音楽療法士といっ
った多職種で小学校入学前の未就学児を対象に行う活動や，逆に大人の利用者
の趣味に対応した活動を行う「カルチャースクール」などで，利用者個人に，
より必要な関わりを心がけ実施しています。また意思決定支援の観点からは，
外出先が決まっていた「戸外活動」を廃し，外出先の選択にくわえ，外出しな
くても（外出が困難であっても）同等の楽しみが得られるよう，院内でのプロに
よるミュージカル鑑賞や有名カフェのコーヒーが飲める活動などを企画し，本
人もしくはご家族が行き先や体験したい活動を選択する「選択行事」を実施す
ることで，個人のニーズに沿った支援を実施しています。

　これまで述べてきたように昨今の重症心身障害の現場では，個人のニーズに
沿った支援が強く求められています。これまで以上に利用者一人一人と向き合
い，それぞれの希望や趣向，要望を取り入れた個別支援計画を作成し実行する
ことで，利用者がより豊かな生活を送ることができるのです。　（小野澤　源）

里親制度の現状と課題

 里親の概要と現状

○里親の種類と対象児童

　里親とは，保護者のない子ども，あるいは保護者に監護させることが不適当であると認められる子ども（要保護児童）を，自らの家庭内に預かり，養育することを希望する者です。養育里親および養子縁組によって養親となることを希望する者，その他これに類する者として厚生労働省令で定めるもののうち，都道府県知事が第27条第1項第3号の規定により子どもを委託する者として適当と認める者をさします（児童福祉法第6条の4）。

　里親には，「養育里親」と「専門里親」「養子縁組里親」「親族里親」の4つの類型があります。4つの類型における対象児童と，養育里親及び専門里親に支給される手当等については図Ⅶ-1のとおりです。2020（令和2）年3月末現在，登録里親数1万3,485世帯のうち，委託里親数は4,609世帯，委託児童数は5,832人となっています。また，小規模住居型児童養育事業（ファミリーホーム）を含めた里親等委託率は21.5%となっています。

▷1　厚生労働省子ども家庭局家庭福祉課「社会的養育の推進に向けて（令和3年5月）」2頁.

▷2　里親等委託率＝（里親＋ファミリーホーム委託児童数）／（養護施設＋乳児院＋里親＋ファミリーホームへの措置・委託児童数）。

種類	養育里親	専門里親		養子縁組里親	親族里親
対象児童	要保護児童	次に挙げる要保護児童のうち，都道府県知事がその養育に関し特に支援が必要と認めたもの①児童虐待等の行為により心身に有害な影響を受けた児童②非行等の問題を有する児童③身体障害，知的障害又は精神障害がある児童		要保護児童	次の要件に該当する要保護児童①当該親族里親に扶養義務のある児童②児童の両親その他当該児童を現に監護する者が死亡，行方不明，拘禁，入院等の状態となったことにより，これらの者により，養育が期待できないこと
登録里親数	11,047世帯	716世帯		5,053世帯	618世帯
委託里親数	3,627世帯	188世帯		351世帯	576世帯
委託児童数	4,456人	215人		344人	817人

※里親数・児童数は福祉行政報告例
（令和2年3月末現在）

里親に支給される手当等	里親手当（月額）　養育里親　90,000円（2人目以降:90,000円）　専門里親　141,000円（2人目:141,000円）
	※令和2年度予算において，2人目以降の手当額の拡充等を行う。
	一般生活費（食費，被服費等。1人当たり月額）　乳児　60,110円，乳児以外　52,130円
	その他（幼稚園費，教育費，入進学支度金，就職支度費，大学進学等支度費，医療費，通院費等）

※令和3年度予算

【図Ⅶ-1　里親の類型】

出典：厚生労働省子ども家庭局家庭福祉課「社会的養育の推進に向けて（令和3年5月）」214頁。

○支援内容

　都道府県（児童相談所）は，里親のリクルート及びアセスメント，登録前・登録後及び委託後における里親に対する研修，子どもと里親家庭のマッチング，里親養育への支援（未委託期間中及び委託解除後のフォローを含む）に至るまでの

フォスタリング（里親養育包括支援）事業を行います。フォスタリング機関（里親養育包括支援機関）は，民間機関に委託することもできます。フォスタリング機関のソーシャルワーカーは，里親養育の心理的・実務的サポートや里親養育に関するスーパービジョン（自立支援計画の作成・共有や進捗把握，養育水準向上に向けた助言・指導など）を行い，里親養育の状況に応じた支援をコーディネートします（地域における関係機関を含めた支援体制構築や，**レスパイト・ケア**の利用勧奨など）。里親とフォスタリング機関が，チームを組みつつ子どもの養育を行う「チーム養育」が大切です。

▷3　レスパイト・ケア
　⇨　Ⅶ-2 参照

② 里親制度の将来像

「新しい社会的養育ビジョン」では，2016年の改正児童福祉法の理念等を具体化するとともに，実現に向けた改革の工程と具体的な数値目標が示されました。数値目標の設定は，子どもが健やかに養育される権利を保障する環境を整えるために必要な取り組みを各都道府県が計画的に進めるためのものです。また，代替養育は子どものニーズに応じ一時的に活用されるべきものであることも示されています。よって，各都道府県は，「家庭養育優先原則」を十分踏まえた個々の子どもへの支援を，子どもの最善の利益の観点から勘案した計画のなかで，里親委託の推進を図っていくことが求められます。

また，「里親及びファミリーホーム養育指針」には，里親は社会的養護の担い手として自らの養育を「ひらき」，社会と「つながる」必要性が明示されています。児童相談所，フォスタリング機関や児童養護施設，乳児院等関係機関・施設との協働はもとより，子どもの通園通学先の職員，近隣住民が子どもの状況を理解し養育を応援してくれる関係づくりをしていくことが大切です。里親とその子どもが暮らす地域の里親会や里親支援を行う民間団体，あるいは他の子育て支援のネットワークなどのつながりのなかに身を置き，孤立しないよう，独善的な養育に陥らないよう養育をひらくことが大事なのです。

▷4　里親サロン
里親が中心となって行う養育体験を共有する話し合いや交流。

▷5　里親支援専門相談員
児童養護施設と乳児院に配置される職員で，里親支援ソーシャルワーカーとも呼ばれる。児童相談所の里親担当職員等と連携して，所属施設の入所児童の里親委託を推進したり，里親の新規開拓や里親向けの研修，アフターケアとしての相談対応などを行う。

▷6　里親支援機関
2008（平成20）年にはじめられた「里親支援機関事業」を実施する機関として創設された機関であり，2018年からの里親養育包括支援（フォスタリング）事業への移行に伴い，これを実施する機関としてフォスタリング機関となった。

③ 里親制度の今後の課題

わが国における代替養育の現状として，乳幼児期から続く長期入所の子どもが多く存在します。その背景には，児童相談所の里親支援業務体制の脆弱性があるといわれています。里親委託を推進すべく，全国里親委託等推進委員会をはじめとし，各自治体による里親等委託率アップの取り組みや里親リクルート，里親研修，**里親サロン**，**里親支援専門相談員**，**里親支援機関**等に関する数々の調査がなされ，各種養育指針やハンドブック，運営マニュアル，事例集等が出されています。さらに，2018年には厚生労働省「フォスタリング機関（里親養育包括支援機関）及びその業務に関するガイドライン」が設けられ，一連のフォスタリング業務の包括的な実施体制を構築することが各都道府県に求められています。

（木村容子）

事例で学ぶ里親制度の実際

里親の登録から委託までの概要

▷1　里親等委託
　⇨　Ⅱ-1，Ⅶ-1参照。

　日本における里親等委託率は2020年３月現在で21.5％であり，過去10年の間に委託率は２倍の伸びをみせています。また，2017年に発表された「新しい社会的養育ビジョン」においても社会的養護では施設養護よりも里親委託を優先する方向性が打ち出され，今後はさらに里親養護の割合は増加していくと考えられます。まずは，里親の登録から委託までの流れをみていきましょう。

　里親になることを希望する人は，児童相談所やフォスタリング機関の里親登録の申し込みをします。その際に里親希望者は，里親登録から委託までの説明に加えて，里親になるということが社会的養護の担い手として子どもを養育することであるということについて詳しい説明を受けます。里親希望の申請後，社会的養護の意義や，里親として養育を行うために必要な知識を身につける研修および児童養護施設や乳児院での実習が行われ，里親登録がなされます。登録までの期間は自治体によっても異なりますが，およそ３か月から半年ほどかかるのが一般的です。また，実際に子どもが委託されるまでには，里親と子どもの交流期間等を通してマッチングの可否を入念に判断がなされます。特に実親からの同意を取り付けることが困難な場合や，子どもに障がいがある場合などはより慎重な検討がなされる必要があるといえるでしょう。

▷2　研修は，制度や子ども理解等の基礎研修が１日，子どもの心身や権利擁護に関する登録前研修が２日行われる。また，児童福祉施設での実習は合計３日設けられている。

② 里親の支援の実際（事例）

　ここでは，里親養護の実際を知るために，いくつかの事例をみてみましょう。

> **事例1**　親戚の家，里親，児童養護施設を転々とした小学３年生の男の子を引き受けました。最初は「良い子」でしたが，部屋に無断で入ってきて引き出しの中をかき回すなどの困った部分がでてきました。「大人は信用できない」が彼の口癖で，万引きを繰り返すようにもなってしまいました。

　施設や里親などに委託された子どもが見せる最初の反応が「良い子」であることは多いです。これは，新たに出会った大人の前で，無理をして良い子であることを演じようとする時期が委託当初の子どもに多い姿なのです。しかし，時間がたつにつれて，子どもがわざと里親を困らせるような「試し行動」を示すことで，自分と里親との関係性や愛情などを確認することがあります。これ

は，子どもがこれまで置かれてきた境遇のなかでため込んできたさまざまな感情を里親にぶつけてしまうためです。

> **事例2** 里親として，子どもとの良い関係性構築ができずに悩んでいましたが，状況を児童相談所に相談してしまうと，自分が「ダメな里親」だと思われてしまうのではないかと考えてしまい，なかなか相談することができませんでした。でも，同じ里親が情報交換をする里親会への参加をきっかけに自らの悩みを他人に話すことができるようになり，児童相談所の職員にも子どもの情報を共有することができるようになりました。

里親は子どもとの関係に悩んでしまった際に孤立してしまいがちです。事例にあるように「よい里親でいなければならない」と思い込んでしまうと，誰にも悩みを共有することができず，むしろ子どもとの関係性が悪化してしまう可能性があります。まずは問題を里親だけで抱え込まないということが大切でしょう。児童相談所や乳児院など里親支援を担当する職員に相談することが難しい場合は，子どもの問題だけでなく良いところや生活を通して嬉しかったところを普段から伝えることが重要です。普段の里親家庭の様子を児童相談所や関係機関が共有することができると，包括的な里親支援ができるでしょう。また，里親と子どもとの問題が深刻になってしまった場合は，**レスパイト・ケア**や児童相談所での一時保護を通して冷却期間を設けるという方法もあります。

③ 里親の支援の現状と課題

以上のような事例をみても里親として子どもを委託し，養育することにはさまざまな難しさがあります。最後に，今後の里親養護が抱える課題を考えてみましょう。冒頭にも述べたように，今後は里親養護の比率は増加していくことが予想され，言い換えれば里親の数も増えていくといえるでしょう。そこで考えなければならないことは，里親養護の質を低下させることなく里親委託数を増やすことはできるのかということです。たとえば，里親登録の際の手続きを簡素化してしまうと，里親になりやすくなる一方で困難な問題を抱えた子どもに対する支援がおろそかになってしまう可能性もあります。児童相談所のみならず，乳児院をはじめとした施設養護と家庭養護との連携を深め，里親の養成や支援を手厚くしていくことが今後の社会的養護において重要です。

（高田俊輔）

▷3　レスパイト・ケア
レスパイトとは小休止という意味。里親家庭がさまざまな理由から子どもと距離を置いて冷却期間を設ける必要がある場合，他の里親や乳児院，児童養護施設に一度預けることが可能である。

3 養子縁組制度の現状と課題

養子縁組制度の概要と現状

○普通養子縁組と特別養子縁組

　養子縁組をすると，養親と養子に法的な親子関係が生じます。したがって，養子が未成年の場合は，養親には親権が発生することになります。これが里親と大きく異なる点です。

　日本の養子縁組制度には，普通養子縁組と特別養子縁組があります（表Ⅶ-1）。普通養子縁組というのは通称で，正確にいうと，養子縁組のなかに特別養子縁組があり，区別するために，特別養子縁組でないものを普通養子縁組と呼んでいます。

　養子縁組制度は民法に規定されており，普通養子縁組は，当人同士が同意して，役所に養子縁組届を届け出れば成立します。養親は成人していれば独身者でもよく，養子は養親より年下で，未成年の場合は家庭裁判所の許可が必要です。

　特別養子縁組は1988年に新設された制度で，普通養子縁組は目的を問わないのに対して，特別養子縁組は子どもの福祉に限定されています。「父母による養子となる者の監護が著しく困難又は不適当であることその他特別の事情がある場合において，子の利益のため特に必要があると認めるときに，これを成立させるものとする」とあります（民法第817条の7）。

　普通養子縁組は，相続のため，いわゆる家（墓や財産，家督など）の継承のため，親族関係をつくるため（例えば内縁者と，同性パートナーと）など，目的は問いません。実方との親族関係は継続し（つまり扶養義務や相続権等も継続し），養子縁組を離縁することもできます。制度が始まって30年間，子どもの年齢は6歳未満（6歳未満から養育していた場合は8歳未満）に限定されていましたが，上限を15歳まで引き上げる改正案が2019年に成立しました。普通養子縁組と異なり，養親になることができるのは夫婦に限られ，実親（生みの親）側との親族関係は終了し，原則として離縁はできません。

　特別養子縁組は，「父母による養子となる者の監護が著しく困難又は不適当」（あるいは特別な事情）という条件があり，要保護児童，要支援児童を念頭に置いていることがわかります。普通養子縁組は社会的養護と関係ないのかというとそうではなく，里親委託されていた子どもが特別養子縁組の年齢を越えたた

▷1　養子になる人が，養親になる人またはその配偶者の直系卑属の場合は，家庭裁判所の許可は必要ない。たとえば，祖父母が孫を養子にする場合，配偶者の連れ子と養子縁組する場合など。未成年者の普通養子縁組の場合，親権者（あるいは未成年後見人）が子どもに代わって承諾するが，子どもが15歳以上の場合は，代諾者の承諾は必ずしも必要ではない。

▷2　例えば代理出産で生まれた子どもが，遺伝的親であり代理出産の依頼者である養育者と特別養子縁組した事例，誰からも認知されていない婚外子である連れ子との特別養子縁組を認容した事例などがある。

表Ⅶ-1 2種類の養子縁組

	普通養子縁組	特別養子縁組
縁組の目的	目的は問わない。例えば，子連れ再婚の場合に，法的親子関係をつくる，婿養子，姓や家の継承など。右の目的で普通養子縁組をすることもある。	子どもの福祉。
縁組の要件	養親は成人で養子以上の年齢であること。養親は，養子の嫡出子または養子でないこと。養子の年齢：制限なし。父母の同意：子が15歳未満の場合は法定代理人が代諾縁組する（親権者，後見人，施設長等）。	養親：婚姻している夫婦（単独不可）。年齢は夫婦の一人が25歳以上。養子の年齢：申立時に6歳未満が15歳未満にひきあげ（審判確定時に18歳未満）。父母の同意：必要（遺棄，虐待，意思表示困難の場合は不要）。縁組の必要性が要件：父母による養育が困難・不適当で，縁組が子に特別の利益になる場合のみ。
縁組の手続き	当事者の合意（契約）により成立。自己または配偶者の直系卑属以外の未成年者を養子とする場合は，家庭裁判所の許可を必要とする。15歳未満は親権者ないし未成年後見人の代諾が必要。	養親が家庭裁判所に申し立てて，家庭裁判所による認容の審判が必要（6ヶ月の試験養育期間の状況を考慮）。原則として実父母の同意が必要。（ただし，実父母が意思を表示できない場合や実父母による虐待など養子となる者の利益を著しく害する理由がある場合は，この限りでない）。
離縁	当事者の合意によりいつでも可能養親または養子により申立（15歳未満は法定代理人）。	原則としてできない。養親からの縁組の解消はできない。養親による虐待，悪意の遺棄など養子の利益を著しく害し，実父母が相当の看護をすることができる場合のみ，家庭裁判所の審判により離縁することができる。
縁組による父母，血族親族との関係	存続する。	終了する。
戸籍への記載	続柄は養子（養女）。実親の名前が記載される。	長男，長女等（事項欄に記載はあり）。実親の名前は記載されない。

出所：筆者作成。

めに普通養子縁組をしたり，委託児が成人して裁判所の許可が必要なくなってから里親と普通養子縁組をすることもあります。

○養子縁組の支援，仲介

子どもの福祉のために，養子となる子どもと養親になりたい人を仲介することを業とするのは，児童相談所と民間あっせん機関です。[3]

特別養子縁組が法制度化されて以降，民間あっせん機関は，社会福祉法の第二種社会福祉事業として都道府県知事に届出，児童福祉法に基づいて非営利で業を行うこととされてきましたが，民間あっせん機関の養子縁組に関する法律が独立して成立して，2018年から都道府県の許可制になりました。[4]

2 養子縁組制度の将来像

日本も批准している国際連合（国連）の子どもの権利条約では，第20条で家庭養護優先を謳っています。すなわち，「一時的若しくは恒久的にその家庭環

▷3 業とせず，1回限りの仲介はあっせん業の許可を得る必要はない。

▷4 「民間あっせん機関による養子縁組のあっせんに係る児童の保護等に関する法律」（2016年法律第110号，通称養子縁組あっせん法，2018年4月1日施行）

▶5　二段階同意は，特別
養子縁組審判における実親
の同意を二段階に分けるこ
とである。第一段階では，
実親の養育可能性が審議さ
れる。実親はこの段階で養
子縁組の同意を表すが，従
来は養子縁組の手続きが完
了するまで同意を撤回でき
たのが，一定期間後は撤回
できなくなった。第二段階
では，養親候補者の適格性
が審議され，実親は関与し
ない。
　児童相談所長による申立
は，養親の手続き負担を減
らす目的があるが，養親が
申立をしない場合に児童相
談所長が申し立てることも
できるようになる。
　欧米では国家が子どもの
後見人になったり，裁判所
が養育に関する命令を出し
ます。親権に関する仕組み
が異なるので，同じ制度に
することは困難だが，養子
縁組の障壁を取り除くため
の法制度改革である。

▶6　「養子制度等の運用
について」（厚生労働省，
2002年通知）では，生みの
親からの相談，養親希望者
からの相談，委託，家庭裁
判所との協力などについて
指針と手順を示している。
「新しい社会的養育ビジョ
ン」では，永続的解決とし
て特別養子縁組の推進が謳
われ，5年以内に2倍にす
ること，そのために制度改
革をすることが目標として
示された（厚生労働省設置
の新たな社会的養育の在り
方に関する検討会，2017
年）。

境を奪われた児童又は児童自身の最善の利益にかんがみその家庭環境にとどまることが認められない児童は，国が与える特別の保護及び援助を受ける権利を有」し，本条約の締結国は「児童のための代替的な監護を確保する」こと。その監護は「特に，里親委託，イスラム法のカファーラ，養子縁組又は必要な場合には児童の監護のための適当な施設への収容を含むことができる。解決策の検討に当たっては，児童の養育において継続性が望ましいこと並びに児童の種族的，宗教的，文化的及び言語的な背景について，十分な考慮を払うものとする」とあり，代替養育は里親または養子縁組という家庭養育が原則で，施設養育は必要な場合に限られること，「継続性が望ましい」ことから，「恒久的に家庭環境が奪われた児童」は少なくとも，里親より養子縁組が優先されるべきだということがわかります。

　養子縁組支援は，このように，継続性，言い換えれば，パーマネンシープランニング（permanency planning）の原則に基づいた，社会的養護の重要な選択肢になっていくでしょう。パーマネンシープランニングとは，永続的養育計画，恒久的養育計画と訳され，養育者や養育環境が永続的であることを重視して立てられたケアプラン（支援計画）のことを言います。里親や施設は一時的な滞在であり，子どもが大人になっても関係性が継続するような，実親やその親族等による養育（たとえばキンシップケア）か，養子縁組を優先すべきという考え方です。

　養子縁組の障壁を取り除いていくために，二段階同意や，児童相談所長による特別養子縁組の申立など，制度が変更，検討されつつあります。

③　養子縁組制度の今後の課題

　原則的に離縁できない法的親子関係が構築されますので，丁寧なケースワークが求められますが，同時に養子縁組が適当な子どもには積極的に活用することが必要です。国は先にあげた里親ガイドラインや「新しい社会的養育ビジョン」のほか，「養子制度等の運用について」等の通知で，養子縁組の利用を周知しています。

　今後は，民間の養子縁組機関，女性福祉（DV相談，生活困窮相談等），産科医療など関係する多くの機関との連携や，出自を知る権利に伴う情報開示とその際の心理的支援，思春期相談などの養子縁組後の支援が課題になっています。

○喪失体験のケア

　養子縁組は，子の利益になるから認容されるものですが，それでも，養子になった人は生みの親に育てられなかった喪失を，養親は生めなかった喪失を，生みの親は子を育てられなかった喪失を経験しているといわれます。養子，養親，生みの親の三者（トライアングル）それぞれへの支援が必要です。

◯告知（テリング）と出自を知る権利およびリユニオン

先にあげた国連の子どもの権利条約は，第 7 条に「できる限りその父母を知りかつその父母によって養育される権利を有する」と，出自を知る権利を謳っています。

子どもと誠実に向き合うために，子どもに出生の経緯を偽らずに伝える「告知（テリング）」が推奨される傾向にありますが，経験を共有したり，相談できる場所が必要です。子どもにとっては，ただ出生の経緯を知るだけでなく，生みの親や親族，自身の出生の背景について知りたいというニーズも生まれるかもしれません。出自を知る権利をどのように保障するか，記録の開示をどうするかも課題です。生みの親やその親族を探したい，連絡を取りたい，場合によっては会いたい，付き合いを続けたいというリユニオンのニーズにどのように応えるか，仕組みや当事者の支援をどうするかも，大きな課題です。

養子縁組には，養子になった人，養親，生みの親，それぞれの人生にわたるニーズと課題がありますから，長期的な支援が必要であり，ポストアドプションサービス（養子縁組後のサービス）など，養子縁組後に焦点をあてたサービスが求められるでしょう。

◯生みの親の支援

子どもの権利条約に，生みの親に育てられる権利が最初に書かれていたように，まずもって，生みの親やその親族が育てられるよう，彼らを経済的に，非経済的に支援することが必要です。生みの親が養子に託した場合も，生みの親が自立でき，人生を構築できるような，福祉やサービスが求められます。

（白井千晶）

▷7 『養子縁組の再会と交流のハンドブック──イギリスの実践から』に，方法や当事者が経験したことが詳しく述べられている。

（参考文献）

リズ・トリンダーほか著，白井千晶（監訳）『養子縁組の再会と交流のハンドブック──イギリスの実践から』生活書院，2019年.

事例で学ぶ養子縁組の実際

① 養子縁組里親の登録から委託までの概要

養子縁組の仲介・支援は，民間の養子縁組機関もしますが，ここでは主に児童相談所による養子縁組里親への委託について学習します。

○養育里親への委託との違い

▷1　里親の類型
⇨ Ⅶ-1 参照

里親には，養育里親，養子縁組里親，専門里親，親族里親の４種があることはすでに学習しました。里親認定（登録）までのプロセスは，養育里親と養子縁組里親は同じで要件の違いもありません。自治体によって，養育里親と養子縁組里親，両方に登録できるところと，どちらかを選択するところがあります。

従来から養子縁組里親への委託は実施されていましたが，2016年の児童福祉法改正で，養子縁組に関する相談・支援が児童相談所（都道府県）が行うべき業務として明確に明記されました。また，この改正で養子縁組里親が法定化し，2009年から義務化していた研修も法定化されました。

▷2　2016年の児童福祉法改正では，養子縁組里親の欠格要件や名簿への登録についても規定されました。

養子縁組里親に委託されるときには，里親手当はありません。一般生活費は他の里親委託と同様に支給されます。養子縁組が確定したら，この支給も終了します。民間の養子縁組機関の場合は，法令に基づいて養親希望者の要件を確認し，独自に研修を実施して養親候補者とします。民間から委託を受けても一般生活費の支給はありません。また諸経費や手数料がかかります。

○養子縁組里親への委託

▷3　厚生労働省通知「里親委託ガイドライン」（2018年３月30日改正）

養子縁組は原則的に生涯にわたって親子関係が継続します。そのため，長い子育てを見越して，経済力，年齢などを考慮しながら委託を進めていく必要があります。厚生労働省の「**里親委託ガイドライン**」では「子どもが20歳に達した時に，里親の年齢が概ね65歳以下であることが望ましい」とされています。親の体力や健康だけでなく，一般的な定年退職の年齢を考慮してガイドラインが作成されたことが推察されますが，実際には，ケースごとに裁判所が判断します。

② 養子縁組里親の支援の実際（事例）

○養子縁組里親への委託の実際

他の社会的養護ではなく養子縁組が子どもの最善の利益になることを見極めていくことが必要です。遺棄児，保護者の死亡，実親に支援があったとしても恒久的に実親が育てる見込みがほとんどなく，他に養育できる親族等がいない

場合には，養子縁組を前提とした委託が有用です。

　「里親委託ガイドライン」には，妊娠中からの相談や出産直後の相談に応じ，養育できない，養育しないという保護者の意向が明確な場合には，出産した病院から直接，養子縁組里親に委託する養子縁組前提の委託が有用だと示されています。妊娠中からの相談の内容は，出産費用がない，妊婦健診を受診していない，母子健康手帳を取得していない，帰住先がない，家族や学校と調整が必要など，他機関と連携が必要な場合があります。父母に対しては，養子縁組と里親・施設養育の違いや特別養子縁組は子と生みの親側の親族関係が終了するものであることを十分に説明する必要があります。民法817条の6には，「養子となる者の父母の同意がなければならない。ただし，父母がその意思を表示することができない場合又は父母による虐待，悪意の遺棄その他養子となる者の利益を著しく害する事由がある場合は，この限りでない」とあります。原則として父母の同意が必要ですが，遺棄児や父母が行方不明で父母の同意が得られない場合も，特別養子縁組は成立します。

　養育里親として受託し，しばらく養育したけれども，子の父母の養育の見込みがなく，父母が同意した場合等に，特別養子縁組や普通養子縁組をすることもあります。里親と子どものマッチング，交流については，養育里親委託とほぼ同じです。ただし養親希望者は，養子縁組が成立したら原則的に離縁できないこと，子どもの疾病や障害の可能性があることなどを十分に理解する必要があります。国の里親委託ガイドラインでは，親子の長期的な関係を見据え，養親希望者が一定の年齢に達していること，共働き，疾病への罹患だけをもって排除しないこととされています。

　児童相談所が委託する場合は里親委託として措置しますが，民間の養子縁組機関の場合は，当事者の同意に基づく養育になります。児童福祉法第30条第1項に基づき，四親等内の子ども以外の子どもを3ヶ月（乳児は1ヶ月）を越えて同居させる意思がある場合は，養育者は，同居から3ヶ月（乳児は1ヶ月）以内に，都道府県知事（役所）に「同居児童の届出」をする必要があります。

　養親希望者は，管内の家庭裁判所に特別養子縁組を申し立てます（普通養子縁組の場合は許可を求めます）。児童相談所や民間の養子縁組機関は，家庭裁判所に経緯や状況について調書等の提出をしたり照会を受けたりします。特別養子縁組には，6ヶ月以上の試験養育期間が必要で，実父母やその家族の同意や環境の確認（家庭裁判所の調査官が行います），養親希望者の養育の様子や環境の確認（これも調査官が行います）を経て，裁判官が判断します。

　縁組が成立後も，**告知**について同じ立場の人から経験談を聞いたり，悩みや不安を分かち合ったり，遺伝的つながりについて葛藤したりすることが考えられるため，里親会や里親サロン，児童相談所の相談，民間機関の養親子の会などを活用しながら，長期的な関係継続が必要です。　　　　　　（白井千晶）

▷4　実親が明確に「同意しない」と意思を示していたけれども，子どもの利益を考えて，養育していた申立者との特別養子縁組が認容された審判があります（2014年2月10日決定，宇都宮家庭裁判所）。

▷5　告知
この場合は，親子になった経緯，子どもの出生の経緯などを本人に伝えること。

ファミリーホームの現状と課題

① ファミリーホームの概要と現状

○ファミリーホームの法的位置づけと目的

　ファミリーホームは，2008（平成20）年の児童福祉法改正により，第二種社会福祉事業の「小規模住居型児童養育事業」として制度化されました（児童福祉法第6条の3第8項）。養育者の家庭に子どもを迎え入れ，家庭における養育環境と同様の養育環境において養育を行う家庭養護の一環として，要保護児童の養育に関し養育里親として相当の経験のある者が，5人または6人の子どもの委託を受け，この事業を行う住居において養育にあたるというものです。子ども間の相互作用を活かしつつ，子どもの自主性を尊重し，基本的な生活習慣を確立するとともに，豊かな人間性および社会性を養い，子どもの自立を支援することを目的とします。2020（令和2）年3月末現在の設置数は417か所，委託児童数は1,660人となっています。

○ファミリーホーム事業者および職員

　ファミリーホーム事業者は，都道府県知事（指定都市及び児童相談所設置市にあっては，その長とする）が適当と認めた者となっていますが，3つの形態があります。①養育里親（専門里親を含む）として委託児童の養育の経験を有する者が，養育者となり，自らの住居をファミリーホームとし，自ら事業者となるもの，②児童養護施設等の職員の経験を有する者が，養育者となり，自らの住居をファミリーホームとし，自ら事業者となるもの（当該児童養護施設等を設置する法人が支援を行うものを含む），③児童養護施設等を設置する法人が，その雇用する職員を養育者とし，当該法人が当該職員に提供する住居をファミリーホームとし，当該法人が事業者となるものです。

　ファミリーホームには，2人の養育者（配偶者）および1人以上の補助者（養育者が行う養育について養育者を補助する者をいう。以下同じ。）を置かなければなりません。あるいは，委託児童の養育にふさわしい家庭環境が確保される場合には，1人の養育者及び2人以上の補助者とすることができます。養育者は，当該ファミリーホームに生活の本拠を置く者でなければならず，養育者は，①養育里親として2年以上同時に2人以上の委託児童を養育した経験のある者，②養育里親として5年以上登録し，かつ通算して5人以上の委託児童の養育経験のある者，③児童福祉施設等において子どもの養育に3年以上従事した

▷1　社会福祉法第2条第3項に定められている社会福祉事業である。第一種社会福祉事業に比べ，強い規制や監督が必要とみなされていない事業とされ，経営主体についても明確な制限はない。

▷2　「要保護児童」とは，保護者のない児童または保護者に監護させることが不適当であると認められる児童をいう。

▷3　厚生労働省子ども家庭局家庭福祉課「社会的養育の推進に向けて（令和3年5月）」2頁.

者等と定められています。

○支援内容

委託された子どもたちの養育にあたっては，児童相談所がファミリーホームの養育者，委託される子どもとその保護者にあらかじめ意見を聴いて作成した自立支援計画に基づいて行われます。都道府県知事からの求めに応じ，子どもの状況等について定期的に（6か月に1回以上）調査を受けることとなっています。

ファミリーホームは家庭生活そのものであり，安定した関係性を築きやすく，また，多人数を養育することで，きょうだいの経験ができ，子ども同士の育ち合いがあります。加えて，養育者や子ども同士だけでなく，近親者，ボランティアなどいろいろな人が出入りするといった大家族の良さを味わえ，人と人とのふれあいのなか社会性を養う場を提供することができます。また，学校，児童相談所，児童福祉施設，要保護児童対策地域協議会等との連携をとり，子どもの状況に応じた養育を行っていくことが大切です。

② ファミリーホームの将来像

ファミリーホームは施設が小さくなったものではなく，里親のうち多人数を養育するものです。施策の上では，代替養育としての里親委託の増加だけでなく，子どもの24時間養育事業のなかでは唯一法人格をもたずとも民間人として認可される社会資源として，地域に認められ，その裾野が拡がっていくことが期待されます。また，多くの子どもを養育する里親は子育てのベテランとして，地域での子育ての核としての役割も担っていくことが望まれます。「家庭養育優先」の原則に基づき，代替養育が必要な子どもが実親との関係を再構築し，実家庭へ帰る，あるいは自立していくことを支援できるよう，養育者・補助者の資質向上と支援体制を整えていくことがますます求められています。

③ ファミリーホームの今後の課題

ファミリーホームは，要保護児童の養育経験のある者が養育者となっていることが背景にあるためか，里親に比べ，被虐待児や障害のある子どもの委託の割合が高くなっています。養育者及び補助者には，あらゆる背景やニーズのある子どもを養育する上での資質を得る必要がありますが，研修等の受講経験では，養育里親研修や子育て支援関連の研修が多く，特に補助者に受講経験が少ない傾向にあります。研修内容として，発達障害や障がい児への対応，子どもの心理支援，自立支援等を望む声や，補助者の要件に関する意見もあります。日本ファミリーホーム協議会では，2015年度に研修委員会を発足させ，ファミリーホームに特化した専門研修制度をつくり実施し始めています。資質を担保し，向上を図る制度や取り組みがますます求められています。　　（木村容子）

▷4　厚生労働省子ども家庭局・厚生労働省社会援護局障害保健福祉部「児童養護施設入所児童等調査」の概要，2020年（平成30年2月1日現在）.

▷5　みずほ情報総研株式会社「平成27年度先駆的ケア策定・検証調査事業ファミリーホームの養育実態に関する調査研究報告書」2016年.

▷6　『社会的養護とファミリーホーム』編集委員会『社会的養護とファミリーホーム　Vol. 8』2018年，124～138頁等.

事例で学ぶファミリーホームの実際

 ファミリーホームの登録から委託までの概要

　ファミリーホーム（小規模住居型児童養育事業）は，第二種社会福祉事業に位置づけられており，資格要件・養育者数・家屋の要件等を満たし，行政（都道府県・政令指定都市）に届け出て，承認されることで，開設に至ります。

　児童の養育委託（措置）は，児童相談所が行います。養育委託までの経緯は自治体によってさまざまです。当ホームを所管する千葉県は，6ヶ所の児童相談所があり，2019年4月1日現在で15ホームのファミリーホームが開設されています。県内のファミリーホームは，定期的・継続的に相互支援・情報交換を行っており，児童相談所とも連携をしています。児童相談所は，ファミリーホームへの養育委託・一時保護委託が適当な児童があった際，適当なファミリーホームに受け入れの打診を行います。打診を受けたファミリーホームは，ホーム内で受け入れの可否を検討し，児童相談所に回答します。一時保護委託の場合は展開が早く，児童や家庭に関する情報があまりないなかで児童の委託を受け，委託中に情報を整理して今後の見通しをたてていくということも少なくありません。養育委託の場合は，児童相談所の担当者から児童・家族の状況・経緯等について詳しい説明があって，ファミリーホームの養育者が児童と面会したり，児童が当該ホームを見学したりしながら，養育委託の日程や支援方針・関係機関との連携等を調整していきます。また，委託後の不調を予防していく観点から，委託後の児童の生活に関わる関係者が顔を合わせ，情報交換・役割分担を行う「里親等応援ミーティング」を行っています。

2　ファミリーホームの支援の実際（事例）

　ファミリーホームの暮らしぶりは，ホームによってさまざまであり，同じホームでも時期・構成メンバーの状況によって大きく変化します。ここでは，あるファミリーホーム（以下，当ホーム）の生活の様子の一端を紹介します。

　当ホームは，基本的に夫婦で養育を行っており，男性養育者の母親が時々，養育のお手伝いにきています。委託児童は，高校1年生（A）・特別支援学校の高等部1年生（B）・中学校2年生2名（C・D）の計4名（すべて女児）。3歳・1歳（ともに男児）の養育者の実子が一緒に生活しています。Aは感情の起伏が大きく，なかなか生活が整いません。夜中にホームを飛び出し，公園で泣いて

いるところに，女性養育者が赤ちゃんを背負ってなだめに行くこともありました。
Cもまた感情の起伏が大きく，心療内科で精神疾患と診断されました。学校での
友人関係から体調・生活が悪化し，不登校になりました。頑張って学校に行っ
た日に辛くなり，処方されていた薬をたくさん飲んでしまい，救急で医療機関
を受診，その後しばらく入院をすることもありました。BとDは，姉妹。Bは，片
道1時間半をかけて電車を乗り継ぎ，学校に通っています。夕食の残り物や冷
凍食品などを自分で詰め，弁当の準備をしています。入浴時間が長くなってしま
い，他の子がお風呂に入れない事態もあり，お風呂の時間や順番について話し
合いになることもありました。Dは，中学校1年の時に生育歴や自信のなさ等
から，登校渋りや自傷行為がありましたが，ボランティアや学校行事への参加
から徐々に自信をつけ，頑張って安定して登校できるようになりました。共に
暮らしているなかで起きるいろいろな出来事を通して，子どもたちも養育者も
共に成長していきます。時間をかけて，じっくりと関わっていけることが，ファ
ミリーホームの良いところだと思います。子ども同士での支え合い・励まし合い。
支援機関が企画する行事への参加。支援者に来てもらって養育者の相談にのっ
てもらったり，子どもとの関わりをもってもらったり。子どもの育ち・育てに
関わる関係者の皆さんに支えてもらっています。近所のおじさん・おばさんの
「いってらっしゃい」「畑で野菜が取れすぎたから，持っていってよ」などの何
気ないあたたかい声かけに，心がホッコリします。当ホームは，毎年，夏休み
に開催されているファミリーホームの全国大会に，ホーム全員で参加していま
す。普段は皆がそろうことが少ないなか，新幹線や時には飛行機を使い，大家
族旅行に行くことが夏休みの恒例行事になっています。非日常のなかで，子ど
も同士の支え合い等，普段は気づかなかった成長を感じることも多いです。

③ ファミリーホームの支援の現状と課題

　社会的養護の取り組みのなかで，家庭養護（里親・ファミリーホーム）推進の
流れがあり，従来の行政による里親支援や里親会による相互支援に加えて，民
間の相談支援機関が里親支援に入ってくれたり，児童福祉施設に里親支援の専
門職が配置されたりと，里親等の支援機関は増えてきています。一方で，支援
者は「ファミリーホームに，どのような支援が必要なのか」手探りの状態であ
り，ファミリーホームの方も「支援機関は，何をしてくれるのか」が共有され
ていない印象があります。さまざまな支援が展開されていくなかで，困った状
況になる前に良かった支援が共有され，周知されるようになることが望まれま
す。家庭養護の現場と支援機関が意見交換・情報交換をし，支援の質を充実さ
せていく機会が必要であると考えます。また，社会の多くの人にファミリーホー
ムのことを知ってもらい，子どもたちが生活する場の1つとして，広く理解
されるようになると良いと思っています。　　　　　　　　　　　（平林智之）

7 里親会による里親の支援

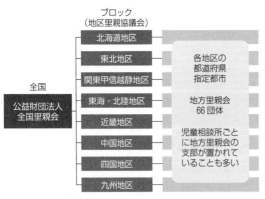

ブロック
（地区里親協議会）

全国
公益財団法人
全国里親会

北海道地区
東北地区
関東甲信越静地区
東海・北陸地区
近畿地区
中国地区
四国地区
九州地区

各地区の
都道府県
指定都市

地方里親会
66団体

児童相談所ごと
に地方里親会の
支部が置かれて
いることも多い

図Ⅶ-2　里親会の組織図

 里親会の概要

　里親会は，里親希望者の開拓，養育技術の向上，里親制度の普及発展などを目的に活動している，里親の当事者団体です。**公益財団法人全国里親会**▷1（以下，全国里親会）と，都道府県・政令指定都市単位の**地方里親会**（**地域里親会**）▷2 66団体があり，地方里親会は8つのブロック（地区里親協議会）に分かれています（図Ⅶ-2, 2021年9月現在）。

2 里親会の活動とピアサポートの実際

　全国里親会は，里親制度に関する調査研究，里親の育成（全国里親大会の開催や地区別里親大会への協力），里親制度の普及啓発（「里親だより」「ZENSATO Monthly」の発行やHPの管理更新，メーリングリストを通じた情報交換），里親に対する表彰，里親制度や里親会活動に関する相談指導，関係機関との連絡調整や要請活動，里親賠償責任保険の代理業務などを実施しています。一方で，多くの地方里親会は**研修会**▷3や**親睦会・交流会**▷4を通じて，里親の養育技術の向上や，里親・委託児童と児童相談所職員，里親支援専門相談員など関係者との交流促進を図っています。また，出前講座や里親制度の説明会，里親会の入会勧誘などの啓発活動にも力を入れています。

　地方里親会の多くは，**ピアサポート**▷5の場として里親サロンを開催しています。里親サロンとは，養育に関する悩みなどを里親同士で話し合うことにより，困難を共有し，課題解決を図る場のことです。里親サロンは，児童相談所や社会福祉協議会などの公共施設における対面実施，またはオンラインミーティングツールを使って定期的に開催され，1〜2時間ほど語り合うことが一般的です（図Ⅶ-3）。進行役のファシリテーターが里親サロンの基本的なルールを説明し，参加者が自己紹介と近況について話すことから里親サロンは始まります。その後，自由な話し合いのなかで，委託児童の養育，学校生活，進学や就職，関係機関との連携，里親支援の利用などに関する悩みや不安が出てきたら，全員でその内容を共有し，解決の糸口を共に探っていきます。

▷1　**公益財団法人全国里親会**
1954年に任意団体・全国里親連合会として発足。1971年に財団法人全国里親会と改称，2011年に公益財団法人となる。団体・個人・賛助会員で構成され，年会費と補助金，寄付金が主な収入源。総会，理事会，評議会，事務局が運営を担う。毎年，全国里親大会を開催している。

▷2　**地方里親会（地域里親会）**
里親登録数が急増した1950年代頃から徐々に各地で結成された。法人格の有無，入会条件や会費，運営体制，活動内容など，会により多様である。多くは児童相談所や社会福祉協議会に事務局が置かれている。

▷3　**研修会**
里親委託児童の養育事例や里親制度の最新動向などをテーマに，外部講師や経験豊かな先輩里親などを招いて行われることが多い。

③ 里親会の現状と課題
──里親養育包括支援機関（フォスタリング機関）としての期待

近年，社会的養護のあり方が大きく変わろうとしています。里親開拓等の**里親支援業務**[▷6]は，国が全国里親会を通じて地方里親会に委託し実施されるのではなく，地方自治体が里親養育包括支援機関（フォスタリング機関）に業務を委託するかたちで行われることになりました。児童福祉施設，児童家庭支援センター，NPO法人なども里親支援業務を担うこととなり，里親会の役割が見直される時期に来ています。

里親会の強みとは何でしょうか。それは，当事者団体であること，すなわち里親の立場に最も近い存在であるということです。里親養育包括支援機関は，**チーム養育**[▷7]の要となり，里親との信頼関係を構築しなければなりませんが，里親会はまさに里親の側に立った支援を行うことが可能です。従来の里親サロンと，養育中の里親向けの研修に加え，児童福祉施設や先輩里親宅訪問などを含む未委託里親に対する研修や，委託直後の里親に対する訪問支援など，さまざまな支援プログラムを実施することが期待されています。また，2020年春以降，新型コロナウィルスの流行によって対面での実施が困難になるなか，オンラインミーティングツールやSNSを使った新たな研修，支援の方法が模索，試行されています。

こうした里親支援事業を地方里親会が積極的に担うためには，運営基盤の充実が不可欠です。ところが，地方里親会に加入している里親は約半数に留まっており，財政状況や運営体制に困難を抱える会もあります。里親と委託児童のニーズを活動内容に反映して会員を増やしたり，家庭養護の重要性を訴えて助成金や寄付金を充実させることが地方里親会の課題となっています。他方，全国里親会は，地方里親会の活動を支えなければなりません。地方里親会が里親養育包括支援機関の指定を受けられるように活動資金を提供したり，地方里親会の間の情報共有を促して新たな活動を生み出したりすることが不可欠です。さらに，社会的養護の現状分析や基礎的研究の推進，国際連合や他国の動向調査なども期待されます。今後の社会的養護のあり方を積極的に提言するとともに，政策に里親自身の声を反映させることが求められています。　　　（田中友佳子）

図Ⅶ-3　里親サロンのイメージ

中央のファシリテーターを囲んで参加者が座っている。2020年春以降，人数制限やマスク着用，飲食禁止などCOVID-19感染対策を十分にした上での対面実施，あるいはオンラインで開催されている。

▷4　**親睦会・交流会**
小旅行やキャンプ，夏祭り，秋の収穫体験，クリスマス会，誕生日会，餅つき大会などが主に開催されている。

▷5　**ピアサポート**
同じ悩みや不安を抱え，立場や境遇の似た仲間（peer）同士で困難な体験などを共有し，助け合うこと。

▷6　**里親支援業務**
里親のリクルート，研修，マッチング，養育中や委託解除後の里親支援支援など，質の高い里親養育のためのさまざまな支援のこと。

▷7　**チーム養育**
里親養育包括支援機関と里親は，チームを組んで里親委託児童の養育にあたる。保育所や学校，医療機関，乳児院，児童養護施設などの関係機関は「応援チーム」に位置づき，里親養育の理解と支援が求められる。

参考文献

公益財団法人全国里親会ホームページ
https://www.zensato.or.jp

木ノ内博道「里親会の現状と里親支援機関の可能性」庄司順一他編『社会的養護シリーズⅠ　里親養育と里親ソーシャルワーク』福村出版，2011年，127-138頁.

三輪清子編『里親サロンと里親研修：里親サロン運営マニュアル』全国里親委託等推進委員会，2015年.

全国里親会中長期ビジョン策定検討委員会『全国里親会中長期ビジョンに関する報告書』公益財団法人全国里親会，2016年.

厚生労働省通知「フォスタリング機関（里親養育包括支援機関）及びその業務に関するガイドライン」2018年.

8 施設と里親の連携の現状と課題

▷1　家庭的養護と家庭養
護
2011年の「社会的養護の課
題と将来像」では，里親な
どを「家庭的養護」として
位置づけていたが，その後
2012年の第13回社会保障審
議会児童部会社会的養護専
門委員会において「家庭養
護と家庭的養護の用語の整
理について」が発表され，
里親やファミリーホームを
「家庭養護」，施設養護を小
規模化し家庭的な養育環境
をつくることを「家庭的養
護」と呼ぶことが提起され，
現在ではこれに基づき里親
等は「家庭養護」とされて
いる。

▷2　家庭体験事業
正式には，厚生省児童家庭
局長通知（昭和62年5月20
日児発第450号）「児童福祉
施設（児童家庭局所管施
設）における施設機能強化
推進費について」の第3の
3に規定されている「施設
入所児童家庭生活体験事
業」のこと。「児童養護施
設等の入所児童を週末及び
夏季休暇等の連続した休暇
の期間等を利用して，委託
家庭において家庭生活を体
験させることにより，社会
性の涵養，情緒の安定，退
所後の自立を促進するこ
と」を目的としている事業。
施設長が必要と認めた子を
対象に，夏季冬季の長期休
み中，里親の協力を得て，
家庭体験事業を行っている。

1 里親支援専門相談員の概要

　日本の社会的養護のあり方に大きな影響を与えた「児童の代替養護に関する
指針」が2009年11月に国連総会で採択されました。2011年1月社会的養護のあ
り方検討委員会が発足し，同年3月に「里親委託ガイドライン」のなかで，里
親委託優先の原則が明記されました。更に同年7月「社会的養護の課題と将来
像」のなかで，**本体施設・グループホーム・家庭的養護**を概ね3分の1ずつと
いう姿に変えていくとの目標が掲げられました。施設に地域支援の拠点機能を
もたせ，里親やファミリーホームへの支援体制の充実を図るとともに，施設と
里親との新たなパートナーシップを構築するため，2012年度より児童養護施設
や乳児院に里親支援専門相談員が配置されることになりました。役割は（a）
所属施設の児童の里親委託の推進，（b）退所児童のアフターケアとしての里親
支援，（c）地域支援としての里親支援です。施設から里親への移行支援，里親
候補者による施設入所児童の週末里親の調整（**家庭体験事業**），**里親施設実習**の
受け入れや研修，レスパイト等の，施設機能を活かした支援のほか，児童相談
所の里親担当職員や里親委託推進員と連携し，訪問相談や電話相談等，施設の
視点から離れ，里親と子どもの視点に立った里親支援を行います。また，NPO
や児童家庭支援センター，里親会等の里親支援機関と連携・分担して，里親の
新規開拓，里親委託の推進，里親サロンの運営，里親会の活動への参加勧奨お
よび活動支援，アフターケアとしての相談業務等を担います。

2 施設と里親の連携における施設の課題

　児童福祉法の改正や「新しい社会的養育ビジョン」（2019年）は，これまで，
日本の社会的養護の約9割が施設養護に集中していたものを，里親やファミリ
ーホームでの養育にシフトしていこうというものです。そして，家庭養育優先
の原則を推進していくための数値目標が示され，里親の登録及び委託先を増や
していく方向性が明確に打ち出されました。とりわけ，就学前の子どもは原則
として新規での施設入所措置を停止し，里親に措置をするという方針は，議論
を呼びました。このようななか，施設は小規模化，分散化，多機能化を進めつ
つ，里親と新たなパートナーシップを構築するため，里親か施設かといった2
者の対立の形ではなく，施設と里親それぞれのもつ特性，強みを活かした連

携・協働体制について検討する必要があります。「できるだけ良好な家庭的環境とは何か」「施設の小規模化，分散化を実現していくために，職員集団があるからこそできる支援をどのように保ち，強化していくのか」「施設がこれまで培ってきた養育力を，地域の子育て力向上のために，どのように活かし，実践していくのか」「里親支援専門相談員を施設全体でバックアップし，どのように地域里親を支援していくのか」等，施設内で議論する必要があると考えます。

③ 里親と施設の相互理解・協働のための活動

里親のなかには，施設の集団生活のなかでの養育実践に対して，悪い印象をもっている方もいます。また，里親養育不調から，子どもが児童養護施設に入所するケースも一定数あるので，里親に対して不信感をもってしまう施設職員もいます。施設職員は，里親制度や里親養育について学び，すべての子どもには，家庭で生活する権利があること，家庭には子どもの暮らしの場として，他に代えることのできない特定の大人との濃密な人間関係や暮らしがあることを頭においておく必要があります。それとともに，家庭は非常に脆弱であること，問題が生じれば，お互いに傷つき，家庭崩壊に至るケースもあるということを理解する必要があります。施設職員は，家庭養育の脆弱さゆえに家庭で暮らすことのできない子どもたちに，できる限り家庭に近い環境を備えた施設養護を提供していくといった理解が必要であると考えます。

ともに社会的養護を担う里親と児童福祉施設職員は，日々の暮らしのなかで子どもの言動に思い悩むこともあるでしょう。子どもの発達，自立に向けた支援，実親との関係調整など，共通に学ぶべき課題もあるでしょう。お互いに語り合うことで共感できたり，学び合えたりすることが多くあると感じます。施設職員と里親が交流し，互いの実践を具体的に知り，弱点を指摘し合うのでなく，お互いを理解し，尊重し合える関係作りのために働きかけることが必要と考えます。

④ 里親支援専門相談員の支援スキルの向上

乳児院と児童養護施設に里親支援専門相談員が配置できることになりましたが，児童養護施設の場合，在籍児童の里親への措置変更ケースが少ないため，継続して実績を積むことができず，支援スキルが蓄積されにくい状況があります。また，里親に対しての支援役割が与えられず，里親とつながることが難しい地域もあります。支援経験豊富な職員がいないため，適切なスーパービジョンを受ける体制がありません。支援実績を積み，里親ソーシャルワークの専門性を高めるには，地域で里親支援専門相談員が活動できるシステムの構築と，研修や情報交換，里親支援における対応を協議できる機会の充実などの取り組みが重要です。

▶3　里親施設実習

2008年12月の児童福祉法改正により，養育里親の認定を受けるために研修受講が義務づけられた。養育里親研修は，基礎研修，認定前研修，更新研修に体系づけられている。里親施設実習は認定前研修カリキュラムの１つで，次の３点を目的としている。①「子どもと話をしたり，食事を与えたりするなどの関わりをとおして，子どもの生活を知り，関わりを学ぶ」，②「施設職員から子どもの発達や行動，関わり方について学ぶ」，③「子どもが里親に委託されてくる前に生活していることが多い施設という環境を知る」。

⑤　児童養護施設からの里親委託における移行支援

　施設から里親に措置変更する場合は，里親と子どもの関係構築，里親と施設の関係構築のため，子どもが施設から里親宅での生活に移るまでの「移行支援（マッチング）」を丁寧に実施していくことが重要と考えます。里親と子どもとの交流が始まる前に，施設職員と里親が良い関係を築くため，お互いをよく知ることから始めると良いと考えます。筆者は，里親と児相と施設職員の支援方針に大きな違いがあったこと，里親側の子ども受け入れ準備が，児相と施設の期待するものと大きく異なっていたこと等が原因で，里親子の交流がスムーズに進まないという経験をしました。里親と児相と施設職員との情報共有の場が少なかったこともあり，三者間の共通理解のもとにマッチングを進めることができず，不信感につながってしまったのです。その経験から筆者は，里親受託経験や，過去のマッチングの経験，子ども観や養育方針等を知り，里親と児相と施設の三者で共有して，里親家庭の状況にあったマッチング計画を立て，丁寧で配慮ある移行支援を行う必要性を強く感じました。

　施設から里親委託までのマッチングの期間中，子どもは生活が変わることや，施設の担当職員や一緒に過ごしてきた仲間との別れを意識するようになり，不安定になります。そのような状態の子どもの言動に，里親も担当職員も感情を揺さぶられることになります。担当職員は，自身とは違う里親の子どもへの関わり方が心配になり，そうした感情が子どもの支援に影響してしまう場合もあります。一方，里親は，委託後しばらくの間，子どもの施設に対する思いを受け止めるのに，心身共に大変な労力を必要とします。また，子どもの困った言動や癖の原因が施設養育の影響ではないかと思い，施設に対して不信感を抱くこともあります。このようなことが重なると，施設と里親との連携は難しくなる場合があります。

⑥　委託後の里親家庭支援

　筆者が関わった施設からの里親委託ケースは，委託後，学校適応の問題や，学習の遅れ等の課題が出てくると予想していました。里親家庭が子どもの入所していた施設から遠く離れていたので，手厚く行き届いた支援を筆者が継続して提供するには限界があると感じていました。そのため，里親家庭の地域にある児童養護施設の里親支援専門相談員に，委託後の支援を引き継ぎしました。予想していたとおり，子どもたちが小学校に入学すると，児童相談所の支援だけでなく，地域の教育相談や放課後等デイサービス，引き継ぎをした里親支援専門相談員が窓口になっている学習ボランティアの派遣等，多数のサービスを利用することになりました。入所していた施設からの支援を望まない里親が一定数いるということも念頭に置き，里親家庭の地域に詳しい支援機関や支援者

につなぎ，連携して支援していくことも重要と考えます。

⑦ 施設と里親の連携の実際

Aさんは，2歳の時，母が病死し，要保護児童となりました。そのため，一旦家庭から児童養護施設に入所し，3年後の5歳の時に，里親委託になりました。10歳の時，里親より「何度注意してもAさんが言うことを聞かない」と児童相談所に相談がありました。このときは，児童相談所の援助で里親委託が継続することになりましたが，12歳の時，里親より措置解除の申し出がありました。Aさんの生活態度の悪さと反抗的態度，里親がAさんの将来的な自立への見通しに不安を感じていること，養育に自信を失っていることが理由でした。そこで，幼少期に生活していた児童養護施設の施設長が「人間関係が壊れる前に施設に子どもを措置変更し，里親との関係を維持させたい」と提案し，施設へ再入所となりました。 そして，児童相談所からは「里親との関係を維持しながら，施設でも大事にされることで，助けてくれる大人がたくさんいることを体感させてあげてほしい。家庭体験事業等を利用し，里親と交流をもちながら，安心安全な集団生活の中で成長を支えてほしい」と援助指針が示されました。施設に再入所してからは，毎年，夏季冬季の長期休暇や週末時に里親宅に宿泊したり，学校行事や施設行事の日に里親を招待し，施設や学校で一緒に過ごしたりと，里親との交流を継続しました。就職し，施設を卒園した後も里親との関係を維持しています。

⑧ 里親不調による措置変更後の里親子支援

今後，施設からの里親委託件数が増えていくと，前述のようなケースが増えると感じます。里親委託が解除されてから，一定の冷却期間を置いた後に交流の再開を検討した方が良いケースもあります。しかし，一方で，子どもと里親のどちらかが望んだとしても，交流が認められないケースもあります。いずれにしても，里親養育が不調になり施設へ措置変更になることは，里親にとっても子どもにとっても傷つくことになります。子どもの話を一方的に聞く施設職員は，里親に対して否定的感情を抱いてしまうこともあります。このようなケースにおいても施設職員は，審判的な態度に陥らないように留意しながら里親に関わる必要があります。そして，子どもの将来を考えた時に，里親が施設職員とともに，施設退所後の自立を見届け，子どもの応援団の一人として関係を維持していけるような「里親子関係再構築支援」ができると良いと考えます。

（柴田弘子）

（参考文献）

荘司順一・鈴木力・宮島清編『里親養育と里親ソーシャルワーク』福村出版，2011年.

相澤仁・宮島清編『家族支援と子育て支援——ファミリーソーシャルワークの方法と実践』明石書店，2013年.

横堀昌子「里親支援機関事業の課題と展望——施設による里親支援の可能性」『児童養護実践研究』第1号，2011年.

櫻井奈津子「里親養育を支援するワーカーの専門性に関する一考察——マッチングの判断と養育プロセスにおける課題への対応を中心に」『児童養護実践研究』第2号，2013年.

第**3**部

社会的養護における支援の計画と記録
および自己評価

子ども理解（アセスメント）について

▷1　アセスメント
　⇨　Ⅺ-1，図Ⅺ-2 参照。

▷2　アセスメントシート
子どもの生育歴，家族関係（エコマップ，ジェノグラムなど），学校や地域との関係，疾病・障害，居住状況，家族の勤務状況，収入状況などが一般的な項目としてある。

▷3　計画等の作成
　⇨　Ⅷ-2 参照。

▷4　ナショナル・ミニマム
社会的に認められた国民の最低限度の生活のこと。近代の福祉国家が目指す一つの理念である。わが国においては，憲法第25条に生存権保障として規定されている。

▷5　糸賀一雄
戦後まもなく知的障害児施設「近江学園」，重症心身障害児施設「びわこ学園」を作り，「発達保障」の必要性を提唱した。糸賀の「この子らを世の光に」という言葉は，障害者福祉の理念の一つになっている。

▷6　加藤博史「ソーシャルワーカーによる実践の思想史的生成──社会環境を作り出す葛藤止揚過程としての〈自己決定〉への支援」岡本民夫監修『ソーシャルワークの理論と実践──その循環的発展を目指して』中央法規，2016年，32頁.

 ソーシャルワーク過程における２つのアセスメント

　アセスメント[1]とは，ソーシャルワーク過程における支援の開始期で行われる情報の収集とその分析を行うプロセスです。相談援助機関に持ち込まれた主訴（相談内容）に伴い，子どもや家族に関する身体的，精神的，社会的な情報に関して，一定の様式（アセスメントシート[2]）にまとめていく作業を一般的には指します。このアセスメントが土台となって児童相談所の「援助指針」，児童福祉施設の「自立支援計画」が策定され，関係諸機関・諸施設の支援が実際に展開されます。そして，途中経過を含め，支援の結果については，必ずモニタリング[3]（評価）が伴います。その結果，開始期のアセスメントに立ち戻って，計画の修正とその実施という局面もあれば，支援の終結とその評価という最終局面を迎える場合もあります。

　アセスメントという用語は一般的には，「評価」「査定」「分析」「予測」などの意味で用いられることが多いのですが，この意味に重きを置けば，支援の開始期から終結期までのすべてにわたってアセスメントがなされているという見方もできます。支援のすべての局面において，何らかの解釈，見立て，省察など評価の側面は存在します。

　そして，アセスメントを行う最も重要な目的は，クライエント（児童とその家族など）が生活をしていく上でのニーズを明らかにすることにあります。

 デマンド（欲求）とニーズ（要求）

　加藤博史は，ウェッブ夫妻の「ナショナル・ミニマム[4]」の思想を踏まえ，“あれが欲しい，これが欲しい”と次々に積み上げられる欲求を「デマンド」とし，〈その時代のその地域において，人としてふさわしい生活を送ることから欠けた部分への要求〉を「ニーズ」と整理しています。そして，糸賀一雄[5]のニーズが抑圧されたり，それをあきらめたりする人たちのことを念頭に“ニーズを育てる”ことの思想[6]を紹介しています。

　言葉の上では，デマンドとニーズは区別されます。しかし，個別的に見ていくと，そう簡単には割り切れないことが出てきます。たとえば，親の養育が期待できない児童養護施設の子どもが，授業料の高い医学部に進学したいという希望を出したとき，それがデマンドなのかニーズなのかの区分は難しく，また，

児童養護施設等入所児童に対する学習塾の費用は，貧困対策等の視点から学習支援として事業化されていますが，これはデマンドからニーズに変化したものと考えられます。あるいは，虐待のように子どもへの暴力を躾のままで位置づけていたら，社会的にニーズにならなかったものが，多くの子ども達の犠牲のもと，深刻なニーズとして認知されていったものもあります。

❸ ソーシャルワーカーのアセスメントとクライエント（児童とその家族など）のアセスメント

　具体的な支援活動に向けて，子どもや保護者の状況とそれを取り巻く環境を把握することについて，「対象者理解」という視点からアセスメントが語られます。しかし，アセスメントのもう一つの側面として，子どもや保護者がそれらの状況や環境をどのように捉えていくのかということが，当事者が主体的に取り組む問題解決にとってとても重要になってきます。支援者側がニーズの指摘のみに終始すれば，糸賀の "ニーズを育てる" ということに到達できません。

　虐待案件で，児童養護施設に保護されたとき，その子どもの安全確保は当面できます。しかし，問題はその先にあります。大人は都合よく子どもに暴力をふるう，大人や社会は信用できない，自分は親から愛される価値はない，自分が暴力をふるわれているのだから他者への暴力は許されるなどの「負の価値」から，社会は尊重に値する存在である，自分を大切してくれる大人がいる，他者は信用・信頼してよいなどといった回復と成長の物語（「正の価値」）を子ども自身がどのように描けるかがポイントになってきます。その子ども自身のアセスメント力が問われるのです。児童福祉施設や法制度などの「社会資源」だけでなく，その子ども自身（家族を含む）の内的資源（長所や強みなど）が回復と成長のためには不可欠な要素になってきます。加藤は，アセスメントの目的を「クライエントが自ら置かれた状況をつかみ，自己指南力を高める」としています。「子どもを理解する，子どもが理解する」のすり合わせのなかで，アセスメントは力をもってくるのではないでしょうか。

▷7　前掲書，加藤（2016），35頁.

❹ アセスメントとその共有化

　子どもたちの支援に際しては，保育士，児童福祉司，心理職などさまざまな専門職が関わっています。子どもの成長，専門職の入れ替わり，地域資源の創設・改善などを含め「その時代のその地域」は常に変化のなかにいます。児童養護施設運営指針に「支援の一貫性・継続性・連続性というトータルなプロセスを確保していくことが求められる」が明記されていますが，それを実効性のあるものにするためには，関係諸機関による「アセスメントのすり合わせ」（チームアセスメント）を地道に積み重ねることが一番の早道です。　　　（宮本秀樹）

児童相談所の「援助指針」と入所型
児童福祉施設の「自立支援計画」

 児童相談所で「援助指針」を作成する

◯児童相談所とは

児童相談所は，児童福祉法第12条により都道府県と政令指定都市に設置が義務づけされ（特別区，中核市も設置可能です），18歳未満の児童に関するあらゆる問題に関する相談に応じ，子どもや保護者にもっとも適した援助や指導を行う行政機関です。そして，援助や指導を行うために，児童福祉司による社会診断，児童心理司による心理診断，医師による医学診断を行い，緊急時等には子どもを一時保護し，児童指導員や保育士による行動診断も行います。さらに必要がある場合には，児童養護施設等への入所措置を行います（図Ⅷ-1）。

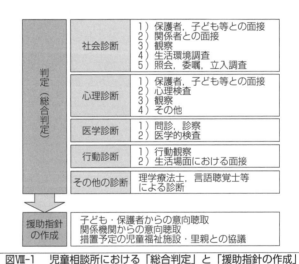

図Ⅷ-1　児童相談所における「総合判定」と「援助指針の作成」

出所：厚生労働省「児童相談所の運営指針について」2005年。

◯「援助指針」とは

児童相談所では，図Ⅷ-1に記載されている各専門職が行う社会診断，心理診断，医学診断，行動診断等の結果を総合的に検討する「会議」（「判定会議」，「援助方針会議」という名称の会議）を必要に応じて開催し，そのなかで「援助指針」（案）（図Ⅷ-2）を作成します。内容としては，主に児童相談所が果たす役割がメインに記載され，子どもの意向や保護者等の意見，さらには援助を行う社会資源等の条件を踏まえながら，「援助指針」（案）がつくられます。そして，施設入所となる子ども家庭の「援助指針」（案）は，子どもが入所する施設に申し送

られ，施設職員等関係者との協議を経て「援助指針」成案となります。

② 入所型児童福祉施設で「自立支援計画」を作成する

「自立支援計画」は，1997年の児童福祉法改正以前に「個別処遇計画」と呼ばれていたものに該当します。そして，入所型児童福祉施設は入所する子ども一人ひとりについて，「自立支援計画」（図Ⅷ-3）を策定することが義務づけられています。施設は子どもが入所して当面（おおむね3か月間）は，児童相談所が作成した「援助指針」を「自立支援計画」として活用し，子どもを支援します。その間，施設は施設なりに子どもをアセスメントし，子ども・保護者の意向にも配慮しながら，関係機関との協議を経て「自立支援計画」成案を策定します。

「援助指針」と「自立支援計画」の書式は，共通する項目が多くみられます。この2つの「支援プラン」はお互いにリンクしているということです。

③ 児童相談所と入所型児童福祉施設との連携

以上のように，児童相談所で「援助指針」をつくる時や，入所型児童福祉施設で「自立支援計画」をつくる時には，本来は多機関の間で，顔が見えるような形で協議の場を得て，地域の関係機関とも綿密な打ち合わせの上，成案化されることが推奨されています。さらには当事者の声として，子どもや保護者にも参加してもらうことが，本来的には，このような「支援プラン」を作成するプロセスに必須です。作成の時に当事者の参加がむずかしいなら，作成している「支援プラン」が子ども家族の利益になっているのかを援助者間で自問するように協議をすすめてもいいぐらいです。しかし，それらのプロセスを経て作成されるというよりは，互いの業務の繁忙さを理由に，単独の機関で作成されたものが文書上のみで行き来し，「協議は後々“何か不具合が生じた際”」にまで延ばされてしまうことが現状であるのかもしれません。

④ 連携を生みだすツールの共有と活用のルール化（共通言語づくり）

上記のような現状を打破する工夫として，「援助指針」や「自立支援計画」の作成前段階に使うさまざまなツールを，機関間で共通して活用できるよう書式を定め，それらツールの活用を業務進行管理においてルール化することは有効です。また，当事者の意向を反映させるには，「**サインズ・オブ・セーフティ・アプローチ**[1]」の枠組みを機関全体で導入することも非常に有効です。これができれば，各機関がどのような視点で「援助指針」，あるいは「自立支援計画」を作成したのか，そのプロセスを可視化することができます。可視化されれば，作成の根拠が多機関間で共有しやすくなり，疑問や不明な点があれば，「言葉」を共有した上で，お互いに話し合うことができ，時間の短縮にもつながります。

（渡邉　直）

▶1　**サインズ・オブ・セーフティ・アプローチ**
子ども虐待対応等のソーシャルワークの枠組み。子どもの「安全」を軸に，リスクを押さえつつ，家族の強みにも焦点をあてた情報を収集する対話により，家族と協働関係を創り，家族が主体者として子どもの安全づくりを構築することを支援するスタンスをとる。

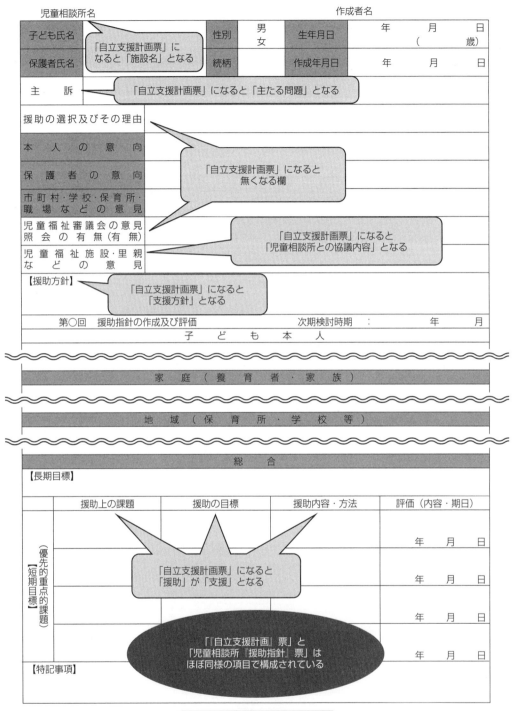

児童相談所援助指針票

| 児童相談所名 | | | | | 作成者名 | | | |

| 子ども氏名 （「自立支援計画票」になると「施設名」となる） | 性別 | 男 女 | 生年月日 | 年　　月　　日 （　　　歳） |
| 保護者氏名 | 続柄 | | 作成年月日 | 年　　月　　日 |

| 主　訴 （「自立支援計画票」になると「主たる問題」となる） |
| 援助の選択及びその理由 |
| 本　人　の　意　向 |
| 保　護　者　の　意　向 |
| 市町村・学校・保育所・職場などの意見 |
| 児童福祉審議会の意見照会の有無（有　無） |
| 児童福祉施設・里親などの意見 |
| 【援助方針】 |

（吹き出し）「自立支援計画票」になると無くなる欄

（吹き出し）「自立支援計画票」になると「児童相談所との協議内容」となる

（吹き出し）「自立支援計画票」になると「支援方針」となる

| 第○回　援助指針の作成及び評価 | 次期検討時期　：　　年　　月 |
| 子　ど　も　本　人 |

家　庭（養　育　者・家　族）

地　域（保　育　所・学　校　等）

総　合

【長期目標】

	援助上の課題	援助の目標	援助内容・方法	評価（内容・期日）
（優先的重点的課題）【短期目標】				年　　月　　日
				年　　月　　日
				年　　月　　日
				年　　月　　日
【特記事項】				

（吹き出し）「自立支援計画票」になると「援助」が「支援」となる

（吹き出し）「『自立支援計画』票」と「児童相談所『援助指針』票」はほぼ同様の項目で構成されている

図Ⅷ-2　児童相談所援助指針票

出所：児童自立支援計画研究会編『子ども・家族への支援計画を立てるために子ども自立支援計画ガイドライン』日本児童福祉協会，2005年より筆者作成。

施設名：○○児童養護施設　　　　　　　　　　　　　　　　　　　　　　　　　　　　作成者名：○○△△

子ども氏名	千葉ケンタ	性別	男	生年月日	○　年　○　月　○　日（　　歳）
保護者氏名	千葉市郎	続柄	父	作成年月日	○　年　○　月　○　日
主たる問題	父から本児に対する身体的・心理的虐待。本児の万引き等の問題。				

本人の意向	お母さんは好きだけど，父と一緒に暮らすのは恐い。きょうだいとも仲良くして，後々には家族全員で生活したい。
保護者の意向	母は父の本児に対する態度変容を促しきれない。父も本児への接し方を変えられない。子どもを同じ目に遭わせないようにする際の協力してくれる人も見つけられない。本児が施設で生活する間，本児が恐い思いをしないよう，工夫を考えたい。
市町村・学校・保育所・職場などの意見	家庭復帰が可能となった際は，本児を充分に受入れられるような態勢で臨みたい。
児童相談所との協議内容	入所後３か月の経過をみると，本児も施設生活に適応し始めている。本児の万引き等の問題は施設では見られない。本児の母への思いと，母の本児への思いは一致しつつあるものの，父の養育行動の変化には程遠い。母の強みが本児を護れるよう，協力者を探し続ける。母とは手紙のやりとりを開始していく。

【支援方針】本児の行動上の問題の改善のため周りの大人との信頼関係の構築を図る。他児のものを盗る等の行動は出ておらず，本児にもその必要性が無くなっているものと思われる。また，母親との交流として通信を開始する。併せて，父が本児に応じた養育方法を習得できるよう，動機を促し接し方の変化に向けた働きかけを児相にしてもらいつつ，不必要な衝突が避けられるよう協力者も探し続けてもらう。その上で本児の家庭復帰の可能性を検討する。

第○回　援助指針の作成及び評価　　　　　次期検討時期　：　　○年○月

子 ど も 本 人

【長期目標】万引き等の問題性の改善と周りの大人との信頼関係の構築

		支援上の課題	支援目標	支援内容・方法	評価（内容・期日）
短期目標	重点的優先的課題	被虐待体験により周囲の大人に対する恐怖感や不信感が強い。	職員との関係性を深め，人間に対する信頼感を獲得する。また，虐待に由来する不信感や恐怖感を軽減する。	職員と定期的に一緒に取り組む作業などを作り，関係性の構築を図る。	年　　月　　日
		自分の思いや考えをうまく表現することができず，ストレスを溜めると問題行動を起こす。	他児に対して表現する機会を与え，対人コミュニケーション機能を高める。	ユニット内での生活の中で，声かけ等他児への働きかけに取り組ませ，問題発生時には感情の丁寧な振り返りをする。	年　　月　　日
			サッカーに関心があり，得意そうでもあるので，地域のチームに参加させる。	地域チームの主力メンバーとしての活躍の場を創出し，自信づけを図る。	年　　月　　日

家 庭 （ 養 育 者 ・ 家 族 ）

【長期目標】父が本児を虐待する構造を理解する。父が本児に暴力を振るわずに済むような歯止めが何になるのかを模索し続ける。母以外の協力者を探す。子どもに二度と恐い思いをさせないプランの立案・明確化を図ることに協力する。

		支援上の課題	支援目標	支援内容・方法	評価（内容・期日）
短期目標	重点的優先的課題	父の虐待行為に対する認識の深まりは不十分で，変化に対する抵抗が未だ強い。	父の行動が子どもに与える影響の理解を促すとともに，本児の育ちの歴史を振り返り，本児のその時の心理状態を知ってもらう。	定期的な個別面接への協力。	年　　月　　日
		母は父の養育行動に意見できていないが，本児との絆を断たないために定期的な交流の機会をつくる。	母との通信・面会の機会をスモールステップですすめる。母が本児と関わる機会を得る。	定期的な個別面接に協力し，母へはエンパワーの視点で接していく。	年　　月　　日

地 域 （ 保 育 所 ・ 学 校 等 ）

【長期目標】定期的かつ必要に応じて支援できるネットワークを形成する。

	支援上の課題	支援目標	支援内容・方法	評価（内容・期日）
短期目標	親族間の交流はあるようだが，地域とのつながりに乏しい。支援策受入へのモチベーションに働きかける。	妹の養育支援を構築するなかで地域との関係性を向上させる。	保健師の家庭訪問等を通した支援活動を展開する。	年　　月　　日

総 合

【長期目標】インフォーマルネットワークの確立などから，子どもが同じ目に遭わずに済むプランが明確となり，子どもも「これなら恐くない」となった際には，家庭復帰を視野に入れる。

	支援上の課題	支援目標	支援内容・方法	評価（内容・期日）
短期目標	母と本児との関係性は良好に保たれるが，父と本児の関係性が良くない。父の態度も頑なで，再統合が可能かどうかを見極める必要がある。	母との交流を保つなかで，徐々に父との関係改善のための交流導入を検討。妹を含めた，家族全体の調整も図る。	まずは母との通信を開始し，父の家庭での状況等について時機を見計らいながら本児にも知らせる。	年　　月　　日

【特記事項】父との交流は通信も含め今後も当面は制限をする。母との通信が軌道に乗ったら母との面会も考慮する。

図Ⅷ-3　自立支援計画

出所：児童自立支援計画研究会編『子ども・家族への支援計画を立てるために子ども自立支援計画ガイドライン』日本児童福祉協会，2005年より筆者作成。

3 **自立支援計画の作成の実際**
　　——支援プラン作成の留意点

1　子ども・家族（養育者）・地域の３つの視点

　そもそも，なぜ子どもが親元を離れ分離保護（施設入所）となるのでしょうか。子どもが施設に入所する理由（養護問題発生の理由）は，親の失踪，死亡等，さまざまありますが，近年は「虐待・酷使」「放任・怠だ」「棄児」「養育拒否」といった理由が多くを占めるようになってきています。これは，親の所在がわかっていても，家族の関係性の歪みなどから施設入所等を必要とするケースが増えているということです。つまり，「子どもの問題」ではなく，「親の養育行動の破綻」により，「子どもの安全」が地域において維持することができなくなることから，子どもが施設入所となる現状が増えています。したがって支援プランの本質は，「子どもの問題改善」が主な目的ではなくなるということです。そこで，支援プランをつくる場合には「子どもの安全」が確実に担保されるような視点をベースに取り入れた上で，目の前の子どもにのみ注目するのではな

▷1　機中八策 ®（図Ⅷ-4の中）
暴力的で伝わりにくい行動・言動の切り札を「ひ・ど・い・お・と・ぎ・ば・なし（ブルーカード）」，伝わりやすいそれを「ほ・ま・れ・か・が・や・き・を（オレンジカード）」と，頭文字つづりで覚えやすいよう非暴力コミュニケーションをパッケージ化したもの。

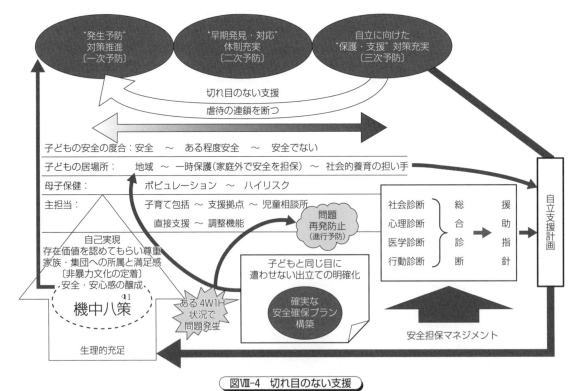

図Ⅷ-4　切れ目のない支援

出所：筆者作成。

く，親への支援や，家族（養育者）と子どもの関係性改善に向けた視点，家族が住む（施設がある）地域の環境・資源体制の把握等を含んだ包括的な視点に着目し，作成されることが求められます。

② 「自立支援計画」の位置づけに留意する

虐待対応の局面は大きく「"発生予防"対策推進」の局面，「"早期発見・早期対応"体制充実」の局面，「自立に向けた"保護・支援"対策充実」の3つの局面に分けられます（図Ⅷ-4）。そして，この3つの局面を連動させた，息の長い継続的な支援が求められています。「自立支援計画」は，この切り口でいうと，3つめの「自立に向けた"保護・支援"対策充実」局面の要となる「支援プラン」に該当します。この局面の支援の流れのイメージは，図Ⅷ-5のようになります。この図をみれば「親子分離イコール支援の終結」でないことは一目瞭然です。未来を見据えて今できる最大限の子どもの安全確保に向けての支援プランについて，当事者を交えて考える必要があります。

③ プランニングには当事者（子ども・家族）に参加してもらう

相談や支援というのは本来，当事者が自分でできるようにサポートすることが肝要であり，周りのフォーマルな援助者（福祉を仕事とする人たち）が何とかするものではありません。援助者は「再発しないよう指導をしなくては」と援助者側の腹案を良かれと思い，"助言"しがちになりますが，解決のためのコツは意外にも当事者が優れたアイデアをもっているものです。援助者が当事者のリスク要因を把握することは大事です。しかし，当事者がこれまでに行ってきたことの結果（たとえば親と子が離れて暮らすようになってしまったこと）にのみ注目せず，当事者自身も忘れかけている「工夫」「努力」「歴史」「可能性」「潜在的な力」にも視点をあてることも重要です。家族がすでにできていることを明確化し，当事者のこれからの人生設計，子どもを同じ目に遭わせずに子どもが安全に安心して暮らせる生活の実現に向けてのお手伝いをすることは，援助者ができることです。そのためにも，プランニングへの当事者の参加は不可欠となります。

④ みんなで共通のアセスメントシートを使ってみる

臨床家・実践家の経験に裏打ちされた勘などは，見立てやプランニングにとって重要ですが，これだけにすべてを頼るわけにはいきません。アセスメントシートは「ある1つ」の「ものさし」となります。見落としを少なくするなどの意味でも必要となりますし，「ものさし」にあてはめることで当事者を含めた関係者間で問題が共有でき，可視化への貢献にもなります。また，支援プランはケースによって様相が違うため，画一的な内容ではうまくいきません。個

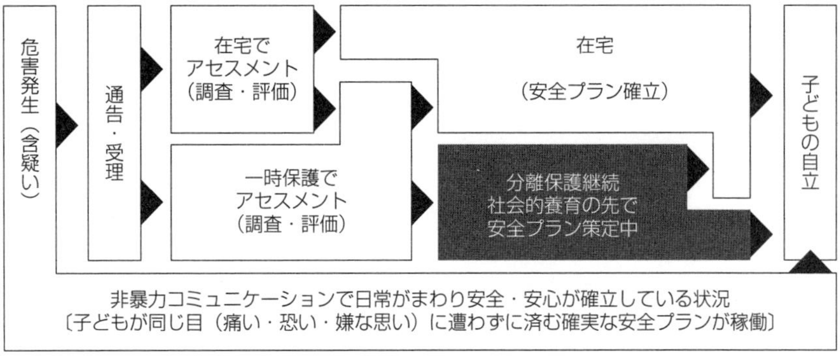

図Ⅷ-5　家族関係支援の流れ

出所：筆者作成。

別化された重層的な支援の展開が求められるだけに，アセスメントシートは支援プラン作成の際の良い仲介役を担ってくれます。

5　たくさんの失敗体験ではなく，たくさんの成功体験をファシリテートする

　虐待を受けた子どものなかには施設入所に至るまでの生育環境において，身体的暴力をはじめとして，無視や疎外，脅迫や威圧といった言葉による暴力など，力の支配による多くの危険に曝され，「たくさんの失敗体験」を意識させられた子どもがいます。そのため，子どもによっては「どうせ俺は○○だし…」といった自信のない発言も出てくるほどです。それだけに，周りの大人がこれから新たにともに生活する環境においては，子どもが「たくさんの成功体験」を得られるよう**ファシリテート**する雰囲気を醸成する必要があります。子どもができていることに自然に目が向き，子どもの強み（良いところ）に着目できる，「子ども回復支援プラン」づくりが求められます。

6　「家族関係支援」の観点からみる自立支援計画

　ここでは，一時保護後施設入所となった子どもの家族の事例に沿って，図Ⅷ-5の支援過程を考えてみましょう。

図Ⅷ-3「自立支援計画」の事例の概要

　ケンタ君は小学2年生です。お母さんとお父さんとの間に生まれたお子さんです。2年前には妹が生まれました。父はケンタ君に対して「男として」「兄として」と厳しく接することで，まわりに迷惑をかけずに社会に貢献できる子どもに育てようとしていました。母は父のケンタ君に対する接し方に行き過ぎがあるところ（ケンタ君が父に言われたとおりできなかったりルールを守れなかった時に，叩いたり「お前はうちのじゃない」と怒鳴ったりしてしまうなどの姿勢）には，若干，戸惑いを感じていることがありました。

初期アセスメントを経て一時保護へ

　小学1年生のおわり頃から，ケンタ君は妹の物を勝手に使ったり，友達の文

▷2　ファシリテート
ファシリテート（facilitate）とは，行動が容易に進むよう手助け促進すること。なお，本文中に示した「成功体験を得られるようファシリテートする」というのは，たとえばできているあたりまえの行動を「すごい」「さすが」「すてき」「ありがとう」「助かるよ」などと評価することを通して，社会的により望ましい行動が強化され，以降，成功したパターンが再現されやすくなるように支援することをいう。

房具を黙って持ち帰ってきてしまったり，近所のお店からスナック菓子などを万引きするようになっていました。そのことで父はケンタ君にそれらの理由を話すように迫り，正直に言えば頭をボコボコに叩き，バレるようなウソをついたり，黙り込んでしまう時には「家から出ていけ」と外にしめ出すなど，暴力的なコミュニケーションでケンタ君を追い詰めていました。ある日学校は，ケンタ君の顔や腕にあざがあることを発見しました。ケンタ君に確認をしたところ，「お父さんにやられた。お家に帰りたくない」といったので，それをきっかけに児童相談所への通告となり，その日から児童相談所で一時保護となりました。

❍一時保護中の安全プラン確立を目指す

児童相談所に保護者を呼び出すと，父と母の２人で話しにきました。父はケンタ君への暴力行為を認めるものの，「ケンタが悪い。悪いことをしたやつをしつけで叩いている。ケンタは叩かれないと自分のしていることの重大性がわからない」といって，暴力的なコミュニケーションをやめようとはしませんでした。仮にケンタ君が児童相談所から家に帰ってきても，父は大きく態度を変える気はないと主張していました。

❍一時保護中の安全プラン確立が困難なため分離保護継続（施設入所）へ

児童相談所は一時保護中に何度も両親と話しました。母は「暴力をしないと約束する。叩かないで子育てする方法も学びたい」と誓約しました。父は「何で俺が悪いことをするやつのためにポリシーを曲げなくてはならない。こいつを施設に入れて直してほしい」と頑なにその態度を変えようとはしません。児童相談所は「これはケンタ君の問題ではなく，叩くなどの暴力的なコミュニケーションを止めようとしないお父さんの問題です。ケンタ君を同じ目に遭わせない安全プランは施設入所のうえ考えて行きましょう」と説明したところ，その方針に両親も合意したので，一時保護から２か月程で施設入所となりました。

❍親子交流継続により家族に変化の兆し

父は離れて生活しているケンタ君の成長（問題行動が消失し，施設の生活に適応している）を気にかけていました。また，母がケンタ君と手紙のやりとりをしたり，面会したりすることを妨げることもありませんでした。入所１年程経ち，「俺もケンタに厳しすぎたかな」といい始めているとのことです。父も安全プラン作成に向けて参加できる可能性が出てきました。　　　　　　　　（渡邉　直）

4 事例を通して理解する支援計画と内容

1 模擬事例の概要

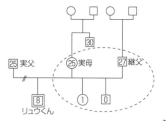

図Ⅷ-6　リュウくん家族のジェノグラム[41]

出所：筆者作成。

小学校３年生のリュウくん（８歳，男子）の母親（25歳）は成年になる前に，リュウくんの実父と結婚し，リュウくんを産みました。しかし，結婚当初より実父の就労状態は安定しませんでした。そのようななか，実父は母親に暴力をふるうようになりました。

母親は23歳で離婚し，１年後に別の男性（継父）と再婚しました。しかし，まだ年若い夫婦が新しい生活を築いていく上で，実父の面影を残すリュウくんは好ましい存在とはいえませんでした。そのため継父と母親は，身体的虐待・心理的虐待・ネグレクト等，複合的な虐待をリュウくんに加えていくこととなりました。

リュウくん自身，自分は虐待されるのにきょうだい（継父と実母の子どもたち）がかわいがられることが気に入らず，きょうだいをイジメてしまい，そのことでさらに継父と実母から虐待を受けるという悪循環が形成されていました。

児童相談所児童福祉司は，近隣の住民からの「深夜に子どもの異常な泣き声がすることが続き，また子どもの顔や身体にいつもアザがある。虐待が疑われる」との通報を受け，リュウくんを緊急一時保護しました。その後，児童相談所の援助方針会議において，新しい夫婦がリュウくんを受け止める態勢をつくることができるまで，リュウくんを児童養護施設に措置することが決定されました。

リュウくんは，どれほどの暴力をふるわれようとも母親が好きであり，一緒に生活できる日が来るのを待ち望んでいます。現在は，リュウくん以外の親子４名が自宅に同居しています。

2 支援計画立案のためのアセスメント

リュウくんの措置が決定されるまでは２か月の期間を要しました。その間，一時保護所において生活していたリュウくんでしたが，この期間にさまざまな情報が得られました。

○児童相談所一時保護所のリュウくん担当保育士による行動診断

ADL[42]は年齢相応。夜尿が毎日あるが，自分で処理できる。食事は好き嫌いが激しく，野菜が苦手であるが，職員が介助すれば，幼児のように甘えながらで

▷1　ジェノグラム
⇨ Ⅺ-6 参照。

▷2　ADL
⇨ Ⅵ-9 参照。

はあるが食べられる。

　行動面の特徴としては，強い年上に媚び，弱いものイジメをする傾向がある。甘え下手でしつこくなりすぎる面もあるが，総じて安心できる大人の存在を常に求めている。

　学習面は小学校1～2年に遡り，振り返りながら教えれば，理解力はある。母親が好きで，「家に帰りたい」と頻繁に職員にいう。

○児童心理司によるリュウくんの心理診断

　知能検査の結果，知覚推理指標や処理速度指標等に比べて言語理解指標の得点が低かったが，小学校3年次の学級に戻るには問題はない。

　箱庭療法[43]やプレイルーム[44]の様子では，他児への攻撃性と大人など頼れる存在への愛着行動[45]が観察された。

○医師によるリュウくんの医学診断

　骨折等はないが，拳によるものと思われる青アザが身体に数か所残っている。アザがどうしてできたのかを質問すると，明らかな拳の痕のアザについても「自分でころんだ」というなど，親に対する本児なりの気遣いがある様子。心身の発達面での大きな問題は現在のところみられないが，甘えと攻撃性等に関する情緒面での配慮が必要。

○児童相談所児童福祉司によるリュウくんの家族の社会診断

　実父は，離婚時に親権を手放しており，また母親によればアルコール依存等のためリュウくんの養育は不可能な状態であるとのこと。確認のために児童福祉司が調査すると，実父はすでに他県に移住している様子であり，また実際の養育に携わってもらえる可能性も極めて低いように思われた。

　母親には実父からの暴力による心的外傷反応[46]がみられ，個別の心理的対応が必要である。継父と母親の間に生まれた2名の子どもの育児支援に関しても，母親に負担がかかっている。

　継父からの聞き取りから，継父の就労状況が不安定であることがわかった。就労状況が安定すればリュウくんに対して落ち着いて対応できる見込みがある。

　これらの情報を元に，児童相談所ではリュウくんの判定会議および援助方針会議が開かれました。当面，児童養護施設にリュウくんを措置して距離を置いた後に，家族関係の調整を行いつつ，最終的には家族再統合を図るという方向性が確認されました。

③　支援計画に基づく援助内容と記録

○リュウくんへの対応

　児童養護施設に措置されたリュウくんは，担当児童指導員とラポール[47]ができると，さまざまな甘えを出すようになりました。

▷3　箱庭療法
　⇨ Ⅳ-2 参照。

▷4　プレイルーム
一般的には子どもが遊ぶための部屋を指す用語であるが，本節では，児童相談所などに設置される子どもに対する遊びを通した心理的治療を行うための部屋のことを指している。

▷5　愛着行動
　⇨ Ⅱ-2 ，Ⅴ-7 ，Ⅳ-5 参照。

▷6　心的外傷反応
災害，事故または児童虐待等の出来事のなかで強いストレスを受けると，人間の心には「心的外傷（トラウマ）」が生じることがある。この「心的外傷（トラウマ）」が，出来事の直後やあるいは時間が経過した後でも，その出来事に直面した時と同じようにパニックを引き起こす等の反応のこと。

▷7　ラポール
　⇨ Ⅹ-5 参照。

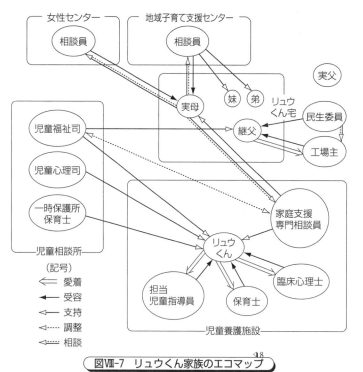

女性センター　**地域子育て支援センター**

相談員　相談員

実父

妹　弟　リュウ
くん宅　民生委員

実母

継父

工場主

児童福祉司

児童心理司

一時保護所
保育士

児童相談所

家庭支援
専門相談員

リュウ
くん

臨床心理士

担当
児童指導員

保育士

児童養護施設

（記号）
⇐　愛着
◂━━　受容
◂──　支持
◂┄┄　調整
◂┅┅　相談

図Ⅷ-7　リュウくん家族のエコマップ[48]

出所：筆者作成。

▷8　**エコマップ**
　⇨　Ⅺ-6 参照。

▷9　**家庭支援専門相談員**
　⇨　Ⅺ-3 参照。

▷10　**民生委員**
民生委員法に基づき，「社会奉仕の精神をもって，常に住民の立場に立って相談に応じ，及び必要な援助を行い，もって社会福祉の増進に努める」（第1条）民間奉仕者のこと。児童福祉法に基づく児童委員を兼務している。

▷11　**地域子育て支援センター**
地域全体で子育てを支援する基盤の形成を図るため，子育て家庭等に対する育児不安等についての相談指導，子育てサークル等への支援等を実施するものである。1993年度の「保育所地域子育て支援モデル事業」から発展し，特別保育事業の一つとして実施された。

当初は「もっと折り紙出して！」などの物質的に困難な要求をするなどの「試し行動」が多く，その後は「おんぶして〜」，「だっこ〜」などの身体的接触を求めるものが増えてきました。

児童養護施設での当面の指導方針としては，これまでのリュウくんの被虐待歴等も勘案して，できる限りリュウくんを受容的に受け止め，「幼児返り」からの育てなおしを行いつつ，大人一般に対する信頼感を回復する作業を行うこととしました。

○**家族への対応**

児童相談所児童福祉司および児童養護施設の**家庭支援専門相談員**[49]（ファミリーソーシャルワーカー）は，リュウくんが新しい家族のなかで居場所をなくさないように，母親と継父に頻繁にコンタクトをとり続け，月に1回は児童養護施設にてリュウくんと家族との面接を行いました。

日雇いの肉体労働を転々として，職の安定していない継父に，地域の**民生委員**[10]は知人が経営する印刷工場を紹介してくれました。工場主は職親的に社員を育てる能力のある人で，勤務態度が必ずしも良いとはいえない継父を温かく見守りながら支援してくれています。

実父から受けた母親の心的外傷反応への対応のために，母親は女性センターのフェミニスト・カウンセラーのところへ月に1度通うようになりました。当初はサボりがちでしたが，カウンセラーが受容的に話を聴いてくれることがわかると，女性センターに通うのを楽しみにするようになりました。また，継父と母親の2人の子どもの育児支援に関しては，**地域子育て支援センター**[11]の相談員が対応しました。子育てに負担感を抱きながら，アパートに閉じこもって育児をしていた母親も，地域子育て支援センターの育児講座や子育てサロンに参加し，表情も明るくなってきました。

4　事例の結果

○**リュウくんの変化**

児童指導員らによる受容的なケアと幅広い年齢層の子どもたちとの集団生活経験によって，リュウくんには対人関係のスキルが身についてきました。泣く，わめく，暴力をふるう等の方法で要求を通すのではなく，気持ちを言葉にして

伝えられるまでに成長しました。

　年下の児童へのイジメはまだ残っていますが，暴言や暴力等も徐々に柔らかいものに変化しつつあります。

　○母親の変化

　母親は女性センターでのカウンセリングで，継父のリュウくんへの虐待に加担しなければ，再び自分は1人ぼっちでリュウくんを育てねばならないという不安感から，継父のリュウくんへの虐待に加担し，またみずからもリュウくんをお荷物と思ってしまっていたことを話すことができるようになりました。環境が整えば，またリュウくんと一緒に暮らしたいという希望も表現するようになってきました。

　地域子育て支援センターの相談員とは，育児以外のことについてもいろいろ相談し，頼ることができる間柄となり，孤独な育児から開放されて，のびのびと子育てを楽しめるようになりつつあります。

　○継父の変化

　印刷工場の工場主と民生委員の支援によって，仕事にも徐々に慣れ，勤務態度も向上してきました。

　初期の児童養護施設における面接ではぎこちなかったリュウくんとのやり取りも，徐々にスムーズになっていきました。

5 事例のこれからの課題と支援方法の課題

　孤立し，さらに経済的に不安定な状態のなかで子育てを行ってきたリュウくんの母親と継父でしたが，さまざまな人たちの支援のなかで，徐々に生活状況を安定させることができてきました。児童相談所児童福祉司および児童養護施設の家庭支援専門相談員は，月に1回の面接に加えて，月に1度，週末にリュウくんを帰宅させる練習をする提案をしました。母親も継父も，不安そうにではありましたが，その提案を受け入れました。

　もちろん，一朝一夕にリュウくんの帰宅支援がうまくいくはずはなく，リュウくんが帰宅するとどうしても継父の攻撃性が惹起されたり，また帰宅後にはリュウくんの児童養護施設内の幼児に対する攻撃性が一時的に増すなどの繰り返しのなかで支援を継続することになります。

　この家族にとって確実に良くなったといえることの1つとして，リュウくんがトラブルを起こした際，母親が継父やきょうだいの側ばかりに立たずに，状況を客観的に見極め，トラブルをさばくことができるようになったことです。女性センターのカウンセラーと地域子育て支援センター相談員の支援のなかで，母親としての強さを取り戻すことができつつあるようです。　　　（鈴木崇之）

5　生活場面での面接

❶　生活場面面接とは

　生活場面面接とは，日常生活のなかで起こる子どもの心理社会的な混乱やトラブルに対処し，混乱を落ち着かせ，子どもの抱える課題の解決を促す即時的な面接の総称です。この面接は，生活場面のなかで意図的に行われ，当事者だけではなく，周囲の環境への働きかけも含まれています。▷1

　生活場面面接の歴史は古く，レドルとウイネマンによって開発されました。▷2日本では，**非行臨床領域**，ソーシャルワーク領域，施設心理職領域において実施されてきました。

　対象となる子どもの特徴は次のようなものです。① 怒りのコントロールができずに他の子どもとトラブルばかり起こしてしまう，② **自己肯定感**▷4が低く自信がもてない，③ 引っ込み思案，④ 暴力的で攻撃的，⑤ 万引きなどの非行的行動がある，⑥ 虐待体験が生活場面のなかでも顕著に影響している，⑦ 考え方や物事の受け止め方に歪みがあるなどです。つまり，児童福祉施設に入所する子どもの特徴と重なっています。

❷　生活場面面接の考え方

◯なぜ「生活場面」面接か

　児童福祉施設では日々何らかのトラブルが起きます。実はこうしたトラブルには，子どもの抱える本質的な課題があると考えられます。つまり，現実的な問題行動だけではなく，その背景を読み解き子どもの成長につなげていくアプローチが支援にとって重要になります。それを行える環境は「生活場面」です。

◯基本となる考え方

　生活場面で起こる問題を子どもの成長・発達のきっかけとするには，問題行動のみを扱えばよいわけではありません。むしろ，問題行動が起きていない場面で，子どもと信頼関係を築き，何気ない変化に気づき，良い部分や強みを日々伝え，伸ばすための意図的な働きかけが基本になければなりません。これが問題行動への対応の基盤になります。

◯誰が行うのか

　日常生活場面で起こる混乱やトラブルに居合わせる大人が，その実施者になります。具体的には，子どもの生活に寄り添っている保育士や児童指導員，個

▷1　大原天青『社会的養護における生活場面での意図的働きかけ――生活場面面接の手引き Version1』会津児童福祉研究会発行，2014年.

▷2　Redl, F. & Wineman, D. (1951) *Children who hate: The disorganization and breakdown of behavior controls.* New York: Free Press（大野愛子・田中幸子訳『憎しみの子ら――行動統制機能の障害』全国社会福祉協議会，1975年.）Redl, F. (1959) The life space interview. *American Journal of Psychiatry*, 29(1), 1-18.

▷3　**非行臨床**
非行臨床とは，非行や犯罪を行った少年の改善更生のための働きかけをいう。特に児童自立支援施設で活用されてきた。

▷4　**自己肯定感（観）**
⇨　Ⅲ-1参照。

別対応職員といった方がもっとも効果的に活用することができます。

◯いつ行うのか

　生活場面面接のきっかけは，心理社会的な混乱やトラブルといった一見「問題行動」とされるものです。つまり，子どもが抱える課題の一つの側面が「問題行動」として表出されていると捉えて，その場で働きかけるのです。時にその課題がすぐに解決に至らず，数日，数週間かかるような場合もあるかもしれません。この場合，その対応過程における働きかけも生活場面面接の一つと考えることができます。

◯どこで行われるのか

　生活場面面接は必ず決まった場所で行われる面接ではありません。子どもの課題が表出されたその場面で瞬時に行われることもあれば，時間が経過してから個別に呼んで話をすることも具体的なテクニックの一つになります。したがって，生活場面面接を行う場所は子どもの状況や扱う課題によって効果的な場所を選択することが必要になります。

❸　具体的な働きかけ

　AがBを殴ってしまったという事例をもとに，どのように働きかけるのかを解説します。▷5　まず，殴っている場面を目撃した職員は，「何があったんだい？」などと落ち着いたトーンで両者に声をかけ，2人を引き離します。まだ興奮しているAの気持ちを言葉で伝えていきます。これは，〈感情を吐き出させる〉というプロセスです。すると少しずつAが冷静さを取り戻してきました。そこで，「そのあと何があったの？」などと，AとBの間で起きた出来事を時系列で整理していきました。これは，〈出来事の時系列整理〉の段階です。さらに話を聴くと，AとBが廊下ですれ違った際に肩がぶつかったことで，AはBになめられていると感じ，殴りかかったということがわかってきました。この段階は，〈中心的課題の特定〉です。Aには，人との関係を力の強さで捉え，自分よりも上か下かで大きく態度を変える特徴があったのです。またそれはAの成育歴とも関係していました。そこでこのトラブルをきっかけに職員は，Aが人との関係を力で捉えるという自分の特徴に気づけるように対話を行いました。これは，〈洞察を促す〉段階です。一方，現実的にはAがBを殴ったという行為は認められるものではありません。そこで，AとBの話し合いや同じ状況になった場合の対応を練習しました。これは〈新しいスキルの習得〉です。最後に，今回のトラブルを振り返り，元の日常に戻るための気持ちの整理を行いました。これは，〈学んだことを元の場所で活かす〉という段階です。

　このように，生活場面面接は生活のなかで起きる出来事を子どもの成長・発達につなげるために積極的に活用する技法です。　　　　　　　　　　（大原天青）

▷5　Long, N. J., Wood, M. M., & Fecser, F. A. (2001) *Life Space Crisis Intervention: Talking With Students in Conflict, 2nd edition*, Texas: Pro-Ed. を参考にした。

記　録

　「見られる」記録

　人の記憶のあいまいさを補う手段としての記録，チームワークのなかで利用者支援を行うための記録，支援者自身の能力アップのための記録などを考えると，まさに「記録なくして支援なし」と表現できるでしょう。

　児童福祉施設の設備及び運営に関する基準第14条は，「児童福祉施設には，職員，財産，収支及びに入所している者の処遇の状況を明らかにする帳簿を整備しておかなければならない」という文言になっています。当然のことですが，この義務は，児童福祉施設以外の施設，事業所や入所施設以外の通所施設，在宅においても求められます。そして，利用者に対する支援記録は，帳簿の一つとして整備が不可欠という制度的な位置づけとなっています。

　帳簿のうち個人情報に関するものは一般に公開されることはありませんが，適切に帳簿が処理されているかどうかのチェックをするために，特定の立場の人から「見られる」性質のものです。そして，児童福祉施設での実習記録も少なくとも，実習施設の職員，実習担当教員によって「見られる」様式になります。

2　実習記録の意義

　実習担当教員をしていると，「記録の大切さ」は重々承知しているが，実習記録を書くことはできれば避けたいという学生の言葉をよく耳にします。多くの実習生達のホンネだと思います。体験（観察）したことと，記録とは直接的につながらず，必ず「私というフィルター」が絡んで，書かれる性質のものだからです。

　実習記録とは，学生が体験した利用者理解，援助関係などについて意図的に書くものと書かないものに整理し，その結果を記述するものです。実習記録を書くということは，それが記録として残ります。いったん書かれたものは，話し言葉と違い，それを読んだ人の記憶のなかにも残っていきます。読まれることを想定しながら書くわけですから，"ああでもない，こうでもない"と一般的には考えを巡らすことでもあります。その過程のなかで，書かれること，書かれないことが仕分けされていきます。また，想いとして書きたいことがあっても，それを文章にするとなると，うまく表現できないという，思考と文章としてアウトプットされたものとのギャップを体験していきます。つまり，取捨

IX

選択のなかで，書き手である学生の価値観（記録すべきだと考えても書かない，大切なことだからこそ書くなど）が文字としてはみえないけれども，実習記録には反映されています。ということは，何をもって「いい加減」「良質」なのかの前提はありますが，いい加減な実習体験からは良質な実習記録は生まれません。

　現場の援助者は，記録を書くことによって資質向上を含め，よりよい援助を提供することを主たる目的にします。見方を変えていえば，「記録の限界性」に向き合いながら，支援のセンス向上を記録のなかに落とし込んでいく作業を日々行っているといえるのかもしれません。

　学生は実習記録を書くことを通じて，「援助することを学ぶ」を主たる目的にします。「援助することを学ぶ」の過程を通じて，**私理解（自己覚知）**[1]がどれだけ達成できるかが実習記録の質につながります。また，実習中，学生たちはさまざまな場面を通じて，指導を受けて成長していくのですが，記録は指導を受けるための，学生と担当職員との重要な橋渡しの役割を担っています。さらには，実習終了後の振り返りの質にも影響します。

3　実習記録を書くときのポイント

　記録の書き方としては，①叙述体，②要約体，③逐語録などがあります。[2]ここで大切なことは，「実習で体験したこと（≒事実）」と「それに対する考察」の関係です。実習先で体験したことをどのように描写するか，そしてそれに対してどのような意味づけを行うかが，「私理解（自己覚知）」と「職員によるスーパービジョン」にとって重要なものになります。つまり，見た，聞いた，感じた，考えたという過程について，「私というフィルター」を通した表現が常に求められることになります。

　わかりやすい記録のためには，特に「実習で体験したこと（≒事実）」を書く時には，5W1H（Who/When/Where/What/Why/How）を念頭に置くことが大事です。

　"神は細部に宿る"という言葉があります。読み手を実習先の職員のみならず，記述場面を知らない第三者を自分自身のなかに思い描いて記録を重ねていくと，細部にこだわる記録となり，観察のポイントが増えていきます。

4　批判的な場面に対する記録について

　実習を進めていくなかで，実習生が自身の価値観とは異なる場面に出くわし，批判的な見方をもつことはあり得ます。記録との関係で対処の仕方として以下のことが想像できます。当該場面について，①関心をもたぬようにする，②職員と話しをする，③控え目な表現でもって，記録に書く，④ストレートに書く，などです。「書き方の正解」というものを一般化することはできませんが，「時間の流れの中で」「関係性の流れの中で」を意識すれば，書き方においてそれほど大きく的を外れることにはならないでしょう。　　　　（宮本秀樹）

▷1　私理解（自己覚知）
援助者自身がもつ価値観や人に関わる時の自分自身の感情について理解すること。将来，援助職に就こうとする者は，実習記録を書いたり，実習中に受けるスーパービジョンなどの機会を通じて，自己覚知に努めることが求められる。

▷2　記録の書き方
叙述体：時間の流れに沿って，日記風に書く。
要約体：実習のまとめ（総括）書きなどに活用する。
逐語録：利用者と職員との会話，利用者と実習生のやりとりなどを正確に記述する。

スーパービジョン

 なぜ，スーパービジョンなのか

　仮定の話です。あなたは，昨日まで製造業一筋の仕事をしていました。転職して，本日からすぐに入所施設で自閉症のある利用者への支援に入ってくださいと言われました。あなたはどのような感情をいだくでしょうか。施設って何，自閉症って何，支援って何，など限りない疑問と不安でいっぱいになるでしょう。

　このような状態で仕事に就いたとき，利用者に対してとりかえしのつかない失敗をするかもしれません。しかし，関わりに失敗したので，やり直すということは許されません。だからこそ実習生でも，新規採用の職員でも，それぞれの立場・力量等のなかで，人が人を支援するための教育を受けていきます。このことが対人支援の前提であり，スーパービジョンの大枠になります。

② スーパービジョンのねらいと構成

　実習に入ると，施設や機関の歴史・概要・機能・職員・利用者理解などに関する説明，実習記録のコメント，職員や教員との話し合いや相談など，実に多くの指導を職員から受けます。そのねらいを端的にいえば，ワーカー（実習生）を1人前の専門職として成長させるための営みに求めることができます。この営みの過程が，「スーパービジョン」と呼ばれています。極論すれば，スーパービジョンが入らない支援は存在しません。かつては，「指導・監督」と訳されたこともありますが，今は原語の「スーパービジョン」のままで使われています。

　スーパービジョンの構成要素としては，指導・監督を行う者としての「スーパーバイザー（実習指導者・養成校教員）」と，指導・監督を受ける者としての「スーパーバイジー（実習生）」よって成り立っています。

③ スーパービジョンの場

　新規採用職員などへのスーパービジョンは，その施設・機関内で展開されることが一般的な形ですが，図IX-1のように実習生へのスーパービジョンは構造が若干，異なります。実習生の立場からすると，ややもすると実習期間中のスーパービジョンに注目がいきがちです。しかし，実習の前後にも，また定期的

に，あるいは不定期にスーパービジョンは実施されます。さらに，実習期間中には実習先と養成校とで同時並行的にスーパービジョンが展開されていきます。つまり，実習にかかるスーパービジョンは，構造的にも，時期的にも複合的に進むという特徴のなかで，専門職養成がなされているのです。

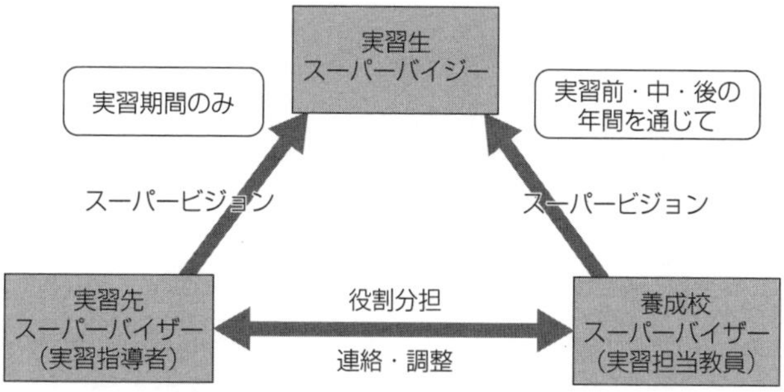

図Ⅸ-1　実習教育における二重のスーパービジョン構造

出所：社団法人日本社会福祉士養成校協会監修，白澤政和・米本秀仁編『社会福祉士相談援助実習』中央法規出版，2009年，103頁。

❹　実習スーパービジョンの形態

実習生と指導者（教員）との1対1の「個人スーパービジョン」が基本になりますが，実習生が複数配属されているところでは，複数の実習生に対して行う「グループスーパービジョン」や，教員が特定の日に実習生たちを帰校させ，グループで実習の振り返りを行うなどのスーパービジョンがあります。

❺　スーパービジョンの機能

○教育的機能

実習生は通常，現場のことは，"よくわからない状態"で入っていきます。教育（実習）担当者は通常業務を行いながら，講義，演習，面接，ケアカンファレンス等を通じて，この"わからない状態"から"わかる状態"にする関わりを実習生に行います。これが「教育的機能」に当たります。

○支持的機能

実習を通じて，対職員，対利用者などさまざまな人間関係のなかで，達成感，喜び，悩みや苦しいこと，場合によっては燃え尽きそうな気持ちなど，さまざまな感情を体験します。スーパーバイザーによってこのような感情を認めてもらったり，情緒的に支えてもらったりすることが「支持的機能」です。大切にされている，1人ではないという感覚を実習生がもてることが重要です。

○管理的機能（評価的機能を含む）

現場業務を円滑に運営するためには，服務規程の遵守，事業計画の理解，職員としての役割自覚やスタッフ間の調整，他施設・機関との連携などを学ぶ必要があります。実習生も心得や実習規定などへの理解が求められます。これらが「管理的機能」であり，実習や勤務に関する態度，成果などを評価することが「評価的機能」にあたります。

人は人との関わりのなかで全人格的な成長が可能であるとするのが，スーパービジョンの前提にはあります。自らはみることができない自分自身の顔を知るために，その人自身の想像力，他者からの指摘（他者という鏡の使用）など多面的なアプローチが求められるのです。

（宮本秀樹）

▷1　その他，実習スーパービジョンとしては，職員が実際の面接場面を録音機器やDVDに記録したものをもとに，実習生に対して面接技法の基礎と実際にかかるスーパービジョンを行うなどの「ライブスーパービジョン」，実習生が自分自身の実習記録を繰り返し読むことを通じて，自分自身を客観視できるような視点がもてることをねらいとするなどの「セルフスーパービジョン」があります。

コンサルテーション

スーパービジョンとコンサルテーション

　田中さんは，児童養護施設勤務5年目の児童指導員です。田中指導員は，軽度の学習障害のある三郎君（小5，男）を受け持っています。田中指導員は先輩ワーカーである加藤主任児童指導員に，三郎君の学習，生活習慣，対人関係等に関し，スーパービジョンを受けながら，専門職としての道を歩んでいます。

　ある日，三郎君が喉の渇き，体のだるさなどの体調不良を訴え，近隣の小児科医院に受診しました。三郎君と田中指導員は同席して，「小児糖尿病」の診断と併せて治療内容の説明を受けました。その施設では小児糖尿病の診断を受けた児童はこれまでいませんでした。職員の間からは，小児糖尿病そのものの理解と施設としての治療体制について，もっと知りたいという声が上がってきました。これらの声を受ける形で，施設では小児糖尿病の専門家を呼んで，学習会を行うことを計画しました。これが「コンサルテーション」の一つの形です。

　この事例は，スーパービジョンとコンサルテーションとの区分が比較的ハッキリしていますが，実際的には区別があいまいであったり，しばしば混同されて言葉が使われていることもあります。

2　コンサルテーションの構造と位置づけ

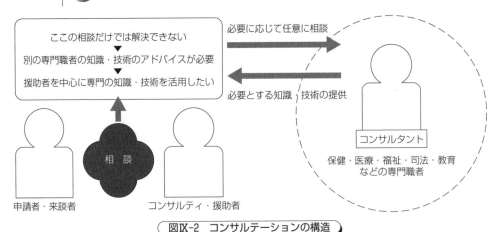

図Ⅸ-2　コンサルテーションの構造

出所：碩川眞旬編集代表『学びやすい社会福祉援助技術』金芳堂，1999年，101頁。

　コンサルテーションとは，業務遂行上（＝三郎君の糖尿病の治療を施設全体で行うこと），特定の領域の専門職から知識・技術・情報を習得する一連の過程

（＝小児糖尿病の専門家から疾病と治療・予防等についての講義を受ける）を指します。

　本事例の場合，施設側が「コンサルティ」に，小児糖尿病の専門家が「コンサルタント」になります。

③ コンサルテーションの種類

　三郎君への個別支援のために実施されるコンサルテーションは，「ケース・コンサルテーション」と呼ばれています。また，サービス・プログラムの改善などの検討の際に活用されるコンサルテーションは「プログラム・コンサルテーション」と呼ばれています。

④ コンサルテーションの特徴

○コンサルタントはコンサルティが所属している組織外の専門家に依頼される

　コンサルテーションを実施するかどうかは，「コンサルティ側の必要性」によります。このことを踏まえて，一般的には，コンサルタントとコンサルティの「契約」によって，コンサルテーションの実施の場所，時間，報酬（有償／無償），内容・議題等は決定されていきます。

○コンサルテーションの内容活用は，コンサルティ側が決定する

　スーパービジョン関係の場合，一般的には，所属内の上司一部下が想定されます。スーパーバイザーはスーパーバイジーを一人前の専門職として育成するという組織上の義務を負うため，「一定の強制力」が働きます。

　しかし，コンサルテーションの場合，コンサルタントとコンサルティとの契約が実施の前提になります。コンサルタントとコンサルティとの関係は「任意・対等」です。理屈的には，コンサルティ側に小児糖尿病と治療・予防等にかかる講義を受ける，受けないの選択の自由は担保されますし（上司からの参加要請はあるでしょうが），講義内容を業務遂行上どのように活用するか，しないかの決定もコンサルティ側にあります。

○コンサルタントの役割は，特定の領域の知識・技術等の提供に限定される

　コンサルタントは，より専門的な見地から課題の現状分析や問題解決の方法を提供しますが，ある面，助言はするもののコンサルティ側の業務への責任は負いません。見方を変えれば，コンサルタントは，コンサルティ側の援助活動には直接的な関与はしないという立場にあります。

　スーパービジョンがワーカーに対する教育的，支持的，管理的機能をもつことに対し，コンサルテーションには管理的機能が含まれず，あくまで専門的知識・技術の提供や助言に守備範囲が限定されています。　　　　　（宮本秀樹）

自己評価と業務改善

 「反省的実践家」とは何か

　哲学者ショーン（Schön, D. A.）は著書『専門家の知恵──反省的実践家は行為しながら考える』において，「技術的熟達者」という既存の専門家像に対置して，「反省的実践家」という新しい専門家のあり方を提起しました。

　ショーンは「反省的実践家」を，「行為の中で学ぶ（knowing in action）」「行為の中で反省する（reflection in action）」「状況と対話を行う（conversation with situation）」という3つの特質から論じています。

　まず「行為の中で学ぶ」とは，「専門分化している」，「境界が固定している」，「科学的である」，「標準化されている」といった「技術的合理性」に基づく知識モデルとは異なり，ポランニー（Polanyi, M.）が「暗黙知」として定義したような，行為者自身が自覚していない無意識的な行為や認知，判断をも含めての「学び」とされています。次に「行為の中で反省する」とは，「活動の流れの中で，瞬時に生じては消えてゆく束の間の探求としての思考」のことを指します。これ自体は即興的で無自覚的なものであり，また言語による思考の媒介を必ずしも必要とはしないとされています。そして「状況と対話を行う」とは，現在関わっている状況「と」対話をすることによって，行為中の「驚き」や「不確かさ」等を解決するための状況形成を行ったり，それを評価する探求を行うこととされています。

　ショーンは「行為の中で反省する」ことを強調する一方で，「行為後の意識的な反省」も重要なものとして位置づけました。なぜならば，無意識な部分も含まれるみずからの行為を，行為の後で意識的に，そして言語的にふりかえることによって，行為のなかで瞬時に形成されてきた「学び」の意味を問うことができ，実践の構造や問題を捉える「枠組み」を発見することができ，そしてその「枠組み」そのものを組み替える契機を得ることができるからなのです。

 「反省的実践家」としての保育士

　全国保育士養成協議会の『保育士養成資料集』第44号では，上記のショーンの「反省的実践家」の概念を保育士に応用した，保育士養成の新たなイメージが提案されました。ここでは保育士の行う「行為後の意識的な省察（反省）」として，「専門的知識・技術のふりかえり」，「保育の事後のふりかえり」，「保育

行為の瞬間瞬間のふりかえり」，「クライアントとの関係性のふりかえり」という４側面をあげ，一定程度の知識を積み上げて保育士資格を得た後でも，子どもや保護者，ほかの職員との関わりのなかで，絶えずふりかえりを繰り返しながら「成長し続ける」保育士のあり方が提示されています。

③　施設保育士の「行為後の意識的な省察（反省）」と自己評価

　評価には自分自身で行う「自己評価」と，他者によって行われる「他者評価」があります。「他者評価」のなかには，サービスを受ける側が行う評価と，サービスを提供する側でも提供される側でもない，第三者による客観的な評価である「第三者評価」があります。近年は「他者評価」を積極的に取り入れ，サービスを向上させようとする動きが社会福祉現場全体に広がりつつありますが，これらの「他者評価」をより意義深いものにするためには，常日頃からの「自己評価」を欠かすことはできません。

　「他者評価」を踏まえた上で行われる「行為後の意識的な省察（反省）」は，独善的にならずに実施可能な行為を行う当事者としての自分にしかできない自己評価の方法として，みずからの実践を改善していくための土台となるものです。施設で働く保育士は，保育所保育士と比較して職場の同僚や保護者からの目線にさらされる機会が少ないため，「行為後の意識的な省察（反省）」と自己評価は特に重要なものとなります。

④　施設保育士の業務改善

　筆者は，施設での実習を終えた学生と一緒に，実習中の子どもへの対応をふりかえる授業を行うことがあります。ある具体的な場面で「このような行動をしたことは良かっただろうか」「もっとよりよい方法はなかっただろうか」をふりかえるというセッションのなかで，「身体の向きや目線の合わせ方はどうだった？」などと質問すると，学生に「そこまでふりかえらないといけないのですか？」と驚かれることもあります。そして，それを乗り越えて施設現場に巣立った卒業生たちは，口々に「日々，反省の連続です」といいます。

　反省は必要ですが，反省だけをしていればよいというわけではありません。たとえ目に見える形での成果は少なくとも，子どもへの支援をさらにより良いものになるように，日々の反省とふりかえりは，みずからの支援の質を「改善」させることにつながっていなければなりません。施設の職員という立場の保育士に対して，子どもがみずから権利を主張し，業務内容の改善を求めることは，そう簡単にはできません。そういった子どもに関わり，支援を行う者として，反省とふりかえりを続けて業務を改善し，常に「成長し続ける」という基本的な態度を身につけていることは，子どもの権利擁護の観点からも重要なものであるということができるでしょう。

（鈴木崇之）

（参考文献）
　全国保育士養成協議会『保育士養成資料集第44号　保育士養成システムのパラダイム転換──新たな専門職像の視点から』2006年.
　ドナルド・ショーン著，佐藤学・秋田喜代美訳『専門家の知恵──反省的実践家は行為しながら考える』ゆみる出版，2001年.

5　施設運営と第三者評価

▷1　第三者評価
社会福祉法第78条の「福祉サービスの質の向上のための措置等」がその根拠規定になっている。

▷2　行政監査
地方自治法第199条が根拠規定。特定の事務又は事業に関し，法令等に従って適正に処理されているかどうかを調査し，必要に応じ改善勧告を行う

▷3　社会的養護関係施設
児童養護施設，乳児院，児童心理治療施設，児童自立支援施設，母子生活支援施設を指す。

▷4　都道府県推進組織
全国推進組織と都道府県推進組織とは，相互連携の関係にある。全国推進組織は評価基準ガイドラインの策定，更新等を行うのに対し，都道府県推進組織は，第三者評価基準の策定，第三者評価機関の認証，評価結果の公表，評価調査者の研修など実務的な業務にあたる。

▷5　第三者評価機関
施設長等経験者，福祉・医療・保健領域の有資格者などで，都道府県推進組織の第三者評価の研修を受講した者がいる法人格を有する機関。wamnet等で検索できる。

1　第三者評価の概要

「**第三者評価**」とは，公正・中立な第三者機関による評価のことを指します。「**行政監査**」とは異なり，よりよい支援を目指し，福祉サービスの質の向上を意図したものです。

社会的養護関係施設においては，利用者である子どもが施設を選ぶ仕組みではないこと，虐待児童の増加していること，施設長による親権代行等の規定があることなどにより，施設運営の質の向上が求められています。このような状況を踏まえ，改正「児童福祉施設の設備及び運営に関する基準」により，2012年度から3年間で1回以上の受審及び自己評価並びにそれらの結果の公表が第三者評価として義務付けられました。

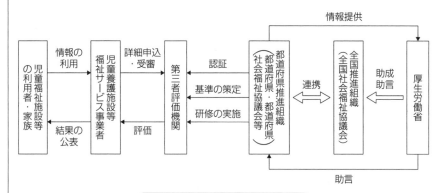

図Ⅸ-3　第三者評価制度の仕組み

出所：全国社会福祉協議会ホームページ，『2020年版社会保障の手引き』（中央法規）より筆者作成。

　児童養護施設等の社会的養護関係施設は，**都道府県推進組織**の認証を受けた**第三者評価機関**との契約ののちに，第三者評価機関による第三者評価が実施されます。評価は，他の福祉サービスと同様，養育・支援の基本方針と組織，施設の運営管理，適切な養育・支援の実施といった「共通評価基準」と施設種別独自の「内容評価基準」（児童養護施設の場合／子どもの権利擁護と最善の利益に向けた養育・支援，養育・支援の質の確保の2本柱による）の2つの観点から実施されます。また，児童養護施設，児童心理治療施設，児童自立支援施設については，小学校4年生以上の入所児童の全数を対象とした「利用者調査（無記名アンケート方式）」も実施されます。この結果は，第三者評価の取りまとめの際，

参考情報にされます。[注6]

さらに，第三者評価基準の評価項目に沿って，毎年度，自己評価を行うことも求められています。

結果の公表については，福祉サービス事業者と第三者評価機関との調整を経て，公表されます。公表の事項としては，第三者評価機関名，施設の概要，理念・基本方針，施設の特徴的な取り組み，評価の高い点，改善点，評価結果に対する施設のコメントなどがあげられます。

② 第三者評価のねらい

第三者評価はあくまでも施設職員の気づきを促すことが目的であり，社会的養護の全体的な質の向上を図ることを目的としています。施設の悪いところを見つけ，ペナルティを課すのではなく，自己評価の実践や第三者評価の受審が施設の改善活動の意識の共有の契機となることが期待されています。また，福祉サービス利用者に対する適切な情報提供が可能となり，サービス向上に積極的に努めている姿勢を外に向かって発信できるメリットもあります。

③ 社会的養護関係施設の「第三者評価」に至る背景

児童福祉領域では長く「措置制度」を堅持してきた歴史から，保護者と対峙しても「子どもの権利」を守る責任が，社会的養護関係施設にあると捉えられてきました。しかし，現実的には一部の施設において，「施設職員による子どもへの不適切な関わり」が事件として報道されています。社会的養護関係施設の「不透明性」が指摘される状況のなかで，社会的養護関係施設の運営についても公表が求められる機運が高まった結果ともいえるのかもしれません。

④ 社会的養護関係施設の「第三者評価」の現状

福祉サービス第三者評価事業については，「評価の質の向上」と「受審率の促進」を図るよう，局長通知（2018年3月，地方自治法に基づく技術的助言）が厚生労働省から出されています。

全国社会福祉協議会政策企画部調べ（2018年12月）によれば，2017年度の受審率は以下の通りです。児童養護施設60.49％，乳児院52.90％，児童心理治療施設47.83％，児童自立支援施設70.69％，母子生活支援施設60.78％となっています。ちなみに高齢者区分で一番高い受審率は，特別養護老人ホームの6.35％で，障害者区分で一番高い受審率は，障害者支援施設（施設入所支援＋日中活動事業）の7.41％です。

（小木曽 宏）

▷6　第三者評価と関係あるものとして，子どもたちが施設に対して，直接，意見や要望が言える苦情解決制度は，施設運営上，子どもの権利保障の具体的かつ重要な仕組みである。児童養護施設のなかには「苦情解決箱」を設置しているところもある。さらに子どもたちの自主的な活動として，「子ども会」を設置している施設もある。

第 **4** 部

社会的養護に関わる専門的技術

保育士等の援助者の種類・役割と倫理

1　援助者に関する規定

　児童福祉施設における援助者に関する規定は，**児童福祉施設の設備及び運営に関する基準**[注1]においてなされています。

　同基準第2条には，省令の目的として児童福祉施設に入所している子どもたちが，「素養があり，かつ，適切な訓練を受けた職員」の指導により，心身ともに健やかで，社会に適応していけるように育成されることを保障することが記されています。また，同基準第7条では，児童福祉施設職員の一般的要件として，「健全な心身を有し，豊かな人間性と倫理観を備え，児童福祉事業に熱意のある者であつて，できる限り児童福祉事業の理論及び実際について訓練を受けた者でなければならない」と記されています。

　ここから，児童福祉施設における援助者になることができるのは，健全な心身と児童福祉事業への熱意をもち，児童福祉事業の理論と実際について，できる限り「訓練」された人物でなければならないことがわかります。

2　児童福祉施設における援助者の種類と役割

　児童福祉施設における職員は，子どもに直接関わる「直接援助職員」と，施設長や事務職員など主に施設の運営・管理に携わる「間接援助職員」とに大別されます。ここでは，代表的な児童福祉施設である児童養護施設における直接援助職員の種類と役割について概観していきましょう。

　同基準第42条には，「児童指導員，嘱託医，保育士，個別対応職員，家庭支援専門相談員，栄養士及び調理員並びに乳児が入所している施設にあつては看護師を置かなければならない」と定められています。このなかで，主に児童の日常的なケアに関わるのは保育士と児童指導員です。保育士と児童指導員との役割分担は各施設によってさまざまですが，児童指導員が**家庭支援専門相談員**[注2]や児童相談所の児童福祉司等と連携し，ソーシャルワーカーの役割を兼ねているケースが多くみられます。

　近年は児童福祉施設入所児童中の被虐待児童割合が増加してきたため，家庭支援専門相談員，個別対応職員，心理療法担当職員などが配置され，生活面のケアと併行して心理的なケアにも力が入れられるようになりました。

▷1　児童福祉施設の設備及び運営に関する基準
　⇨　Ⅻ-2 参照。

▷2　家庭支援専門相談員
　⇨　Ⅺ-3 参照。

③ 援助者の倫理

「倫理」という言葉を国語辞典で調べてみましょう。「人として守るべき道」や「道徳」などがその意味としてあげられているのではないでしょうか。

大学・短大・専門学校で学んでいる皆さんは「守るのが当たり前」と思っているであろう「援助者の倫理」ですが，慣れていくうちにこれをないがしろにしてしまう職員がいることも否定できない事実です。

同基準には，「入所した者を平等に取り扱う原則」（第9条），「虐待等の禁止」（第9条の2），「懲戒に係る権限の濫用禁止」（第9条の3），「秘密保持等」（第14条の2），「苦情への対応」（第14条の3）が，職員および施設長等の遵守すべき事項として明記されてきました。しかし，近年は施設内での虐待がマスコミに報道されることも多く，関わりの難しい子どもに対して誠実に対応しようとしている職員も世間から疑いのまなざしを向けられることが増えています。

2003年11月の児童福祉法一部改正により「保育士資格」が国家資格化されました。これに伴い，施設を利用している子どもや家族の情報を保育士が施設外において漏らす「守秘義務違反」や，保育士全体の信用を傷つける「信用失墜行為」に対しては，罰則が適用されることとなりました。このような規定ができると「罰則の対象とならない行為であれば，何をしてもよい」と思う人もいるかもしれませんが，もちろんそれは誤りです。援助者の「倫理」とは，「これはやってもよいが，これはやってはダメ」といった発想とは異なり，常に利用者の最善の利益を守ろうとする思想と実践から生まれてくるものです。

2003年2月には，「全国保育士会倫理綱領」が採択されました。保育士が活躍する場面は，子どもへの対人援助に留まらず，とても幅広くなっています。そのなかで本倫理綱領は，保育士として守るべき「倫理」を，子どもの最善の利益の尊重，子どもの発達保障，保護者との協力，プライバシーの保護，チームワークと自己評価，利用者の代弁，地域の子育て支援，専門職としての責務の計8項目にわたって規定しています。

また，2010年5月には全国児童養護施設協議会が「全国児童養護施設協議会倫理綱領」を採択しました。本倫理綱領には，子どもの利益を最優先した養育の実施，子どもの理解と受容および信頼関係の尊重，子どもの自己決定と主体性の尊重，子どもと家族との関係を大切にした支援の実施，子どものプライバシーの尊重と秘密保持，子どもの権利侵害の防止，専門性の向上，関係機関や地域との連携，地域福祉への積極的な参加と協働，施設環境および運営の改善向上という，計10項目の規定がなされています。

「保育士」であれ「児童指導員」であれ，自分の実践がこれらの倫理綱領に沿ったものとなっているかどうか，確認する必要があります。　　　　（鈴木崇之）

保育士等による生活支援の基本

マズローの欲求階層理論

　心理学者マズロー（Maslow, A. H.）は，人間の欲求を5つの段階に区分して論じました（図X-1）。

　人間の欲求のもっとも基本的な部分に位置づけられるものを，マズローは「生理的欲求」と名づけました。これは，食欲，排泄欲，睡眠欲など，生命を維持するために人間に必要最低限の生理的な欲求のことを示しています。

　これに次ぐものとして，マズローは「安全と安心の欲求」を位置づけました。これは安全で安心できる居住環境への欲求，予測可能で秩序だった生活水準を得たいという欲求から，戦争や災害から守られて暮らしたいという思いまでが含まれます。

　これらの欲求の上に，マズローは「所属と愛の欲求」を位置づけました。これは家族や学校・社会等のなかで，何らかの集団に所属したり，「他者から受け入れられている」という感覚への欲求です。これが満たされていない場合，人間は孤独感や社会的な不安を感じやすくなるとマズローは指摘しています。

　この欲求の上位に位置づけられるものとして，マズローは「承認の欲求」をあげています。これは，自分が所属する集団のなかで，「価値のある存在」として認められることを求める欲求のことを指しています。

　ここまでの欲求の段階を総称して，マズローは「欠乏欲求」，つまり足りないものを求める性質の欲求としています。そしてマズローは，これらの欠乏欲求が一定程度満たされてはじめて，この上位に位置づく「自己実現の欲求」が現れると論じました。

　「自己実現の欲求」とは，みずからのもつ能力や可能性を十分に発揮していきたいという欲求です。

生活支援の基本

　マズローの欲求階層理論を踏まえると，5つの段階の土台を構成する「生理的欲求」と「安全と安心の欲求」の充足が，まずは最重要となります。

　食を例にとってみてみると，年齢，健康状態等が配慮された食事を「おいしく」，「楽しく」食べることができるように

図X-1　マズローの欲求階層理論

支援を行うことがあげられます。また，これまでの生活環境の影響から，社会的養護を必要とする子どもには「偏食」傾向のある子どもも多いので，「食の楽しみ」のバリエーションを増やすことができるように，少しずつでも苦手な食べ物にトライさせていくことも大切です。みんなで楽しく，気持ちよく食事ができるように TPO を踏まえたマナーを身につけさせていくことも必要となります。

▷1 TPO
⇨ Ⅳ-5 参照。

③ 集団生活への適応支援

マズローの欲求階層理論の中位に配置されているのが「所属と愛の欲求」，そして「承認の欲求」です。幼稚園児や小学校低・中学年の子どもなどは，施設に戻ってくると真っ先に職員の元に駆け寄って，幼稚園や小学校での出来事を話してきます。また，思春期の中学生や高校生も，適度な距離を取りながらも，職員と話ができる機会をうかがっています。

職員たちは，子どもたちの話を傾聴しながら，施設外の集団における適応状況を把握していきます。また，トラブルになりそうな場合にはアドバイスを行い，対人関係の危機を乗り越えていけるように援助をします。実習生などが初めて施設に来た時に，子どもたちが施設内におけるさまざまな役割を担っていることに驚くことがよくあります。「一般の家庭ではここまではさせない」という役割などもありますが，施設のなかでの「血縁のない家族関係」のなかで一定の役割を担うことができることを誇りに思ったり，いったん担った役割を責任をもって遂行することの大切さを伝えるためのよい機会でもあります。

職員から，そして入所児童同士で受け入れ合い，認め合うという過程を経て，子どもたちは「所属と愛の欲求」と「承認の欲求」を満たしていきます。

④ 自己実現に向けて

社会的養護全体に共通する大きな課題は，「子どもたちの自己実現を支援すること」であるといっても過言ではありません。しかしながら，マズロー自身も「この段階にまで到達することは簡単ではない」と論じているように，社会的養護の現場では，この段階に目を向けられるようになるまでの「欠乏欲求」をどのように満たしていくかで，四苦八苦しているというのが現状です。

「こんな施設に来たくなかった，施設生活には嫌な思い出しかない」という子どもは，十分に欠乏欲求が満たされなかったケースです。表現方法は全く逆ですが，「ずっとここにいたい，社会に出るのが怖い」というのもまた，欠乏欲求が満たされなかったケースといえるでしょう。「自分の能力を発揮できる仕事をして，たまには先生の顔を見に施設にも遊びにくるよ」と，施設を巣立つ子どもがいえるように，子どもの自己実現の過程を長期的に展望しながら，施設職員は日々子どもの生活支援をしています。 （鈴木崇之）

（参考文献）
A. H. マズロー著，小口忠彦訳『人間性の心理学——モチベーションとパーソナリティ改訂新版』産業能率大学出版部，1987年.

保育士等による遊び・余暇活動の支援

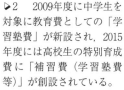

▷1 社会的養護関係施設
児童養護施設，乳児院，児童心理治療施設，児童自立支援施設及び母子生活支援施設をいう。
　⇨ Ⅸ-5 参照。

① 社会的養護関係施設における遊び・余暇活動

　保育所・幼稚園と社会的養護関係施設における「遊び・余暇活動」の位置づけとは異なるところがあります。基本的に施設は「生活の場」ですから，保育所・幼稚園のように一日のカリキュラムやプログラムのなかで明確に「余暇活動」が位置づけられている訳ではありません。さらに，施設の子どもたちだけではありませんが，SNS 時代である現在，一日のなかでスマホに多くの時間を割いている子どももいます。そのような時代だからこそ，社会的養護関係施設で暮らす子どもたちに「遊び・余暇活動」が必要であり，専門性の観点から保育士にもその支援方法や知識が必要になってきていると思います。

② 社会的養護関係施設の特性を活かして

　2012年3月に通知された厚生労働省児童家庭局『児童養護施設運営指針』によれば，「主体的に余暇を過ごすことができるよう支援する」として「子どもの興味や趣味に合わせて，自発的活動ができるよう支援する」「学校のクラブ活動，外部のサークル活動，子どもの趣味に応じた文化やスポーツ活動は，子どもの希望を尊重し，可能な限り参加を認める」と明記されました。児童養護施設でも近年，学習塾に通わせることができるようになっています。それに伴って，一般家庭の「習い事」も施設で暮らす子どもたちにも提供しようという流れが出てきています。

▷2 2009年度に中学生を対象に教育費としての「学習塾費」が新設され，2015年度には高校生の特別育成費に「補習費（学習塾費等）」が創設されている。
　⇨ Ⅲ-7 ， Ⅷ-7 参照。

③ 保育士による「遊び」の支援とは

　児童養護施設は，ある意味，異年齢で暮らす生活集団ですので，一般的には，年齢の離れた「集団遊び」には困難が生じます。

　筆者が施設長であった時の話を紹介します。午後3時過ぎ，おやつの時間が終わると園庭に三々五々，子どもたちが出てきます。小学校低学年の子が，「鬼ごっこしよう」と言って，何人かの子どもたちが鬼ごっこを始めます。しかし，幼児や高学年は，遠くで眺めています。その時，さりげなくベテラン保育士が，「みんなでやろう」と声をかけると，集団が大きくなって，鬼ごっこが始まります。幼児にはハンデを与えて，独自のルールで遊び出します。また，運動会が近いと「リレーごっこをやろう」という提案のもと，「リレー大会」に

変わることもありました。時には中学生も入ってきて，真剣に走っている場面もありました。

　最近の子どもたちは「外で遊べない。集団遊びが苦手」といわれることが多くありますが，「かくれんぼ」「だるまさんがころんだ」「はないちもんめ」等，昔から伝わる日本の遊びを子どもたちにうまく伝えることができれば，案外子どもたちのほうから楽しそうに遊び出すかもしれません。そのためにも，保育士は，いくつかの集団遊びを身につけておくことも大切でしょう。

▷3　伝承遊び
　⇨　Ⅲ-5 参照。

④ 余暇活動としてのクラブ活動支援

　中学校に入れば，ほとんどの子どもたちはクラブ活動に所属します。基本的にクラブ活動は学校教育の一貫として位置づけられています。体育系のクラブ活動は早朝練習がほとんど毎日あり，中学生や高校生は早朝から登校することになります。直接的に保育士がクラブ活動に関わるわけではありませんが，遅刻せずに，毎日，子どもたちを学校に送り出すという重要な支援を担っています。

⑤ 余暇活動としての地域サークル活動

　まだ，施設によって違いがあるようですが，学校のクラブ活動以外に地域のサッカークラブや少年野球チームに参加する子どもたちも増えてきています。しかし，地域のなかで「児童養護施設が理解されているのか」「他の保護者にわかってもらえているのか」など，参加のためにはさまざまなハードルがあります。

　このような活動について，子どもたちの参加は，施設長が基本的に決定します。地域のサークルは保護者によって支えられているところが多く，練習日には「保護者当番」やグランド整備などをしなければなりません。その日は1日，職員が練習に付き合うことになります。基本的に職員は子どもたちにさまざまな体験をさせてあげたいと考えますが，多くの子どもたちが地域の活動に参加するとなると，限られた職員での対応は困難となります。

　このことに対応するためには，児童養護施設のなかで，参加等にかかる一定の基準が必要となります。たとえば，一定の学年に達した段階で，子どもが希望した場合に検討する，あるいは，子どもに対していくつかの「余暇活動」を提示し，そこから選択させる等の工夫が考えられます。

　子どもが「遊び」や「余暇活動」を通して学校外で地域の子どもたちと「仲間づくり」ができれば，新しい体験を積み重なることのなかで施設の生活自体が「楽しい」ものとなるでしょう。

（小木曽　宏）

保育士等による施設環境の整備

ボルノウの「居住空間」論

　教育哲学者ボルノウ（Bollnow, O. F.）は，著書『人間と空間』において，「住まう」ということや「居住空間」について哲学的な考察を行っています。

　本書のなかでボルノウは，「居住空間」を「起こるかもしれない脅迫に対して，人間がたえずゆだんなく注意をはらうのをやめることのできる安息と平安の領域であり，人間が他人とのかかわりから身をひいて，緊張をといてくつろぐことのできる空間」と述べています（ボルノウ，1978，125頁）。

　ボルノウの「居住空間」論のキーワードは，「被護性（Geborgenheit)」です。塀，家屋，寝台，そして気を許すことのできる家族的存在によって「護られている」感覚は，人間に「やすらぎのなかで快適と感ずる感情」を与えてくれます。そして「いつでもそこに戻ることができる」という可能性があってこそ，人は諸々の危険が待ち受ける社会に出て，みずからの課題を果たすことができるとボルノウは論じています。

　何らかの事情があって家族とともに暮らすことができず，児童福祉施設に入所している子どもたちの多くは，場所としての「住居」に住んではいても，さまざまな「自分を護るもの」に囲まれて，「やすらぎの感情」を得ることが難しかったという経験をもっています。児童福祉施設における「施設環境の整備」は，上記のことを念頭に置きながら，子どもたちに「被護性」の感覚を与えられるような，さまざまな配慮のもとで行われる必要があります。

ハード面における施設環境の整備

　ハード面における施設環境を構成する要素としては，施設内にあるさまざまなものをあげることができます。敷地内の植物，寮舎の雰囲気を明るくする窓などのレイアウト，保温性・換気性・遮音性のバランスがとれた壁の質や空調の配置，寮舎の子どもたちと職員が全員そろってくつろぐことができるリビング，料理の創作意欲をかきたてるキッチン，プライヴァシーの感覚を保持できる居室のつくり，清潔で使いやすいトイレ・風呂・洗濯機置き場などです。

　日本の入所型児童福祉施設は「大舎制」が基本であった時代から，「小舎制」，「地域小規模児童養護施設」，そして「里親養育」を中心に据える方向性に移行しつつあります。このような新しい流れのなかでつくられた施設や寮舎は，家

▷1　施設の小規模化
　⇨ ⅩⅢ-3 参照。

庭的な雰囲気が大切にされていることが多く，設計の段階から「被護性」を重視したさまざまな工夫がなされています。

③ ソフト面における施設環境の整備

　では，「小舎制」ではない児童福祉施設がすべてダメなのかというと，決してそうではありません。「小舎制」ではない施設には，学校のようなつくりであったり，古びた長屋のようなつくりであったりなど，さまざまな形態があります。大きな風呂は気持ち良いですが，入浴時間に気を遣わねばならなかったり，共同トイレで朝の時間帯などは子どもの順番待ちの列ができるなど，実習生が驚くような施設環境のなかで暮らしている子どもたちもまだまだ多いというのが現実です。

　しかしながら，丁寧な掃除や季節に合わせた細やかな配慮を行うことで，ハード的には悪条件であっても，子どもたちに住み心地の良さを伝えることに成功している施設も数多くあります。

　筆者が施設の非常勤職員だった頃，夜勤でペアを組んだベテラン保育士が仮眠をとらずに夜を徹して，季節感あふれる壁面をつくったことがありました。梅雨の季節に合わせて，恵みの雨のなかで折り紙のカエルなどが喜んで飛び跳ねている壁面でした。朝起きた幼児たちが新しい壁面を発見すると，駆けるようにして集まって，楽しげに壁面をみていた姿を今でも鮮明に覚えています。時間帯によって担当職員が変わる施設では，その時間帯の担当者が「笑い」や「ユーモア」の感覚のある職員か，そうでない職員かによって，子どもたちだけでなく施設全体の雰囲気や空気感までもが違ってきます。

　施設環境のハード面の重要性はもちろんですが，ボルノウが「被護性」という言葉で示したように，大人によるさまざまなソフト面での配慮こそが，子どもたちが住み心地良く暮らすために何よりも重要なものであるといえます。

④ 個々の子どもの特性に合わせた環境整備の必要性

　ある児童福祉施設で実習を行った学生が，「私が配属された寮舎は家庭的でなく，酷かった。子どもの居室にモノや掲示物がほとんど置かれていなかった」と，いってきたことがあります。施設の実習指導担当者に確認してみると，その寮舎はアスペルガー症候群の子どもが多いため，なるべく心の平安を崩す「ノイズ（≒刺激）」を少なくしているとのことでした。客観的には殺風景にみえても，子どもたちにとっては住み心地が良かったわけです。

　施設保育士を目指す人たちには，子どもの目線に立脚し，子どもの個々の特性にも配慮した上で，施設環境の整備を行っていくことが求められています。

（鈴木崇之）

参考文献

　O. F. ボルノウ著，大塚恵一・池川健司・中村浩平訳『人間と空間』せりか書房，1978年.

　田中智志『臨床哲学がわかる本』日本実業出版社，2005年.

行動上の問題への対応

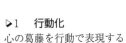

1　子どもの逸脱行動への理解

　児童養護施設の子どもたちは，言葉では表現することのできない怒りや悲しみなどの気持ちを，さまざまな形（行動）で示します（表Ⅹ-1）。

　なかには抱えている心の傷が深く，激しい**行動化**のために日常生活がたちゆかなくなってしまう子どももいます。その際に施設保育士は，臨床心理士・精神科医などと連携していく必要があります。子どもの不適応行動を正しく理解し，適切に対応していく技術を身につけることが，施設保育士に求められています。

▷1　行動化
心の葛藤を行動で表現するもの。
　⇨　Ⅳ-1，Ⅳ-4参照。

事例：子どもの反社会的行動

　身体的虐待を理由に学園（児童養護施設）に入所した小学校2年生の圭子さん（8歳，女子）。家にいた頃から万引きを繰り返し，そのことが原因で母親は圭子さんに体罰をし，それが入所の理由となりました。施設入所後も彼女の盗癖は改善せず，学校の友人の物，学校の備品，お店の文房具など，何でももってきてしまいます。注意すれば「ごめんなさい」と謝り，強く叱ると涙を流して，「もう絶対にしません」と反省を口にしますが，またすぐに圭子さんは物を盗ってきてしまうのでした。

　圭子はなぜ万引きを繰り返すのでしょうか。圭子の母親は，飲食店でホステスをして働いています。朝方疲れて帰ってくる母親は，圭子に食事を用意せず，そのまま寝てしまうことが度々ありました。母子家庭のため，圭子の面倒をみてくれる人は母親以外に誰もいません。お腹がすき，1人の寂しさに耐えられなかった圭子は，コンビニに行っては万引きを繰り返すようになりました。疲れていらいらしていた母親は怒りました。生活のために仕事は辞めるわけにはいきません。圭子の万引きをやめさせようとして，母親は手をあげるようになりました。体罰は徐々にエスカレートし，施設に入所することになったのです。

　この万引きという行動だけを捉えると「毅然とした」対応をし，万引きをやめさせる必要を感じるかもしれません。子どもの健全育成，「しつけ」の観点から考えれば当然のことでしょう。しかし，圭子が寂しさを紛らわせるために「そうせざるを得なかった」理由にも目を向ける視点も，重要です。一見問題行動にみえるこの盗みは，圭子の心の叫びでもありました。しかし，この行為は繰り返されるうちに徐々に習慣化し，反社会的な行動へと変化していってし

まいました。重要なのは、「寂しくてつらかった」気持ちに寄り添うことです。その上で、健全な生活を営めるように導いていくことが重要です。

<table>
<tr><td colspan="2" align="center">表X-1 児童養護施設の子どもが示す不適応行動</td></tr>
</table>

反社会的行動	非社会的不適応行動
逸脱行動（無断外出・シンナー・飲酒・万引き・性的行動化等） 暴力的行動（子ども，職員への身体的暴力・職員への反抗的態度・学校での授業妨害等） 意欲喪失（学力不振・勉学意欲がない等）	親密な人間関係を築けない 自己中心的傾向（パニック・落ち着きがない） 身体症状化（原因のはっきりしない不調の訴え・無気力・心因性嘔吐） 偽成熟性（年齢の割に早熟・大人の顔色をうかがう・理由のわからない不安やおびえを示す等）

出所：第50回全国養護施設長研究協議会東京都実行委員会編「研究報告結果」東京都社会福祉協議会，1996年より筆者作成。

② 受容と容認

　圭子のような経験をもつ子どもの場合，**自己肯定感（観）**[2]が低く，自信がないことが少なくありません。当然のことですが，子どもをほめることは大切です。一方で，子どもには「ほめられる権利」とともに，「正当に注意を受ける権利」もあるのです。子どもをありのままに受け入れる（**受容**）[3]とは，子どもの行動をそのまま受け入れてしまうこと（容認）ではありません。重要なのは，その行動の裏にある子どもの心の叫びを理解することであり，行動そのものを認めることではありません。問題行動を繰り返している子どもを「受容」するつもりで問題行動まで受け入れてしまったら，子どもの「関心をもってほしい」という気持ちを無視してしまうことになります。このことは結果的に，子どもの問題行動をエスカレートさせ，子どもたちを傷つけることになるのではないでしょうか。

③ 親へのアプローチ

　子どもの問題行動は，親にとっては施設に入れるための理由となってしまう場合があります。しかし問題行動の多くは，親子関係や家庭環境がその原因となっている場合が少なくありません。家族再統合のためには，親や家庭環境への取り組みも不可欠です。圭子の母親も，決して子どもを虐待する「鬼のような」人ではありません。親子の生活を支えるために，精いっぱい努力をしています。虐待行為とそれに至った経緯について，周囲からの理解も支援もなく，自分自身の心の傷や，子どもに対する罪悪感に苦しんでいる親は少なくありません。そして，その悩みや傷を誰かに打ち明け，回復をしていくのは簡単なことではありません。親との**ラポール**[4]を形成し，親業の強化を図ることと，地域での支援体制をつくることを職員は求められます。そのなかで，傷ついた親自身の心のケアをどのように行っていくかは，大きな課題となっています。

（髙山由美子）

▷2　自己肯定感（観）
　⇒ III-1 参照。

▷3　受容
ソーシャルワーカーの基本原則である，バイステックの7原則の1つ。クライエントを尊重し，ありのままの状態を理解し受け入れること。

▷4　ラポール
ワーカーとクライアントとの間に結ばれる専門的な信頼関係。

保育士等と権利擁護

　子ども虐待と「適切な養育を受ける」権利

　「児童虐待の防止等に関する法律」の改正が2004年に行われました。その第
1条に児童虐待は「人権侵害」であると明記されました。たとえ親であっても，
虐待行為を「人権侵害」と位置づけたことは意義が大きいといえます。そして，
同法の施行によって，児童虐待の定義が明確にされました。「身体的虐待」「性
的虐待」「心理的虐待」「ネグレクト」の4つです。この定義で一番，明確な説
明が難しいのは「ネグレクト」です。かつては「育児放棄」「遺棄」などと訳さ
れていました。意図的に子どもを学校や保育所に通わせないといった「登校・
登園禁止」も含まれるとした見解もありました。しかし，十分な解釈とはいえ
ませんでした。そこで「人権保障」の考え方に基づいた新たな「定義」がなさ
れてきています。それは本来，人間として生まれた以上，「適切な養育を受け
る権利」を有するという考え方です。特に人間は，ほかの哺乳類のなかでも，
「一年早い早産」といわれるように，生後間もない乳児はそのまま放置すれば，
生命に関わる事態が生じます。つまり，生来の権利である「人権保障」として，
この「適切な養育を受ける権利」というものを明確に位置づけなければならな
いということです。

　「不適切な養育」状況にある子どもと「施設養護」の役割

　「虐待を受けている」「ネグレクト」の状況にある子どもたちとは「Child
Maltreatment，不適切な養育」状況にある子どもたちであるといえます。本来，
家庭は「適切な養育」を保障する場であるはずですが，それが実現できていな
い状況が多く起こっています。そこで，「社会的養護」の必要性が発生し，「家
庭（的）養護」や「施設養護」が位置づけられてきました。以下，「適切な養
育」とは何かについて，施設養護の場を通じてみていきます。

　○**心安らぐ居場所として**

　施設が子どもたちにとって，安心して生活を送ることのできる場であるとい
うことが，まずは求められます。集団生活ですから，最低限守らなければなら
ないルールがあったり，さまざまな場面で，子どもの要求に対して制限はあり
ます。しかし，その制限が子どもに対する強引な押し付けであったりしてはな
りません。子どもの要求に対して職員は「説明責任」があります。その出発点

▷1　Child Maltreat-
ment
身体，精神性虐待，ネグレ
クトを含む子ども虐待をよ
り広く捉えた子どもの発達
を阻害する行為全体をいう
（友田明美『子どもの脳を
傷つける親たち』ＮＨＫ出
版新書，2017年）。

は児童相談所の一時保護所になります。たとえば，施設入所が決まった段階で，子ども自身が納得できるように働きかけることが必要です。施設入所後は，施設の生活に慣れるまで注意深い支援が重要となります。年長者などから「イジメ」行為がないか，きちんとその子どもの「居場所」がつくれているかを見守っていかなければなりません。

○信頼関係を回復し，新たな信頼関係を構築する場として

施設入所する子どもたちの多くは「親（大人）に裏切られた」と感じています。施設養護の大きな役割はこの人間同士の「信頼関係の回復」と「新たな信頼関係の構築」であるといっても過言ではないでしょう。まず最初に，子どもたちに具体的な支援をしていく上でも，「基本的信頼関係」が子どもと職員（大人）との間に成立していなければ，いくら子どもに一生懸命関わろうとしても，子どもはそれを受け入れないか，拒絶するかもしれません。そして，この「信頼関係の回復」や「新たな信頼関係の構築」が施設を出てからの社会的自立につながってきます。

○仲間づくりの場として

次の段階として，子どもにとって，もう1つ大切な権利があります。それは「仲間づくりの権利」です。児童福祉施設で暮らすほとんどの子どもたちは，自分の家だけでなく，地域，学校から離れて「新たな生活圏」に入ります。つまり，施設の仲間，学校の友人，地域との関係を新たにつくることになります。これは，大人でも大変なことです。

最初，子どもは不安定になったり，学校にすぐなじめなかったりすることもあります。施設職員は，できるだけ子どもたちの緊張を和らげ，施設や学校での仲間づくりのために手助けをしてあげなければなりません。なかなか自分から積極的に集団に入れない子どもに対しては，特に配慮が必要になります。イジメの対象になったり，集団から孤立するようなことがないか，見守ることも必要です。

○意見表明ができる場として

児童福祉施設では，年長者や力の強い子どもだけの意見で，いろいろなことが決まってしまうことがないように，施設職員は普段から配慮しておかなければなりません。新入児童や年少児童でも，きちんと意見が尊重されていると子どもたちが感じられる雰囲気づくりも大切です。

そして，職員が一方的に何でも決めてしまって，子どもたちが不満を感じたまま生活していることがないか，職員同士で確認し合うことも大切です。**苦情解決制度**があっても，「苦情がないから，うちの施設はうまくいっている」とは限りません。

（小木曽 宏）

▷2 苦情解決制度
⇨ X-7 参照。

7 保育士等と苦情解決

▷1　苦情
山田忠雄ほか編『新明解国語辞典第五版』三省堂，1997年.

▷2　不平，不服，不満
不平：①平坦でないこと。②心がおだやかでないこと。不満に思うこと。
不服：①服従しないこと。従わないこと。②納得しないこと。不満足に思うこと。
不満：心に満たないこと。満足しないこと。不満足。
（新村出編『広辞苑第5版』岩波書店，1998年）

▷3　日常生活自立支援事業
　⇨　XIII-4 参照。

▷4　志田民吉編著『法学』建帛社，2004年，20〜21頁.

1 「苦情」の位置づけ

「苦情」の国語的な定義は，「自分が他から受ける損害や不利益などに対する不平，不満」となっています。苦情に近い言葉としては，「不平」「不服」「不満」という言葉があります。

コソコソと悪口をいったり，愚痴をこぼすうちは，不平，不服，不満の状態に留まっているのでしょうが，それらを公の場に出さざるを得ない状態になったものを，ここでは「苦情」と位置づけます。不平，不服，不満は人の生活のなかにはごく普通にあり，どちらかといえば自然なものです。一方，「苦情」は，それを訴える人の個人差はありますが，それ相当の段階を経て，生み出される性格のものです。構図的には，「表に出る苦情の裏に，たくさんの表に出ない苦情がある」ということになるでしょう。

2 苦情解決制度の概要

苦情解決制度とは，福祉サービス利用者に対する権利擁護システムの1つであり，**日常生活自立支援事業**と同様，2000年の社会福祉事業法（現・社会福祉法）改正によって新たに規定された制度です（図X-2）。苦情解決制度の柱は，社会福祉事業のサービス供給関係に契約制度が導入されたことに伴って誕生した，社会福祉事業の経営者と利用者とが双方で維持運営すべきシステムになっています。

福祉サービスの利用において，提供する側と受ける側とのトラブル発生（例：予想していた福祉サービスが受けられない，職員の対応が悪いなど）は，想定されるべき事項です。そして，トラブルを最終的に解決する手段は，訴訟（裁判）という形です。苦情解決制度というのは，もっとも身近な個人間での話し合いによる問題解決から，「白か黒かをハッキリさせる」訴訟による問題解決との中間に位置する制度になります。このように苦情解決制度は，訴訟に至る前段階での利用者・事業者間の関係調整として機能します。関係調整のレベルとしては，「事業者」段階と「運営適正化委員会」段階の2つですが，特に「事業者」段階における第三者委員は，その施設・事業の機能にあった関係調整能力の高い人材が求められます。

児童福祉の領域は，児童福祉施設の設備及び運営に関する基準第14条の3

（厚生労働省令）によって，苦情への対応として，窓口を設置するなどの措置を講じることや，第三者委員を関与させることなどが規定されています。ただし，児童の場合には，運営適正化委員会に調整を申し出ることの現実的な難しさがあったり，虐待事例のように親が子どもの利益代弁者として機能しがたい事情など，成人とは違った側面があります。

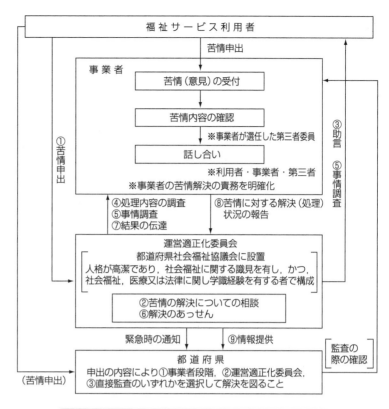

図Ⅹ-2　福祉サービスに関する苦情解決の仕組みの概要図

出所：厚生省「社会福祉の増進のための社会福祉事業法等の一部を改正する等の法律案の概要」2000年。

❸ 制度と援助者

法制度の目的・理念と現実との間には通常，「ズレや例外」があります。それを調整する存在の1人が，保育・社会福祉の領域では「援助者」と呼ばれる人たちです。苦情解決にあたる第三者委員もその1人です。

苦情を解決するための制度があることと，苦情が解決できることとはストレートにはつながりません。制度を使わずに苦情を解決することと，制度を使って苦情を解決することの分かれ目に援助者は立たされることがあります。

苦情をもちかけた時，「話を十分に聞いてもらえた」「私のいうことを理解してもらえた」というだけで，ある程度気が収まるということがあります。哲学者の鷲田清一は，家庭裁判所で調停の仕事をしている知人の話を紹介しています。「言い合って，言い合って，言い合ったはてに，万策尽きて，もはや歩み寄りの余地，『合意』の余地はないとあきらめきったときから，ようやっと『分かりあう』ということがはじまる，と」。この話から，鷲田は，自分のいったことが承認されるかどうかは別として，相手が自分に関心をもち続けてくれたことが，相手の言葉やふるまいのなかに確認できれば，「わかってもらえた」と感じるのだろうと続けています。

実際に発生している問題の解決を求めているのか，それとも問題となった背景や心情を理解してほしいのか，まさに利用者のニーズ（欲）をどう読み取るかが，解決すべき苦情に発展するかどうかの分岐点になるのかもしれません。

（宮本秀樹）

▶5　河合隼雄・鷲田清一『臨床とことば──心理学と哲学のあわいに探る臨床の知』ティービーエス・ブリタニカ，2003年，197〜199頁.

ソーシャルワークの体系

▷1　社会福祉士及び介護福祉士法第2条。
保育士は、児童福祉法第18条の4において「保育士の名称を用いて、専門的知識及び技術をもって、児童の保育及び児童の保護者に対する保育に関する指導を行うことを業とする者」をいう。

▷2　ソーシャルワークの定義
国際ソーシャルワーカーによるソーシャルワークの定義は以下の流れとなっている。
①旧定義：「ソーシャルワークの定義」2001年採択
「ソーシャルワークの専門職は、人間の福利（ウェルビーイング）の増進を目指して、社会の変革を進め、人間関係における問題解決を図り、人々のエンパワーメントと解放を促していく。ソーシャルワークは、人間の行動と社会システムに関する理論を利用して、人びとがその環境と相互に影響し合う接点に介入する。人権と社会正義の原理は、ソーシャルワークの拠り所とする基盤である」
②新定義：「ソーシャルワーク専門職のグローバル定義」2014年採択
「ソーシャルワークは、社会変革と社会開発、社会的結束、および人々のエンパワメントと解放を促進する、実践に基づいた専門職であり学問である。社会正義、人権、集団的責任、および多様性尊重の諸原理は、ソーシャルワークの中核をな

1　相談援助からソーシャルワークへ

　ソーシャルワーク専門職の代表的な資格として、社会福祉士があげられます。社会福祉士の業務は、日常生活を営むのに支障のある人々に対して福祉に関する相談、助言、指導、連絡・調整等を用いて援助するとされています。この一連の活動が「ソーシャルワーク」と呼ばれるものですが、現場においては着脱支援や食事支援などのケアワークの最中に、担当の子どもたちから友人関係や進路の相談を受けるなど、ソーシャルワークを行うことは極めて日常的なことです。

　2019年6月に「社会福祉士養成課程における教育内容等の見直しについて」が発表されました。見直し案では、科目名の一部にくっついていた「相談援助」がすべて「ソーシャルワーク」になっています。新しい社会福祉士養成課程が2021年度にスタートしましたが、見直し案どおりで、関係法令通知等のなかでも、ソーシャルワークという文言が共通言語になります。

2　ソーシャルワークの対象と方法について

　福山和女は、国際ソーシャルワーカー連盟の「ソーシャルワークの定義」（旧定義）をもとにソーシャルワークの実践領域を次のように示しています（図XI-1）。

　各ニーズとそれを充足するための方法は表XI-1のとおりです。

図XI-1　ソーシャルワークの実践領域

出所：『新・社会福祉士養成講座⑦　相談援助の理論と方法Ⅰ』中央法規出版、2009年、69頁。

表XI-1　ニーズ領域と中心となる社会福祉援助技術

ニーズ領域	中心となる社会福祉援助技術
個人・家族・集団を対象とする「ミクロレベル」	ケアマネジメント，個別援助技術，カウンセリング，社会福祉調査法（訪問調査など）
施設・事業所を対象とする「メゾ・レベル」	集団援助技術，スーパービジョン，コンサルテーション，社会福祉運営管理，ネットワーキング，社会福祉調査法（フォーカスグループなど）
地域社会を対象とする「マクロ・レベル」	社会活動法，社会福祉計画法，地域援助技術，社会福祉調査法（アンケート調査など）

出所：社団法人日本社会福祉士養成校協会編『相談援助実習指導・現場実習教員テキスト』中央法規出版，2009年，57頁の表3-1を一部改。

す。ソーシャルワークの理論，社会科学，人文学および地域・民族固有の知を基盤として，ソーシャルワークは，生活課題に取り組みウェルビーイングを高めるよう，人々やさまざまな構造に働きかける。この定義は，各国および世界の各地域で展開してもよい。」

▶3　ニーズの存在

社会福祉の利用を避ける，拒絶している人などに働きかける「アウトリーチ」のように「ニーズの存在」が確定していない人も含む。

ただ，この区分けは基本的なものであり，実際の支援においては，必要に応じて，援助技術の組み合わせが複合的に展開されています。

③　ソーシャルワークの過程について

基本は「ニーズの存在」[▶3] がソーシャルワークのスタートであり，「ニーズの充足」がソーシャルワークのゴールになるのですが，ニーズ領域によっては，ソーシャルワークの過程が外形的に若干異なります。一般的な個別援助だと，図XI-2の流れになります。

利用児・者との信頼関係（ラポール）を形成しながら，問題の把握とニーズを確定するためのアセスメントを行い

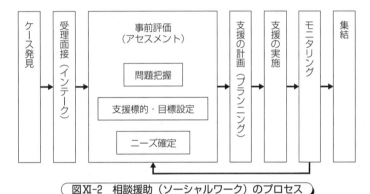

図XI-2　相談援助（ソーシャルワーク）のプロセス

出所：『新・社会福祉士養成講座⑦　相談援助の理論と方法Ⅰ』中央法規出版，2009年，92頁。

ます。そして，このアセスメントをもとに支援計画を作成し，社会資源の活用・創造等の具体的な介入を行います。支援を展開している間に経過観察を行い，必要に応じて再度のアセスメントを行うなど調整をします。ニーズの充足により，事後評価と問題解決に伴っての終結となります。

④　ソーシャルワークを習得するために

社会福祉士養成において，非常に多くの時間と「講義―演習―実習」の総合的・有機的な学びのなかで，ソーシャルワークの構成要素である① 人権，社会正義，社会変革などの「価値・倫理」を，② 各種社会福祉制度や関連分野に関する「専門知識」を，③ 各種社会福祉援助技術に関する「専門技術」を習得していきます。この構造は保育士養成も準じます。　　　　　　　（宮本秀樹）

2　ケアワーク・ソーシャルワーク・レジデンシャルワーク

　ケアワークとソーシャルワークの関係

　ここではまず，ケアワークとソーシャルワークの定義を確認していきましょう。山縣文治・柏女霊峰編『社会福祉用語辞典［第9版］』（ミネルヴァ書房，2013年）を見ると，笠原幸子による「ケアワーク」の解説が掲載されています。

　笠原は「ケアワーク」を「社会福祉分野の専門的な教育を受けた者が，加齢・心身障害等により社会生活上に困難をもつ人や成長途上にあって援助を必要とする人に対して，直接的かつ具体的な技術を活用して，身体的側面・精神心理的側面・社会的側面から援助すること」と説明しています。

　一方，同書において「ソーシャルワーク」は岩間伸之によって解説されており，「社会福祉の実践体系であり，社会福祉制度において展開される専門的活動の総体」と定義されています。

　この2つの説明を比較すると，ケアワークはソーシャルワークの一環に位置づけられると解釈できそうです。

　しかし，「ケアワーク」の項目において笠原はケアワークとソーシャルワークの関係について言及し，「基盤となる知識や技術の部分的重複はみられるが，両者は個別の援助として存在し，技術の統合はない。ソーシャルワークとは，中軸となる援助技術の手法が異なり，役割が異なる」と論じ，図XI-3を提示しています。

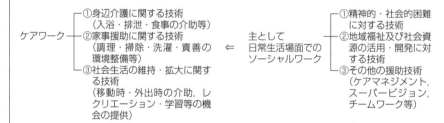

図XI-3　ケアワークとソーシャルワークの体系

出所：山縣文治・柏女霊峰編『社会福祉用語辞典（第9版）』ミネルヴァ書房，2013年，72頁。

　この図から，利用者の日常生活支援および社会生活の維持と拡大に対する直接的な支援が，ケアワークにおいては重視されていることが理解できます。

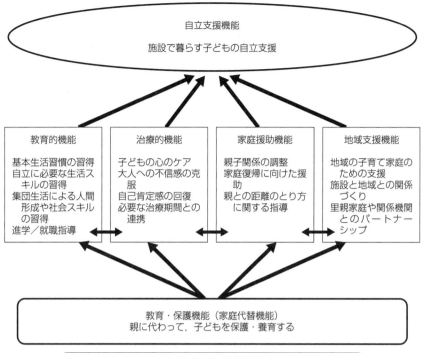

図XI-4 児童養護施設に期待されるレジデンシャルワーク機能

出所:伊藤嘉余子『児童養護施設におけるレジデンシャルワーク』明石書店，2007年，46頁。

2 レジデンシャルワーク

　児童福祉研究者の伊藤嘉余子は著書『児童養護施設に期待されるレジデンシャルワーク』（明石書店）のなかで，特に児童養護施設職員の実践における「ケアワーク」的側面と「ソーシャルワーク」的側面とを比較検討しています。

　伊藤は，児童養護施設職員の実践を「ケアワーク」と「ソーシャルワーク」とが混在している実践として位置づけ，さらに子どもの自立を支援するためのさまざまなソーシャルワークや地域との連携や専門性向上等のアドミニストレーション機能が融合している「レジデンシャルワーク」と定義しています。

　図XI-4を示しながら伊藤は，児童養護施設ではケアワークと併行し，あるいは相互の連携をしながら，「教育的機能」「治療的機能」「家族援助機能」「地域支援機能」が実施されることによって子どもの自立を支援する「レジデンシャルワーク」が行われていることを論じています。

　入所型児童福祉施設にて施設実習等を行う場合には，この図を事前に理解した上で，現場において施設保育士や児童指導員等がどのように「レジデンシャルワーク」を実践しているのかをよく観察し，また自ら実習を行う上で意識すべき点として意識しておくことをお勧めします。　　　　　　（鈴木崇之）

参考文献

　伊藤嘉余子『児童養護施設におけるレジデンシャルワーク』明石書店，2007年.

　山縣文治・柏女霊峰編『社会福祉用語辞典［第9版］』ミネルヴァ書房，2013年.

3 ファミリーソーシャルワークと
ケースマネジメント

① ファミリーソーシャルワーク

　2004年の児童福祉法改正により児童養護施設，乳児院，児童心理治療施設，児童自立支援施設に**家庭支援専門相談員**（ファミリーソーシャルワーカー。以下，FSWr）が配置されています。素朴に子どもを含めた家族支援をファミリーソーシャルワークと位置づけるならば，FSWr が行っている業務は，狭い意味での「**ファミリーソーシャルワーク（以下，FSW）**」です。

　FSWr の主となる業務内容としては，児童の保護者等に対して，児童相談所との連絡・調整のもと，**親子関係再構築支援**，退所児童へのアフターケア，里親委託等にかかる相談援助，施設職員に対する**スーパービジョン**，地域での子育てにかかる相談・情報交換などがあります。業務内容から判断すれば，ソーシャルワークの対象として，家族はもとより個別援助や地域支援など幅広く存在しているといえるでしょう。

　虐待事案等で児童福祉施設への入所が決定された場合，通常は児童相談所の援助指針のもと，児童福祉施設側は自立支援計画を策定し，家庭復帰や家庭養育環境づくりの営みが「時間」と「連携」のなかで展開されていきます。入所中から退所後以降の「相談援助」の時間的な流れを踏まえ，児童相談をはじめとした関係機関との会議，日常的な連絡・調整，情報収集等のネットワーク・チームワークを具現化することが体制づくりの基本となります。

　「相談援助」の時間的な流れとして，児童相談所側の保護者宅への家庭訪問，面接指導，関係機関調整にかかる側面と児童福祉施設側の養育力向上のための支援プログラム等の実施を通じて，子どもへの自立支援，保護者支援という側面の２つのソーシャルワークが併行して走ります。同じような観察結果や見立てもあれば，場によって人は異なる言動をとることがあるといった経験則から，児童福祉司と FSWr との間で異なるアセスメント結果をもたらす場合もあるでしょう。

　親子面談，外泊，家庭復帰，継続した施設入所，永続的な養育の場の提供など，節目節目で判断の失敗が許されない，子どもの生命・人権等がからむ決定が FSW において求められてきます。子どもと保護者を中心に据えた「２つの FSW のすり合わせ」のあり様（ネットワークと協働等）が「正しいと考えられる判断」の基盤になるのではないでしょうか。

▷1　**家庭支援専門相談員**
「児童福祉施設の設備及び運営に関する基準」第42条等によれば，資格要件としては，①社会福祉士もしくは精神保健福祉士の有資格者　②児童養護施設等で児童の養育に５年以上従事した者　③児童福祉司の任用資格に該当する者，となっている。国家資格・実務経験などを背景に専門職ソーシャルワーカーとして位置づけることができる。
　⇨ X-1 ，XII-1 参照。

▷2　**ファミリーソーシャルワーク**
貧困家庭，老夫婦家族，障害者夫婦，外国人家族，LGBT カップルなど家族の形や実態は多様である。これらの家族に対するソーシャルワークを広く捉えれば，ファミリーソーシャルワークとなる。つまり，ファミリーソーシャルワーク自体，児童福祉領域における固有の支援の方法・形ではない。また，児童相談所は，家族支援を含む学校，地域，雇用・労働，保健・医療など幅広い環境調整が求められているが，対比的には広い意味での「ファミリーソーシャルワーク」と位置づけることができる。

▷3　**親子関係再構築支援**
　⇨ XII-2 参照。

▷4　**スーパービジョン**
　⇨ IX-2 参照。

❷　ケースマネジメント

　ソーシャルワーク体系のなかで，個人・家族・集団を対象とする「ミクロレベル」のニーズに対して，社会福祉援助技術の一つとして「ケアマネジメント」があります。

　白澤政和は，ケースマネジメントの構成要素を図XI-5に示しています。

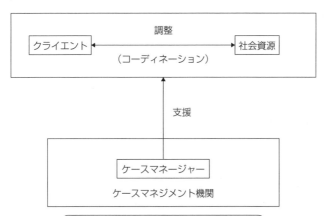

図XI-5　ケースマネジメントの構成要素

出所：『新・社会福祉士養成講座⑦　相談援助の理論と方法Ⅱ』中央法規出版，2009年，22頁。

　ケースマネジメントは，日常生活を営むのに複数の課題を抱えている人を援助するために，周囲にどのような環境が必要かを考えて，それをアレンジする手法です。

　具体例としては，ケースマネジメント機関である児童相談所の児童福祉司（ケースマネジャー）が，来所相談で学習障害をもつ児童とその親であるクライエントに対して，学校，病院，放課後等デイサービスなどのフォーマルサービスや近隣住民，学習ボランティアなどのインフォーマルサービス，その児童が持つ内的資源（強み，特徴）といった社会資源を用いながら，学習障害に伴っての複数の諸課題を軽減・解決する一連の専門的関わりが「ケースマネジメント」の基本的な構造です。広く捉えれば，FSWもケースマネジメントの一つの形になります。

　しかし，外形的には，介護保険の通常の使い方として，要介護度に応じて，使える介護サービスがある程度決定されるケアマネジメントと，虐待案件のように社会的に強いインパクトを与えるケースマネジメントとは大きく異なります。子どもや保護者等との信頼関係を構築しつつ，一方では，強制的介入を含む警察・司法との関わりをもちながら，子どもの最善の利益を保証するための高度な専門的「ケースマネジメント」が求められています。　　　　　（宮本秀樹）

▷5　厚生労働省雇用均等・児童家庭局長通知「家庭支援専門相談員，里親支援専門相談員，心理療法担当職員，個別対応職員及び医療的ケアを担当する職員の配置について」（2012年）

▷6　児童養護施設において，1年以上の在所期間の児童が84.9％（厚生労働省「在所期間別在籍児童数」2018年3月現在）という割合のなか，「新しい社会的養育ビジョン」（『新たな社会的養育の在り方に関する検討会』2017年8月）において，愛着形成の観点から，施設での滞在期間を基本的には，学童期以降は1年以内とする目標年限が示されている。つまり，家庭（的）養育上，「望ましい時間」に施設ケアの「現実的な時間」をどのように近づけていくのかについても，「ファミリーソーシャルワーク」の大きな課題である。

▷7　XI-1参照。ケースマネジメントは，1990年に設置された在宅介護支援センターにおいて試行的に使用された。そして，2000年の介護保険法以降は，ケアマネジメントという用語が使われ，障害福祉領域もケアマネジメント従事者のようにケアマネジメントが一般的になっている。しかし，児童領域においては，ケースマネジメントが使用される場合が多い。基本的な構造としてはケースマネジメントとケアマネジメントとは同様である。

ネットワーキング
——保育士等と関連職種との協働のために

協働とネットワーキング

　保育・社会福祉の業務内容を，どのような性格の仕事になるかの観点から分類すると，「対人援助」の業務と「コーディネイト」的な業務の2つが，大きな枠として考えられます。

　「対人援助」は保健・医療，年金，住宅，雇用・労働，育児，保育，介護，教育，余暇，社会参加，リハビリテーション，権利擁護などについて幅広い知識・情報をもち，福祉全般に関してさまざまな相談に応じる業務を示します。

　「コーディネイト」は福祉サービス・保育サービスを利用したい人，利用している人と社会福祉関係機関・施設や専門職とを結びつける業務を指します。「対人援助」の業務と「コーディネイト」的な業務とがうまく調和した状態を生む方法として，同一職種・他職種との間で，利用者支援という共通の目標を達成するためにネットワーキングという支援ツールを含めた協働という援助のスタイルがあります。

協働の4つの形

　図XI-6は縦軸に，その人が所属している集団，組織，地域を「所属集団」として，そうでないものを「非所属集団」として設定したものです。自治会，子ども会など地域にある社会資源は，その人が何らかの関わりのある団体ならば（＝当事者性を有する）「所属集団」に分類されるし，地域でのケアカンファレンスなど，不定期に顔を合わせる程度の関係にある集団は「非所属集団」に分類されます。そして，保育士とそれ以外の職種を横軸にとり，4つの次元に分けます。

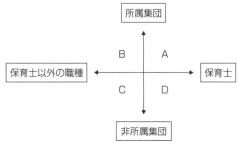

図XI-6　保育士を中心とした協働のパターン

出所：筆者作成。

　次に児童養護施設における保育士の動きを中心に据えて，具体的に協働の例示と説明を行います。

　次元Aの中心となるのは，同一職場での同じ保育士としての上下・同僚関係（共有・共感関係やスーパービジョン関係など）です。日々の業務の引き継ぎ，同じ勤務時間のなかでの働きなど，最も身近な協働であり，ここでの協働が他次元の協働を左右する基盤となります。

　次元Bは他職種（医師，看護師，心理職，栄養・調理部門，児童指導員，事務職など）との関係が中心であり，所属集団内の保育士間の協働に次いで，協働の度合いが高いと思われます。定期的な情報交換，ケア会議，看護師などからインフォーマルに情報を得る・助言を受けるなどが協働の中心になります。協働の源泉としてネットワーキングが大きく関係する次元となります。

　次元Cは典型的な協働関係として，機関外あるいは他の部門からの専門分野に関する特別な知識や技能を教示する**コンサルテーション関係**[1]があります。次元Bのように日常的な協働の度合いは，一般的には少ないと思われますが，たとえば誰にコンサルテーションを依頼するかという場面を考えても，各自が有するネットワーク力が問われるところです。

▷1　コンサルテーション
　⇨ IX-3 参照

　次元Dは同じ保育士として，所属組織を越えて悩みを分かち合う，情報を交換する，学習会に参加するなどインフォーマル的な協働が成り立ちます。

❸　協働の有りようを左右するネットワーキング

　「協働」が必要とされる前提として，利用者の年齢にもよるのですが，問題を最終的に解決するのは，基本的に支援を受ける利用者本人であるという考え方があります。これを踏まえていえば，解決すべき課題を抱えた利用者を支援するために，医療・保健・福祉系専門職がネットワークを張る（チームワークを組む）ことが協働関係の方向性になると言えるでしょう。

　ただし，協働のためのネットワークは，常に同じ状態ではありません。利用者の支援を要する程度（以下，「支援度」）によって網の目の大きさは変わります。支援度の高い利用者に対しては，網の目が細かくなりますし，支援度の低い利用者に対しては，網の目が荒くなってきます。また，網をもつ力，つまり協働の当事者が有する力・強さが，「網の強度・柔軟度」になってきます。

　ここで，協働の当事者に求められるものは，協働の力を最大限に発揮できるような橋渡しとしての「調整力」です。調整力とは，利用者や各サービス提供機関をよく知り，その上で利用者に対して，調和のとれた一貫したサービスの提供に向けて，土壌づくり（システムづくり）をするための力のことです。

　つまり，協働を有効に機能させるためのネットワーキングは，「支援度」「網の強度・柔軟度」「調整力」の相互作用のなかで決定されます。　（宮本秀樹）[2]

▷2　宮本秀樹「他職種とのかかわり」日本社会福祉士養成校協会『社会福祉士養成校ガイドブック2004』2003年，38〜39頁を一部改。

基本的応答技法

 基本的応答技法とは

　子どもや家族との対話，特に面接などの相談場面で必要とされる基本的技術を「基本的応答技法」といいます。ここではまず，カウンセリング心理学のマイクロカウンセリング技法において抽出された4種類の「基本的応答技法」と「関わり行動」について概説していきます。

 マイクロカウンセリング技法における基本的応答技法

○内容の反映

　「基本的応答技法」の基本は「内容の反映」です。たとえば，ファーストフード店に行ってハンバーガーをひとつ頼んだ時に，店員は「ハンバーガーおひとつですね」と言います。この言葉がなければ，私たちは自分のオーダーが受理されたのか不安になってしまうでしょう。このように，相手が言った内容をそのまま反映して，相手の言ったことを理解したことを伝えることが「内容の反映」です。しかし，機械的なオウム返しになってしまうと相手に不信感を抱かせることもあるため注意が必要です。

○感情の反映

　「基本的応答技法」において重要な位置づけにあるのが「感情の反映」です。たとえば「ここに来るまでの電車が混んでいたのです」という相手の発言に対して，「内容の反映」を使用した場合は「そうですか，混雑した電車でいらっしゃったのですね」などとなります。しかし，「感情の反映」では「そうですか，満員電車はお辛かったでしょうね」というふうに，言語的メッセージの背後にある相手の感情を類推して，反映させていきます。

　他者の感情を理解するのは難しく，時には「きっと相手はこのような感情なのだろうな」と思って反映した感情が，相手の実際の感情とは異なってしまう場合もあります。こういった間違いは少ないことが望ましいのですが，仮に多少間違った感情の反映をしてしまったとしても，感情の反映によって聞き手が相手の気持ちを理解しようとしているという姿勢を伝えることができます。さらに，相手の感情を理解できることが増えると，信頼関係構築をスムーズに進めることができるようになります。

❍適切な質問

相手の話をただ聞くだけでなく，適切な質問をすることによって，聞き手が相手の話に興味をもち，真剣に聞いていることを伝えることができます。「〜についてどう思いますか」などと話し手が自由に多くのことが語れるような質問をする「開かれた質問」，そして「はい」「いいえ」あるいは答えが一言でいえるような質問をする「閉じられた質問」が基本的な質問技法です。

また，話の流れに即した質問ができることや，面接の支障となるような質問を認識して避けることも重要となります。

❍情緒的な支持の提示とＩメッセージ

対話のなかで見いだした，相手の長所や相手が問題に向き合う姿勢を応援するメッセージの伝達もマイクロカウンセリングでは重要視されています。クライエントの健康さや強さを認めるメッセージを伝える「情緒的な支持の提示」，そして「私は」で始まる直接的主観的なメッセージを伝える「Ｉ（アイ）メッセージ」という２つの技法がマイクロカウンセリングにおいて位置づけられています。たとえば，日常会話のなかで自分の話を聞いてほしい場面で相手の話ばかりをされてしまい，嫌な思いをした経験を誰しももっているのではないでしょうか。基本的に，マイクロカウンセリングでは相手の話を傾聴する姿勢を重視しますが，必要に応じて「情緒的な支持」を提示し，あるいは「Ｉメッセージ」で個と個の関わりにおいてメッセージを伝えるという方法を使用します。特に「Ｉメッセージ」の使用については，個人的な価値観の押しつけになりすぎないように注意することも重要となります。

③　関わり行動

仮に前述の基本的応答技法がすべて完璧に使用できたとしても，話を聞く側の態度が伴っていなければ，対話を通じて信頼関係を構築することはできません。マイクロカウンセリング技法では，基本的応答技法の土台となる技術として「関わり行動」を位置づけています。

マイクロカウンセリング技法において「関わり行動」は「視線を合わせる」「聞き手の身振り手振りや姿勢などの配慮」「聞き手の声の大きさやスピードなどの配慮」「言語的追跡」の４種に分類されています。このなかで「言語的追跡」とは，相手が話そうとしているテーマをしっかりと聞き，聞き手自らが話題を変更しないことを指しています。

特に保育実習に出る前などは，子どもや保護者役と保育者役に分かれてロールプレイを行い，「マイクロカウンセリング技法」と「関わり行動」を意識して使用できているか確認してみてください。スマートフォン等の録画機能を活用して，自らの基本的応答技法の活用状況を客観的に理解することも大切です。

（鈴木崇之）

(参考文献)
　福原眞知子監修『マイクロカウンセリング技法——事例場面から学ぶ』風間書房，2007年.

ジェノグラムとエコマップ

社会的養護におけるスキルとして

　児童相談所においては，近年，子ども虐待通告が急増しています。虐待ケースに限りませんが，受理会議後，調査や情報収集が開始されます。児童相談所で扱うケースは，離婚・再婚を繰り返している家族もおり，記述式の情報だけで家族全体の構図を把握することは困難を伴います。その際に，リスクアセスメントシートやチェックリストなどに加えて，ジェノグラムやエコマップの活用が重要になってきます。

ジェノグラム[1]

　ジェノグラムは3世代以上の家族の人間関係を図式化したものです。子どもの周囲の人間関係が視覚的に理解できるだけではなく，家族の歴史や成り立ちも見えてきます。さらに家族内のキーパーソンを探る意味でも重要な資料となります。

○家族の「情報整理」から「作成」「読み取り」まで

　児童相談所の「相談面接」では，子ども本人や家族に対し，本人の生育歴や家族に関する情報を聞き取っていきます。必要に応じて，聞き取った情報をジェノグラムに移し替えます。時には，当事者家族と協働で作成することもあります。さらに，作成したジェノグラムから子どもの周囲の人間関係家族の歴史や成り立ちを「読み取る」ことが重要になってきます。そこから視覚的に世代を超えた家族の「課題」が見えてきます。また，「精神疾患」や「虐待」などで出てくる「世代間連鎖」や家族間の関係性も見えてきます。

　家族の人間関係を視覚化することで，家族自身が客観的に事態に距離をもって見ることができます。また，ジェノグラムにおいては，「問題の原因」を焦点化させません。当事者だけに「問題の責任」を負わせず，家族全体の「関係性」

▶1　早樫一男（編著）『対人援助のためのジェノグラム入門』中央法規出版2016年.

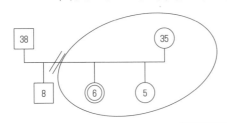

【ジェノグラムの記号】
・男性（夫）は□，女性（妻）は○
・婚姻関係は線で結ぶ（夫は左，妻は右）
・きょうだいは左から年長の順番に表記
・当人や当事者と呼ばれる人（問題とされている人）に対して，男性は◎，女性は◎で表記，家族療法では IP（Identified Patient）という。
・死亡（故人）は□や○に×を書き加えるか■や●で表記

図XI-7　ジェノグラムの例

から現状と課題を考えていくことができます。

❍ジェノグラムから「介入」「援助」の手立てを考える

ジェノグラムは,「円環的思考」から「問題」を見ていくのに役立ちます。た
とえば,「不登校問題」に関して,「母親から甘やかされてきたのが〈原因〉だ」
という考え方を「直線的思考」といいます。しかし,実際には「父親が長く単
身赴任で,子育ては母親任せ」「母親には精神疾患があり,家事はほとんど母方
祖母が行っていた」という状況が見えてきたとき,これら父親・母親が置かれ
ていた状況と不登校とを関連づける考えを「円環的思考」といいます。そして,
「援助」「介入」の〈手立て〉を円環的思考の中で検討するためにジェノグラム
は重要な役割を果たします。

3 エコマップ

エコマップとは,複雑な
問題を抱えた子どもの家族
と社会資源との関わりを線
や記号を用いて表したもの
で,「生態地図」とも呼ば
れています。エコマップは
1975年にアン・ハートマン
によって考案され,支援に
活用できる社会資源を知る
ことで,協力体制を高め,
「戦略」を立てることなど
に活用できます。

ジェノグラムは,家族の
「過去から現在に至る」歴
史を三世代にわたって描く

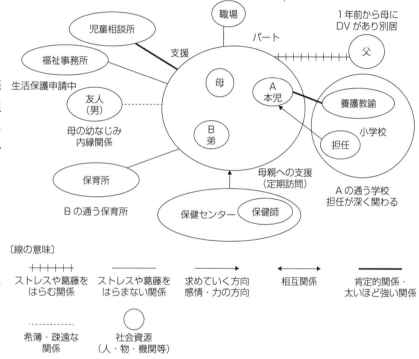

図XI-8 エコマップの例

ことにより,立体的に「家族の問題」を整理するのに有効なツールです。これ
に対して,エコマップは子どもを取り巻く人間関係や社会関係を水平的に理解
するのに効果的なツールになります。また,ジェノグラムと同様,当事者家族
と協働してエコマップを作成すれば,当事者家族自身が事態を客観視できます。

❍ジェノグラムとエコマップの活用と「支援計画」

児童相談所から児童養護施設などに子どもを措置する場合,アセスメントを
行い「自立支援計画」を立てます。その際,ジェノグラムやエコマップを作成
しておくことで,家族や関係機関との関係調整や家庭復帰の方策などが立てや
すくなります。児童養護施設入所後,措置児童一人ひとりの「自立支援計画」
(個別支援計画)を立てる場合にも活用できます。 (小木曽 宏)

ケースカンファレンス

 なぜケースカンファレンスが必要か

　ケースカンファレンスとは，対人援助の臨床現場で，ケアに関わる職員が集まり，個々のケースについて支援方針を集団検討することです。

　児童福祉施設では複数の職員がチームを組んで，交代で子どもの養育にあたるため，すべての職員が子どもの状態を同時に把握することはできません。また，子どもはある職員の前で現した行動を，別の職員にはみせないことがあります。さらに職員もそれぞれに異なる価値観や感受性をもっているので，複数の職員が子どもの同じ行動をみても，それに対する理解や支援方法に差が出てしまいます。その差を埋めることなく，個々の職員が思い思いに対応してしまえば，子どもたちが混乱し，職員に対する態度の使い分けが固定化する恐れがあります。

　また，入所当初に児童相談所と支援方針を確認しても，子どもの状態は生活のなかで変化し，その都度新たな対応を求められます。対応に行き詰まったり，その時それが一番良いと判断した対応がうまくいかなかったりすると，職員も傷つき，あせるので，次第に冷静な判断ができなくなっていきます。

　以上のような課題を解決し，職員がチームとして一貫性を保ちながら，その時々の子どもの状態に見合った支援を展開していくためには，いったん立ち止まって，複数の視点で事態を見直すケースカンファレンスが必要になります。

 いつどのような形でケースカンファレンスを行うか

　○日々の生活のなかで

　職員間の情報共有が必要な時，また支援に行き詰まった時に，必要に応じていつでも行うことができます。毎日行われる職員間の引継ぎのなかで話し合ったり，緊急時にはその都度集まって検討したりします。この場合，メンバーはホームや寮などの生活集団単位の職員です。事態の重要度に応じて責任者が入ることも必要です。集まりやすく，フットワークよくできるのが特徴ですが，交替勤務のなかでは全員が参加しにくいため，短期視野の検討が主になります。

　○定期的な支援方針の見直し

　子どもの状態や課題，それに対する支援方針を定期的に確認するためのカンファレンスがあります。全体会議，ホーム（寮）会議など，関わる職員がある

程度そろった単位で行われます。児童相談所と一緒に**自立支援計画**[41]を策定することもあります。その時々の短期的な課題についても検討しますが、中・長期的な視点での支援方針の見直しができるのが特徴です。施設では差し迫った課題や問題に追われ、大きな問題を起こさない子どものことはどうしても後回しになりがちです。そのような漏れをなくすためにも欠かせない作業です。

○研修としてのケースカンファレンス

職員のスキルアップのために行うカンファレンスもあります。外部講師を呼んで、現在進行中の支援困難ケースや、退所して関わりが終結したケースについて助言を得て、子どもの状態の見立てや関わりのあり方を研修します。施設の全職員が対象となりますが、複数の同種施設が集まったり、関係機関を交えたりして開催することも可能です。ただし一定の研修効果が必要なので、提出ケースや講師の選定、事前の打ち合わせなど、十分な準備が必要となります。

3 ケースカンファレンスの進め方とルール

○目的の明確化

最初に進行役がカンファレンスの目的を明確化します。「なんのためにこのカンファレンスを行うのか」、「このカンファレンスによって何を解決したいのか」ということです。目的を明確にすることで、その後の議論があらぬ方向に逸れたり、散漫な内容になったりするのを防ぎます。事例の提出者（担当者）が目的をもって、進行役との十分な打ち合わせの上で臨むことが大切です。

○アセスメント

次に情報の共有と整理を行います。参加者が情報を出し合い、今何が起こっているのか、子どもはどのような状態なのかをアセスメントします。この時、噂や憶測は極力排し、具体的に確認できる事実を情報として取り扱うことが大切です。進行役が情報を整理し、討議の論点を提起します。情報の整理を目的とするカンファレンスや、整理された情報に基づき、課題の分析や子どもの見立てについて助言者から助言を得るカンファレンスは、ここで終了となります。

○論点の検討と対応・方針の立案

アセスメントを経て提起された論点について、参加者間で討議し、当面の対応（短期視野）や中・長期視野の支援方針を立案します。討議のルールとしては、① 担当者や対立意見に対する批判や非難はしない、② 意見はできるかぎり確認されている事実に基づき根拠を明確にする、③ 新しい見方は歓迎し途中で意見を変えることはためらわないなどがあげられ、これは進行役が管理します。

○まとめと記録

進行役が決定された内容を確認します。この時決定された対応や方針の期限も確認し、正確に記録しておくことが必要です。　　　　　　　　　（児玉　亮）

▷1　自立支援計画
入所型児童福祉施設で生活している子どものための養育計画。施設職員が児童相談所職員と子どもの状態について共同でアセスメントし、子どもや保護者の意見を踏まえて策定する。定期的に評価し見直しを行う。
　⇨　VII-2，VII-3 参照。

8 援助者のメンタルヘルス

1 援助者の置かれている現状

社会福祉系養成校を卒業し，児童福祉施設で働くことを選んだ人たちが数年で「辞めたくなった」とという声をよく耳にします。その理由はさまざまありますが，1番目には子どもとの対応で苦慮することがあげられます。「最近の子どもはよくわからない」，「なかなか信頼関係がつくれない」などです。その上，職員配置の問題で，関わることのできる範囲を越えて，複数の子どもたちと関わらなければならず，心身ともに疲れ果てるという状況も起こってしまうのです。そして，そういう悩みを相談できる人が身近にいないという悩みもあります。

たとえば，次のような感情を抱いてしまうことで，自分を追い込んでしまいます。

子どもに十分関わってあげられない（もっとがんばらなければ） ↓ 職員として自信がもてなくなってきた ↓ 自分は職員として不適格かもしれない

このような気持ちは，日々，真面目に子どもたちと関わりをもとうとする人ほど陥りやすい心理状態ともいえるでしょう。そして，せっかく良い資質をもつ職員が，休職や退職をしていってしまうこともあります。今，福祉現場では「バーンアウト」（燃え尽き症候群）ということが起こっています。

2 「転移」と「逆転移」

このことは，利用者に対する相談者，援助者の利用者に対する「逆転移」現象とも関連します。逆転移とは利用者に投影された援助者自身の感情の転移でもあります。つまり，理屈では説明しきれないものですが，利用者もしくはその家族に対して，性的あるいは攻撃的感情を通じて表現されるものだともいわれています。

特に相手が子どもの場合，立場を超えてその子の置かれている状況に「同情」してしまったり，「感情移入」してしまう場合も少なくありません。

▷1　バーンアウト（燃え尽き症候群）
対人援助職等の現場において，献身的，意欲的に仕事をしていた人が，期待した結果が得られず意欲をなくし，あたかも燃え尽きたかのような状態に至ること。結果として，休職や退職に至る場合もある。

▷2　転移
過去の特定の人物に対する感情を，その当人とは異なる別の相手に向けること。相談援助の場面では，利用者が相談者や援助者に対して感情の転移を起こすことが多い。

▷3　逆転移
利用者が相談者や援助者に対して起こす「転移」とは異なり，相談者や援助者が利用者に対して感情の転移を起こすこと。

　子どものとても困った状況に遭遇すると，図式化したように「私が何とかしてあげなければ」「私は何もしてあげられない」という感情が起こる一方で，「自分は未熟なのだ」「もっと努力しなければ」と焦ってしまうのです。しかし，「転移」「逆転移」の状況は誰でも起こりうるものだという認識をもっておくことが大切です。**ヴィルヘルム・ライヒ**は，「逆転移は分析家自身の無意識のニーズと葛藤が彼の理解と技法に与える影響からなっている」と述べました。つまり，こういう感情に援助者が囚われた時，客観的に判断して「これが『逆転移』現象かもしれない」と認識できることで，本来の援助関係に戻ることができるのです。

▷4　ヴィルヘルム・ライヒ（Wilhelm Reich）
精神分析家，精神科医。

❸　現状を変えるために

○メンタルヘルスを心がける

　近年，日本でも福祉現場だけでなく，多くのストレスを感じる職場で注目されてきたのが，「メンタルヘルス」です。最近，福祉の職員研修でもリラクゼーションやヒーリングなどを取り入れたワークショップなどが行われるようになりました。これはそういう研修に参加するというだけでなく，仕事と休息（オンとオフ）をきちんと切り替えることができ，心身の状態を健康に保つことにつながります。そして，その方法を自分なりに，身につけることが大切だということです。児童福祉施設に限りませんが，入所型の生活支援施設では，変則勤務によりオンとオフの切り替えが難しいことも事実です。施設管理者は，このような研修に職員が参加できるように配慮していかなければなりません。

○スーパーバイザーの役割

　現在，児童福祉施設にセラピスト（心理療法担当職員）が多く配置されています。あるセラピストが「子どもだけじゃなくて，職員のセラピーも必要かもしれません」と話してくれました。半分，冗談としても現実に日々，職員は子どものさまざまなことを「抱えこんで」しまいがちです。定期的にケースカンファレンスが行われ，職員同士で話し合う場が保障されていれば，バーンアウト，休職，退職などの状況は回避できるかもしれません。しかし，そのような場がないということは，「何でも自分で判断しなければならない」というストレスを感じることになってしまいます。

　そこで，**スーパーバイザー**という専門職の役割が必要になってきます。豊富な経験知や客観的な視点をもち，的確なアドバイスをしてくれる存在です。直接的な利害関係のない**コンサルタント**のような立場の人が，スーパーバイザーとしては本来は良い場合もあります。

（小木曽　宏）

▷5　スーパーバイザー
　⇨　IX-2　参照。

▷6　コンサルタント
　⇨　IX-3　参照。

第 **5** 部

今後の課題と展望

社会的養護における家庭支援
──保護者・里親への支援

1　保護者の第一義的責任と社会的養護の役割

　児童福祉の理念及び児童の福祉を保障するための原理を明確化する児童福祉法が2016年に改正されました。そこには「児童の保護者は，児童を心身ともに健やかに育成することについて第一義的責任を負う」（同法第2条第2項）。と「国及び地方公共団体は，児童の保護者とともに，児童を心身ともに健やかに育成する責任を負う」（同法第2条第3項）と明記されました。

　親からの虐待や不適切な養育環境に置かれていた子どもたちの多くは，児童福祉施設で暮らしていた，そして今も暮らしているという歴史があります。同法改正のねらいとして，このような歴史を踏まえ，まずは，保護者を児童に対する「第一義的責任者」として規定するとともに，その責任の負い方として私たちの社会は「保護者とともに」を前提としました。

2　社会的養護が担うべき役割

　児童養護施設に措置された子どもたちに関して，施設側は保護者への働きかけを行います。子どもの様子を伝えるだけでなく，行事や入学式・卒業式への参加などをお願いしています。さらに，面会・帰省ができる子どもたちに対しては児童相談所の承認を得て，それらを実施しています。しかし，実際には，連絡しても返事が返って来ないこともあります。

　家庭への指導や支援は児童相談所が行うのが原則です。そのような現状を踏まえて，家庭復帰の可能性がある子どもに関してだけではなく，施設側から，積極的に家庭に働きかけていくことを目的として，児童養護施設等に**家庭支援専門相談員（ファミリーソーシャルワーカー）**[1]が配属されています。

3　家族再統合と家庭支援

　子どもが施設から家庭に復帰できるようにするためには，親への支援の目標として「子どもの最も重要な権利である，子どもの健全な成長発達を支える機能を親が担っていけるようになること[2]」が求められます。さらに「親の回復を支え，養育体験の少ない親には健全な養育モデルを提供していくこと[3]」も必要です。近年，児童相談所や児童養護施設でも保護者に「親子関係改善プログラム」を積極的に提供してきています。しかし，実際には，そのような働きかけ

1　家庭支援専門相談員
家庭支援専門相談員は，1999年度から，乳児院に配置されていたが，虐待による児童の児童福祉施設への入所が増加したことに対応するため，児童養護施設，児童心理治療施設，児童自立支援施設への配置が2004年度から拡大された。
家庭支援専門相談員は児童相談所との密接な連携を取り，入所児童の早期家庭復帰，里親委託等を目的とした親子関係再構築支援を展開している。
⇨　XI-3 参照。

2　「親子関係再構築支援実践ガイドブック」（2016年度先駆的ケア策定・検証調査事業）2017年3月，42頁.

3　同上.

が困難なケースも多くあります。児童養護施設の役割として、そのような事情に置かれた子どもたちへの支援として、家族の拡がりを親族に求めていくことも重要です。両親の祖父母をはじめとして、血縁のある親族が存在することが子どもにとって大きな心の支えとなるからです。

❹ 社会的養護と里親支援

かつて、児童養護施設と里親の連携はあまり積極的に行われていませんでした。その理由は、どちらも児童相談所の措置委託先であったからです。里親登録をする方たちのなかにも、「跡継ぎ」として里親希望をする人も少なからずいました。しかし、近年、国の方針として「里親委託優先の原則」が打ち出されたことにより、大きく状況が変わりました。児童養護施設も里親も社会的養護を担うべき「同じ役割がある」という視点で、協力していく土壌ができつつあります。さらに**里親支援専門相談員**[4]が乳児院や児童養護施設に配置されたことも里親委託の推進力になっています。具体的には児童養護施設等が里親会と連携して合同研修を開催したり、里親制度を広く周知するための広報活動を展開しています。里親登録のための認定研修を児童養護施設で担う斡旋も行っています。このように里親支援専門相談員は、児童養護施設と里親との「距離」と縮める役割を担っています。さらに乳児院に里親支援専門相談員が配置されたことで、乳児院から直接、里親委託につなげる道筋を作っていくことができるようになりました。

❺ これからの社会的養護における家庭支援・里親支援

児童養護施設で暮らすすべての子どもたちが家庭復帰できるわけではありません。施設から自立する子どもたちも多くいます。乳児院から児童養護施設に措置変更された子どももいます。虐待やネグレクト状態の家庭に長い間、置かれていた子どもたちもいます。つまり、「健全な家庭モデル」を経験していない子どもたちが多くいるということです。

そういう子どもたちが将来、家族・家庭をもったとき、子育て等において何らかの支障が予測されます。これらの予測に対処するものとして、「健全な家庭モデル」を追体験するために、現在多くの児童養護施設と養育里親の間で行われている「**ふれあい里親**」[5]が全国に広がってきています。

里親支援についても、里子が幼児期から思春期に達する頃になると、里親が養育について悩むことが多くなります。里親は悩みを抱え込んだり、里子と関係不調にまで至ってしまう場合もあります。そのようなときに、里親支援専門相談員や児童養護施設の職員が相談に乗ることができれば、状況が改善することもあるでしょう。

(小木曽 宏)

▷4 里親支援専門相談員
里親支援専門相談員は施設に地域支援の拠点機能として、里親やファミリーホームへの支援体制の充実を図るとともに、施設と里親との新たなつながりを構築するために配置された。
⇨ VII-1, VII-8 参照。

▷5 ふれあい里親
名称は、地域によって異なるが、帰省できない子どもや施設から自立する子どものために、養育里親の家で宿泊や外出等を行っている。

2　親子関係再構築支援

1　親子関係再構築支援の背景

　小塩は，子ども時代に受けた親からの虐待や，学校で受けたいじめの経験が引き起こすマイナスの影響に関する研究のなかで，これらマイナスの経験による「影響は，社会的サポートや所得・学歴・就業状態などの社会経済的属性によって媒介されるというより，かなり直接的に大人になって主観的厚生に影響する」と述べています。そして，望ましい政策とは，「そもそも子供にそうしたつらい経験をさせないことだ」と結んでいます。しかし，現実的には，養護問題発生理由に占める虐待の割合は，きわめて深刻です。児童福祉法第2条において児童育成の責任は，保護者が第一義的に責任を負うとしていますが，私たちの社会は同時に，その責任が十分に果たせない場合への対応を法制度のなかで整備してきました。

2　親子関係再構築支援と「信頼，希望，幸福」の追求のために

　同法48条の3において，施設，里親，市町村，児童相談所などの関係機関が連携をしながら，家庭的環境で養育されるための必要な措置をとらなければならないとしています。

　「親子関係再構築支援ガイドライン」（2014年）によれば，社会的養護の対象となる家族の多様性や複合的な歴史等を踏まえながら，親子関係再構築について「子どもと親がその相互の肯定的なつながりを主体的に回復すること」と定義しています。そして，家族再統合のための支援の結果，親子が一緒に生活する，一定の距離をもって生活するという形になっても「子どもが自尊感情をもって生きていけるようになること，生まれてきてよかったと自分が生きていることを肯定できるようになることである」としています。自分自身を大切にすることは，他者ひいては社会を尊重することにつながります。このことは，虐待という負の連鎖にストップをかけることにもつながります。

▷1　小塩隆士『「幸せ」の決まり方』日本経済新聞出版社，2014年，157〜184頁.
　小塩は，子ども時代に受けたつらい体験が成人期の主観的厚生（幸福感と主観的厚生の2種類）に直接影響を及ぼすという仮説を設定している。
▷2　周りの人たちから受ける手助けや助言，相談相手になってくれることなどを指す。さらに小塩は，この社会的サポートを相談などに乗ってくれるだけの「情緒的サポート」，実際に手助けしてくれる「道具的サポート」，過剰なことを要求されたり批判されたりするなど，やめてほしいサポートである「ネガティブ・サポート」の3つに区分している（前掲『「幸せ」の決まり方』，164〜165，183〜184頁）。

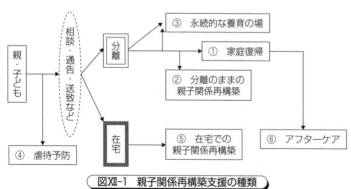
図XII-1　親子関係再構築支援の種類

出所：親子関係再構築支援ワーキンググループ「社会的養護関係施設における親子関係再構築支援ガイドライン」2014年。

希望学を提唱している玄田は，困難な状態に陥った事実に対して，人は不幸であるという感覚をもつが，それを乗り越えるために人は希望を必要とし，信頼は希望を構成する重要な要素であると述べています。さらに信頼は希望と幸福の両方の源泉であるとしています。[6] 希望学の視点からみると，親子関係再構築支援の目的とは，困難な状態に陥った子どもに対して「信頼，希望，幸福」を追求，付与する営みといえるでしょう。

同ガイドラインによれば，親子関係再構築支援の大まかな流れは，図XII-1のとおりです。

❸　親子関係再構築支援の骨格

措置決定権[7]をもつ児童相談所は，在宅となった家族支援にしろ，親子分離（以下，分離）となった家族支援にしろ，親子関係再構築支援に向け，子どもと親，学校，地域などにかかるアセスメントのもと，支援方針・支援計画を立てて，「子どもの最善の利益」を保障する体制づくりを基本としています。

◯在宅となった家族支援として

虐待リスクの軽減と予防，必要に応じて不適切な養育にかかる改善指導や環境整備が求められます。一般的には分離に比べると，虐待が深刻ではないと判断される事例が該当します。原家族のもとでの支援なので，関係者からは直接的に親子関係の「見えない」時間と空間に支配される領域となります。来所面接，家庭訪問，電話対応など複数の関わり方法のなかで，虐待への理解，養育方法のやり方，生活改善などの指導の実施，市町村や関係施設・機関との連携が親子関係再構築支援の柱になります。ただし，支援を継続しているにもかかわらず，虐待のリスクが高いと判断される場合，適切に他の措置を検討することも在宅での親子関係再構築のための重要な視点となります。

◯分離となった家族支援として

分離をスタートとした場合，施設入所の同意の有無にかかわらず，支援の結果としては，① 児童養護施設等の入所中，家族支援ののち，原家族に復帰するケース，② 親子関係については一定の距離を保ちながら，児童養護施設等で入所継続をするケース，③ 親子関係再構築が極めて困難であり，永続的な養育の場が求められるケース，に大別できます。

虐待等の深刻さ，原家族の複雑性，親子分離，施設入所の同意の有無など在宅支援とは異なる特性のなかで，家庭復帰の適否や家庭復帰後のリスク管理・危機介入も視野に入れたアフターケア，永続的な養育の場の検討といった親子関係再構築支援を展開しなければいけない難しさがあります。このような環境のもと，専門的な支援として親に対する「**ペアレント・トレーニング**」[8]や，各施設に措置されている児童とその家族に対する「**家族療法事業**」[9]があります。

（宮本秀樹）

▷3　世帯所得は15の所得階級，学歴は中卒，高卒，大卒以上の3段階，就業状態は正規雇用，非正規雇用，失業，その他（専業主婦，学生を含む）の4種類を設定している（前掲『「幸せ」の決まり方』，184頁）。

▷4　I-4参照。

▷5　同条の条文のなかに「親子の再統合のための支援」という文言が入っている。

以前は家族再統合＝家庭復帰というイメージでとらえられていたこともあるが，現在は後述しているように家族の形，親子関係の在り様について幅がある。

▷6　玄田有史「希望について」（橘木俊詔［編著］『幸福＋α』ミネルヴァ書房，2014年，180〜181頁）。

▷7　**措置決定権**
　⇨　XII-4参照。

▷8　**ペアレント・トレーニング**
親が子どもとの適切な関わり方を学ぶことを指す。児童相談所が実施している親業（親指導）プログラムや，アメリカの児童福祉施設で開発された，ソーシャルスキルトレーニング（適切な社会的スキルを習得するための訓練）としてのコモンセンス・ペアレンティングなどがある。
　⇨　XII-4参照。

▷9　**家族療法事業**
「児童福祉施設（児童家庭局所管施設）における施設機能強化推進費（厚生労働省）」によれば，児童養護施設等で実施する家族療法の内容には，児童等に対し，3か月から6か月を単位とした面接治療，宿泊治療，親子レクリエーション，家庭訪問治療等があげられている。

3 通信・面会・許可外出・一時帰宅等による家族関係調整

1 家族関係調整開始のタイミング

　児童虐待の防止等に関する法律第12条等，子どもの心身を守るための例外的な措置の場合を除き，子どもの権利条約第16条ほかにより，通信の自由などは国際条約にて子どもの権利として認められています。したがって，何らかの理由によって入所型児童福祉施設への入所措置となった子どもとその保護者については，交流を行うための適切なタイミングを見計らう必要があります。

　たとえば，保護者による養育放棄（ネグレクト）のケースなどは，速やかな交流開始と愛着関係形成に向けた支援が必要となります。しかし，措置後すぐに交流を開始すると，子どもに「早く家に帰りたい」という思いを強く抱かせてしまい，施設生活へ適応するための心身の準備期間を子どもから奪ってしまうおそれがあります。また保護者も，「早く子どもを返してほしい」という思いを抱いてしまい，親子分離となった経緯をふりかえった上で感情を整理し，再び子どもを迎え入れて生活するための環境整備や，養育方法の見直しなどを行う機会を逸する可能性があります。そのため，家族関係調整開始にあたってはケース担当の児童相談所**児童福祉司**，施設の担当保育者，施設の**家庭支援専門相談員**（ファミリーソーシャルワーカー）等，担当者間で交流開始によるメリットとデメリットをアセスメントした上でタイミングを計り，児童相談所長および児童福祉施設長による判断を得て実施を決定することとなります。

　特に児童虐待の防止等に関する法律第12条に基づいて，児童虐待を行った保護者に対して子どもとの面会および通信が制限されている場合は，慎重な判断が必要です。

2 通信手段と注意点

　施設入所児童とその保護者との通信は，手紙や電話等の方法によって行われます。特に交流開始の初期においては，頻度や注意事項等を子どもや保護者と確認した上で，手紙のやりとりからスタートすることが一般的です。安定したやりとりをできることが確認されると，電話等のほかの通信手段を併行活用する形に移行していきます。しかしながら，電話の場合は感情整理をした上でのやりとりが難しい場合があることや，通信の内容について援助者サイドの把握が困難な場合がある等といったメディア特性があるため，特に子どもが保護者

▷1　児童福祉司
児童福祉司とは，児童福祉法第13条第1項等に則り，児童相談所に設置が義務付けられているソーシャルワーカーのことである。「子ども，保護者等から子どもの福祉に関する相談に応じること」「必要な調査，社会診断を行うこと」「子ども，保護者，関係者等に必要な支援・指導を行うこと」「子ども，保護者等の関係調整（家族療法など）を行うこと」が主たる業務内容である。

▷2　家庭支援専門相談員
　⇨　Ⅺ-3，Ⅻ-1参照。

の発言に振り回されることも多く，注意が必要です。

❸　面会と許可外出

　通信の段階から徐々に交流を進め，安定的な交流が可能と判断された場合，面会の実施を行います。しかし，特に初回の面会にあたっては，児童相談所もしくは子どもが入所している児童福祉施設で行う等の実施場所の選定に配慮し，必ず担当者が同席するようにします。たとえば，面会中子どもも保護者もにこやかに，楽しげに会話をしていたとしても，子どもには虐待的な環境に置かれていた時と同様の場面の「再現」となってしまっていることもあります。ケースの背景をよく知った援助者が同席して子どもの表情などに注意を払い，必要に応じて面会を中断するなどの柔軟かつ毅然とした対応が求められます。

　面会の実績を踏まえ，援助者の目の届かないところで交流を行っても問題がないと判断された場合，タイミングを見計らった上で許可外出の機会をつくっていきます。まずは，施設の近隣にて食事をするなどといった外出からスタートするのが通例です。初期段階においては，外出の目的の確認を行い，また外出後には外出時の様子や感想を聴取するなど，許可外出の前後に担当者が面接を行い，実施にあたっての配慮を行います。

❹　一時帰宅

　交流が進み，一時帰宅を実施しても問題ないと判断される場合に実施します。夏期休暇，正月休み，春期休暇等に実施されるパターンが一般的ですが，ケースの必要性に応じて週末帰宅等の方法を取る場合もあります。虐待ケース等の場合は，場所に染みついた恐怖の記憶を呼び起こす可能性もあり，また非行ケース等の場合は，不良交遊が再発するきっかけになることもあるため，実施の際には的確な見極めが必要となります。

　また，一時帰宅前後の子どもの様子の変化に関しては，特に施設の担当保育者が観察およびフォローをする必要があります。

❺　親子生活訓練室の活用

　親子生活訓練室が設置されている施設では，保護者に来所してもらい，施設内の親子生活訓練室を活用して，家族再統合に向けての訓練を行うこともあります。親子生活訓練室は，居室，ユニットバス，洗面所，トイレ，ミニキッチンから構成されており，家庭同様の生活場面を再現することができます。子どもの担当保育者，家庭支援専門相談員，心理担当職員等が支援を行いやすい環境下において家族再統合の試行ができることから，特に一時帰宅を実施する前段階における家族関係調整の効果を期待することができます。

（鈴木崇之）

(参考文献)

　千葉県社会福祉審議会「家族関係支援の手引――切れ目のない支援の実現に向けて」2008年.

4 支援プログラムによる保護者への支援

1 保護者支援におけるプログラムの可能性

子どもと家族の関係調整，あるいは再統合に向けた支援は，長い月日を要するケースもあり，支援の効果がすぐにはみえにくいのが現実です。支援の際に支援者個人の養育観を通そうとしても，各々の生育歴から育まれた価値観が異なるため，価値観がベースとなる家族の養育観や，現在の家族関係に変化をもたらすことは難しく，支援が押し付けにしか受け取られないこともあります。

このような現状において，より具体的で積極的な支援の形の1つに，プログラムを利用した保護者支援があります。一般的にプログラムは主旨，内容，ステップ，実施する枠組みや期間等が明確に示されているものが多く，さまざまなデータ，研究をベースに成り立っています。このような点で，個人の主観や感情とは異なり論理性・客観性があること，当事者と支援者のどちらにも偏らず，双方に対して公平かつ中立な性質が保たれることも，1つの利点と考えてよいでしょう。また別の観点から捉えれば，保護者自身が主体となってプログラムを受けるため，保護者にとっても積極的な協働の形であるといえます。

2 プログラムの選択と実施

保護者支援に関するプログラムには，何をゴール（目標）としているのかによって，さまざまなタイプのものがあります。プログラムごとに基本のベースになっている理論，展開の方法，ゴール（目標）が異なります。ゴール（目標）によってプログラムが焦点とする内容も，当事者の心理面，親子の関係性・コミュニケーションやしつけの方法等も異なるので，まずは十分に相手の話を聞き，ニーズを知ることが大切です。

そして，保護者がプログラムに取り組む前提として，まずは保護者自身が家族，あるいは自分自身のニーズを自覚しており，プログラムに対して動機づけがあることが重要なポイントとなります。誰かの押し付けや強制ではなく，当事者本人の申し出，動機づけがなければ，プログラムの継続は困難でしょう。何を得たいのか，それによって自分の何を変えたいのか，家族としてどう変わりたいかという意向がはっきりしていることが大切です。

また，ニーズに合ったプログラムを誰がどのような枠で実施するのかも，検討する必要があります。**家庭支援専門相談員**[1]（ファミリーソーシャルワーカー

▷1　家庭支援専門相談員
⇨ XI-3，XII-1 参照。

〔FSWr〕）、心理職、ケアワーカー、それぞれの専門性と立場をうまく活用した実施、外部の専門家との連携など、可能な選択肢を検討し設定した上で、保護者のニーズに応じて選択を行います。

　いずれにおいても、プログラムを利用する保護者本人の意向との合致、実施に関するさまざまな流れについての同意が必要とされます。この過程を丁寧に踏むことが、効果を上げる1つの重要な要素となるのです。また実施中や実施後は、特に施設で行う場合には想定されるさまざまなリスクを防ぐためにも、必要に応じて効果測定等を行ったり、カンファレンスを行うことで、可視性、客観性を保つことが必要でしょう。保護者へのプログラム支援は、さまざまな配慮のなか、慎重に行われることが求められます。

③　保護者の立場にたつ重要性

　親支援プログラムの例として「ノーバディーズ・パーフェクト」「コモンセンス・ペアレンティング：Common Sense Parenting（CSP）」「MY TREE（マイ・ツリー）ペアレンツ・プログラム」等があります。どれも実際に利用されている保護者支援プログラムですが、たとえばコモンセンス・ペアレンティング（CSP）を例としてあげると、CSP は米国の児童福祉施設で開発され、**行動療法**の理論背景をもとに、子どもの問題行動を減らし、望ましい行動を効果的にしつけるスキルを経験的に学ぶプログラムです。視覚教材（DVD 等）を用いた**モデリング**と**ロールプレイ**を重視しており、子どもにとって肯定的でわかりやすいしつけの方法が、6つのセッションで構成されています。このプログラムを学ぶことで、子どもに伝わりやすい効果的なコミュニケーションスキルを身につけ、力で子どもをコントロールせずにしつけを行うことを目指します（図XII-2）。

　こういったプログラムの効果的な利用は支援の幅を広げますが、1つ忘れてはならないことは、プログラムによる保護者支援が、支援する側の価値観における理想の親像を求めたり、そこに近づけさせよう、変えさせようとするものではないということです。われわれがもつ多くの支援方法の引き出しの1つと捉え、対等な立場で一緒に目標に向かっていくこと、すなわち協働のツールであることを心に留めておかなくてはなりません。ゴール（目標）に向かう方向性は沿っていても、変化の幅は人それぞれで、到達度も異なることを念頭に置き、関わっていくことが必要とされるでしょう。　　　　　　（宮本由紀）

▷2　**行動療法**
⇨ Ⅳ-2 参照。

▷3　**モデリング**
観察学習。観察者が対象となるものの動作や行動を観察したり、見聞きすることにより、それらをモデルとして新しい行動パターンを身につけたり行動を修正するなど、行動の変容を図る技法。

▷4　**ロールプレイ**
実際の場面を想定して、想定された場面上で複数の人間が役を担って演じること。実際に想定した場面と同様の状況となった時に、適切に対応できるようにする学習方法の1つ。疑似体験を通して実際に経験を積んだ場合と近い効果が得られる。

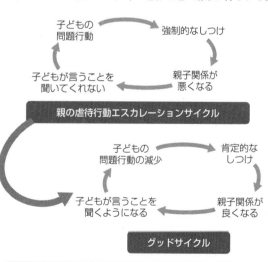

図XII-2　親の虐待行動エスカレーションサイクルから
グッドサイクルへ

出所：神戸少年の町・野口啓示『神戸少年の町版コモンセンス・ペアレンティング』神戸少年の町、2006年。

5 強引な引き取りなどへの対応

1 施設入所及び一時保護後の強制的な引き取りについて

　本来，児童養護施設などの施設入所に関しては保護者の同意が必要です。しかし，「同意」したにもかかわらず，その後，子どもを強引に引き取るような事案が起きています。施設入所は子どもの「最善の利益」を目指して，児童相談所の「行政処分」によって行われます。しかし，保護者が入所している施設に押しかけ，引き取りを要求したり，登下校時に待ち伏せをして引き取ってしまうケースなどもあります。

　児童相談所の一時保護所においても保護者が乗り込んできて，子どもの引き取りを要求することも起きています。

2 児童福祉法第28条決定で入所した子どもの対応[1]

　ある自治体で，児童養護施設に児童福祉法第28条によって入所措置されていた子どもが，親権者等によって，誘拐されて国外に連れ去られ，親権者等の共犯者が未成年者略取容疑により逮捕される事件がありました。確かに希なケースかもしれませんが，施設に措置されたからといって，子どもの安全が確保されたとはいえない状況があるということです。保護者によっては，児童相談所に子どもの入所施設名の開示を迫ったり，施設をあちこち探し回ることもあります。

3 「強引な引き取り」とその対応の困難性

　「強引な引き取り」が行われてしまうと，有効な対抗手段がないのが現状です。やはり，「強引な引き取り」が行われないように予防措置を十分取る必要があります。児童福祉法第47条，児童虐待防止法第12条等により，施設長の権限も強化されています[2]。

　さらに，児童虐待防止法第12条第1項により，保護者に対し面会・通信の全部制限の行政処分が実施されているにもかかわらず，子どもの保護のため特に必要があると認められるときには，同法第12条の4の規定による接近禁止命令を出すことの検討が必要です。

　具体的な方策として，警察や弁護士の協力が不可欠になってきます。児童相談所や児童養護施設に保護者が許可なく立ち入った場合や，近辺を徘徊してい

▷1　児童相談所の施設入所に対して，保護者が同意しない場合があるが，児童福祉法第28条では，保護者が児童虐待等を行っている場合の措置として，児童相談所は保護者等の「意に反する場合」であっても，家庭裁判所の審判を経て，児童養護施設等に措置することができると規定している。

▷2　児童福祉法第47条は，児童福祉施設の長の親権にかかる条文で，施設長等が児童の監護等に関し必要な措置をとる場合，それを不当に妨げてはならないとしている。また，児童虐待防止法第12条第1項においては，児童相談所の所長及び施設長は行政処分として，虐待を行った保護者に対して，児童との面会・通信の全部または一部を制限できるとしている。

た場合，警察に巡回要請することの判断も重要となります。以上のような対応とは別に，一時保護所も児童養護施設も基本的に「開放施設」ですので，一時保護されている他の子どもたちや児童養護施設入所児童への配慮も求められます。

4 子どもの引き取りを求める保護者に対して

「強引な引き取り」まではいかない場合でも，再三，児童相談所や児童養護施設に「引き取り」を求める保護者がいます。現実的にはなかなか難しい面があるのですが，施設が直接対応するのではなく，児童相談所が保護者とのやりとりを行うのが原則です。

施設の子どもたちは，長期の休みに，家庭に「一時帰省」することがあります。しかし，期日を過ぎても戻らず，連絡をすると「子どもが施設に戻りたくないと言っている。このまま引き取る」と一方的に伝えてくる保護者もいます。

また，施設入所中の子どもが，保護者に対して「家に帰りたい」と直接，訴える場合があります。しかし，その背景に，施設内での「不適応」状態が隠れていることがあります。本当は学校でのトラブルや施設内でうまくいかず，そこから逃げたいという思いから，このような言動をする場合が考えられます。このような事案まで「強引な引き取り」に当たるか否かは議論のあるところです。しかし，引き取りの条件が整っていないにもかかわらず，子どもの「意思」だけに委ねるのは危険なことです。あらためて保護者にも十分な説明が必要となります。

5 「親子関係の再構築」と「強引な引き取り」

子どもが家庭復帰できるためには，親子関係の再構築（家族機能の再生）が不可欠です。親子が安全かつ安心できる状態で，お互いを受け入れられるようになることが前提となります。

保護者の強引な引き取り要求は，子どもに対する重大な権利侵害です。虐待問題への取り組みは，子どもの侵害された権利を回復するために，虐待を受けた子どもの最善の利益を最優先して行われるべきでしょう。保護者のなかには，子どもに対する「虐待行為」を認めない人もいます。言葉だけではなく，本当に親子が親子であり続けられる関係が再構築されたかを見極めることが重要です。決して「子どもが家に帰りたい」「親が引き取りたい」ということだけで，「親子が一緒に住むこと」を優先すべきではありません。これは施設だけの判断だけなく，措置決定機関である児童相談所の判断も重要になってきます。「措置解除後，虐待により再保護」というようなことが起きないように，慎重に，時間をかけて家庭復帰を目指すことが重要です。 （小木曽　宏）

▷3　公民館や図書館のように市民の誰もが出入り自由という意味ではない。当該施設の出入りについては，その性格上，一定のチェックがかけられている。

▷4　施設が保護者に直接関わってしまうと，施設職員が保護者に対して「施設は引き取ってもいい」と言っているなど勝手に解釈されるおそれがある。また，保護者間で，親権を巡って争いが起こっている場合，入所中の子どもに「どちらの親を選ぶか」などと伝えてしまうことも起こり得る。

▷5　「野田市女児虐待死亡事件」
本人が父親からの重篤な虐待を学校の「いじめアンケート」に訴え一時保護された。しかし，2ヶ月後に解除され2019年1月24日に再び重篤な虐待の末，死亡した事件。児童相談所の解除決定に問題があったと指摘された。

1 社会的養護の展望と「新しい社会的養育ビジョン」

 1 「社会的養護の課題と将来像」

　2011年7月，厚生労働省は，「社会的養護の課題と将来像」を発出しました。このレポートでは，子どもの最善の利益のために，社会全体で子どもを育むことを社会的養護の理念とするとともに，社会的養護の機能を「養育機能」「心理的ケア等の機能」「地域支援等の機能」の3つに整理しました。さらにこれらの機能を基部とし社会的養護施策を一層拡充していくために，「家庭的養護の推進」，「専門的ケアの充実」「自立支援の充実」「家族支援・地域支援の充実」を基本的方向性として打ち出しました。

　このうち「家庭的養護の推進」に関しては，日々の養育の営みが，できる限り家庭的な環境のなかで，しかも特定の大人との継続的で安定した愛着関係の下で行われる必要があることを前提に，原則として家庭養護（里親・ファミリーホーム）を優先するとともに，施設養護（児童養護施設・乳児院等）も，できる限り家庭的な養育環境の形態に変えていくべきであるとの考え方を示しました。そのうえで児童養護施設に対しては，① 本体施設のケア単位の小規模化を進め，本体施設を全面的に小規模グループケア化（オールユニット化）すること，② 本体施設の定員を45人以下にすること，③ 施設によるファミリーホーム開設や里親支援を推進し，施設機能を地域に分散させ，施設を地域の社会的養護の拠点にすることを求めました。

　さらに「日本の社会的養護は，現在，9割が乳児院や児童養護施設で，1割が里親やファミリーホームであるが，これを今後十数年かけて，概ね3分の1が里親及びファミリーホーム，概ね3分の1がグループホーム，概ね3分の1が本体施設（児童養護施設は全て小規模ケア）という姿に変えていく」と，国全体としての改革の到達目標をも明示しました。

 2 「新しい社会的養育ビジョン」

　2016年に行われた児童福祉法改正は，子どもが権利の主体であることを明確にし，家庭への養育支援から代替養育までの社会的養育の充実と家庭養育優先の理念を明記しました。厚生労働省は，この法改正を受け「新たな社会的養育の在り方に関する検討会」を設置し，「社会的養護の課題と将来像」の全面的見直しに着手しました。その結果，2017年8月に「新しい社会的養育ビジョ

▷1　「社会的養護の課題と将来像」を十数年かけて実現するための計画策定
「社会的養護の課題と将来像」が発表された後，厚生労働省は，これらの改革提案を具現化していくために，全ての都道府県および児童養護施設，乳児院に対して，2015年度を始期とし2029年度を終期とする計15年間の改革工程表（各都道府県＝都道府県推進計画，各施設＝家庭的養護推進計画）を策定するよう要請した。

ン」が取りまとめられました。

このレポートでは,「社会的養護の課題と将来像」を契機とした改革取り組みについて,① 施設の地域分散化が進んでいない,② 在宅支援の在り方や永続的解決を担う児童相談所を中心としたソーシャルワークの在り方に言及されていない,③ 一時保護の在り方が提示されていない,④ 児童心理治療施設や児童自立支援施設での家庭的環境の必要性が明確になっていない,⑤ どのような場合に施設養育が必要か提示されていない,⑥ 代替養育種別をそのまま踏襲しており子どものニーズにあった代替養育の抜本的改革は考慮されていない,などと問題点を列挙しつつ,その解決策として,① 市区町村を中心とした支援体制の構築,② 児童相談所の機能強化と一時保護改革,③ 代替養育における「家庭と同様の養育環境」原則に関して乳幼児から段階を追っての徹底,④ 家庭養育が困難な子どもへの施設養育の小規模化・地域分散化・高機能化,⑤ 永続的解決(パーマネンシー保障)の徹底,⑥ 代替養育や集中的在宅ケアを受けた子どもの自立支援の徹底などを掲げました。

なお「新しい社会的養育ビジョン」で特筆すべきは,「社会的養育の対象児童は全ての子どもであり,家庭で暮らす子どもから代替養育を受けている子ども,その胎児期から自立までが対象となる」と,社会的養護の裾野を大きく拡げた点であり,加えて集中的な在宅支援が必要な家庭への支援を,在宅措置として社会的養護の一部に位置づけた点です。また里親への包括的支援体制(フォスタリング機関)の抜本的強化や,パーマネンシー保障として特別養子縁組の推進などが重視されている点も進取的です。

一方で,里親委託率や特別養子縁組成立にかかる数値目標,さらには施設在所期間の制限などが荒削りな数字を伴って盛り込まれたことは,多くの社会的養護施設関係者に衝撃を与えました。

3 「都道府県社会的養育推進計画の策定要領」

児童福祉法の改正趣旨と「新しい社会的養育ビジョン」での変革提案をできるだけ早期に実現していくために,2018年7月,厚生労働省は,「都道府県社会的養育推進計画の策定要領」を発出し,全ての都道府県に対して2019年度末までに推進計画を策定するよう求めました。

策定要領には記載事項として,① 子どもの権利擁護の取組,② 市区町村の子ども家庭支援体制構築等に向けた(都道府県の)取組,③ 里親等への委託の推進に向けた取組,④ 特別養子縁組等の推進のための支援体制構築に向けた取組,⑤ 施設の小規模かつ地域分散化,高機能化及び多機能化・機能転換に向けた取組,⑥ 一時保護改革に向けた取組,⑦ 社会的養護自立支援の推進に向けた取組,⑧ 児童相談所の強化等に向けた取組などが記されましたが,これにより都道府県には,これまでの地域の実情を踏まえつつも,計画期間中におけ

る具体的な数値目標と達成期限を設定し，その進捗管理を通じて取り組みを強化することが求められました。

　また児童養護施設に対しても，概ね10年程度を目標に小規模かつ地域分散化を進めること。および小規模かつ地域分散化の例外として，ケアニーズが非常に高い子どもに専門的なケアを行うため，生活単位が集合する場合もあり得るとするものの，その数はできるだけ少人数（将来的には４人まで）の生活単位とし，その集合する生活単位の数も大きくならないこと（概ね４単位程度まで）が求められました。

④ 「新しい社会的養育ビジョン」の課題と展望

○課題１：数値目標や期間制限の絶対視がもたらすリスク

　「新しい社会的養育ビジョン」は，「概ね５年以内に年間1,000人以上の特別養子縁組成立」「愛着形成に最も重要な時期である３歳未満については概ね５年以内に，それ以外の就学前の子どもについては概ね７年以内に，里親委託率75％以上を実現」「学童期以降は概ね10年以内を目途に里親委託率50％以上を実現」「施設等における十分なケアが不可欠な場合は，その滞在期間は，原則として乳幼児は数か月以内，学童期は１年以内。また特別なケアが必要な学童期以降の子どもであっても３年以内を原則」と明記しましたが，ここで示された数値目標等は，現在の実務とは相当かけ離れています。

　それゆえこれらの数字が絶対視され機械的に取り扱われるとすれば，むしろ子どもの最善の利益に反し，人権を脅かすものとして機能してしまう恐れがあります。

○課題２：質の高い人材を確保・育成していく困難さ

　今後，代替養育の多くの部分を家庭養護が担っていくためには，里親委託を量的に増やしていくだけでなく，里親養育の質を高めていくことも同時に求められます。それゆえ養育里親や親族里親，ファミリーホームの運営者といった養育希望者を十二分に確保した上で，彼らを社会的養護の担い手として適切に養成していくシステムを構築していくことが喫緊の課題となっています。

　また児童相談所，子ども家庭総合支援拠点などの公的相談機関や乳児院，児童養護施設といった社会的養護施設のいずれにおいても，高度な専門性を備えた職員人材を早急にスタッフ化していかねばなりません。

　そのためには職員配置基準の向上や労働条件の改善，職員研修システムの確立や生涯職業像の明確化などが不可欠ですが，バーンアウトが頻発し，現行の職員定数確保すら危ぶまれている現状において，質の高い人材を確保・育成していくことは決して容易ではないでしょう。

○展望１：多様な施策を網羅する市区町村の支援体制の進展

　「新しい社会的養育ビジョン」は，社会的養護当事者に身近な市区町村の役

割の進化やソーシャルワーク機能の拡大を強く訴える内容となっています。

　子ども家庭総合支援拠点や子育て世代包括支援センターの整備，要保護児童対策地域協議会の充実など，市区町村が子ども家庭支援体制を構築していく過程で，地域子ども・子育て支援事業をはじめ，子どもの貧困対策や生活困窮者自立支援施策，母子保健施策，障害児（者）支援施策，教育施策等々と有機的に連結していくことができれば，社会的養護の守備範囲は，格段に拡がっていくでしょう。

○展望2：民間機関や市民活動との連動による社会的養育の展開

　フォスタリング機関や地域在宅支援事業の拡充，一時保護改革等を実行していくためには，乳児院や児童養護施設，**児童家庭支援センター**の積極活用や業務の一部委託など，新たな視座から官民協同体制を形成していくことが望まれています。

　また近年，地域社会では，子どもの貧困や孤立問題の解消・緩和策の一つとして，子ども食堂やフードバンク，学習支援拠点づくりなどが進められています。このような自主的な市民活動によって創出された社会資源と連携・協働した見守り支援実践などにも期待が寄せられています。

（橋本達昌）

▷2　フォスタリング機関
里親のリクルート，トレーニング，マッチング，相談支援等，里親養育にかかる一連の業務を包括的に実施する機関。

▷3　児童家庭支援センター
児童福祉法第44条の2に規定される児童福祉施設。児童に関する家庭等からの相談のうち，専門的な知識や技術を必要とするものに応じるファミリーソーシャルワーク機関であり，市町村への技術的助言や児童相談所等からの指導委託による支援，里親等への支援，関係機関等との連携・連絡調整なども行っている。

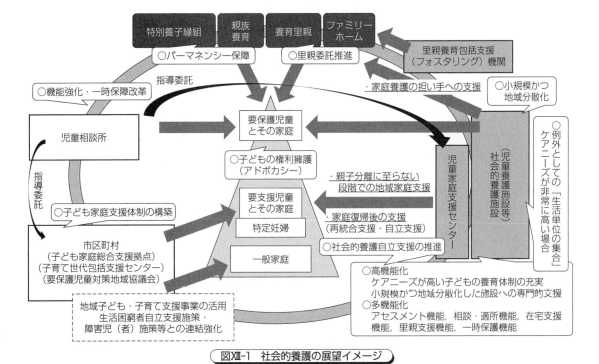

図XIII-1　社会的養護の展望イメージ

出所：「社会的養護の課題と将来像」に「新しい社会的養育ビジョン」の提起を加えて筆者作成。

児童福祉施設の設備および運営に関する基準の意味と課題

 「児童福祉施設の設備及び運営に関する基準」とは

　アメリカの養護施設「ボーイズタウン」の創設者フラナガン（Flanagan, E. J.）は1947年4月から約2か月間日本に滞在し，各施設の現状を視察した上で，「児童福祉施設最低基準」を制定すべき等の戦後日本の児童福祉立法に関する重要な助言を行いました。フラナガンの助言を受けて1948年に公布・施行された「児童福祉施設最低基準」はその後改正を重ね，2012年4月より「児童福祉施設の設備及び運営に関する基準」と省令名が改められ，現在に至ります。

　同基準とは，児童福祉施設に入所している者が明るく，衛生的な環境のなかで，一定のトレーニングを受けた職員たちの指導により，子どもたちの心身の健康や社会に適応できることを保障するために国や都道府県が設けた基準のことを指します（同基準第1条，2条）。そして，同基準には，児童処遇の原則，職員の一般的要件，虐待等の禁止，懲戒権乱用禁止，苦情対応，衛生管理や食事等設備など各児童福祉施設に共通する事項の他，各施設種別ごとに提供するサービス内容，職員配置や設備基準，施設長の要件，専門職の規定，関係機関との連携など細部にわたり具体的に規定されています。

　同基準は，児童福祉法第45条に基づいて規定されています。同条において基準の制定等に関する内容として，① 都道府県は，児童福祉施設の設備及び運営について，条例で基準を定めなければならない，② その基準は，児童の身体的，精神的及び社会的な発達のために必要な生活水準が確保されていなければならない，③ 職員配置や居室等の面積などについては厚生労働省令で定める基準に従い（従うべき基準），その他の事項については厚生労働省令で定める基準を参酌する（参酌基準），④ 児童福祉施設の設置者は，設備及び運営についての水準の向上を図ることに努める（設置者の義務規定と努力規定）の4点があげられています。

 児童福祉施設最低基準が改正された背景

　「最低基準」とは「遵守すべき最低限の基準」を意味し，それを国家が定めるということは「国家が国民に対して保障する最低限の水準」すなわち「**ナショナル・ミニマム**」を規定するということです。「最低基準」が規定されていることによって，日本におけるどの児童福祉施設を利用しても，ナショナル・ミ

ニマム未満のケアを受けるということはありません。もし「最低基準」がなければ，どの程度のケアを提供すればよいのか，各施設に判断が委ねられることにつながってしまいます。つまり「最低基準」があることによって，整備しなければならないケア環境（人的・物的）の目安とすることができるのです。

しかし，最低基準をとりあえず充足させておけば，国や都道府県の監査等をクリアできると考える施設・機関があることも事実です。また，予算措置の際には最低基準が中心的に援用されるため，最低基準が実質的にケア水準を規定してしまい，最低基準を超えて職員を配置しようとする場合などには施設サイドに独自の財政的な裏づけが無ければ，その実施は困難になってしまうなどといった課題があります。また，1948年から段階的に引き上げられてきた職員配置も1976年以降は据え置かれ，特に1990年代後半以降の「子ども虐待時代」の到来による支援困難児童への対応，そして施設の小規模化等に対して柔軟に対応できないと批判されてきました。

3 「児童福祉施設の設備及び運営に関する基準」への改正の意味と課題

○都道府県への権限移譲

「児童福祉施設最低基準」から「児童福祉施設の設備及び運営に関する基準」へという改正は，「条例委任」という新しい流れと連動しています。「条例委任」とは，これまで「ナショナル・ミニマム」としていた「最低基準」の一部を地域の実情に応じた「条例」とすることを認めるということです。たとえば，保育所の待機児童問題が深刻でかつ地価の高い地域では，認可されないような居室面積でも保育所の設置認可をすることができる等のメリットが期待されています。これと同じように，児童養護施設等も地域の実情や子どもたちの状況に合わせた形態で運営することが可能になります。

他方，厚生労働省は，「人員・居室面積・人権侵害防止等の厚生労働省令で定める基準は『従うべき基準』，その他は『参酌すべき基準』とする」と述べ，「条例委任」によって既存の「最低基準」で定められていた内容が無視されるような方向性については牽制をしています。

○人員・居室面積等の見直しと今後の課題

2011年以降の同基準の改定により，職員配置基準の引き上げ，居室面積の下限の引き上げ，居室定員の上限の引き下げなど処遇水準の向上がなされました。

施策の方向性として，家庭養護の優先や施設の小規模化など，家庭的養護の推進が進められてきています。この方向性を現実化するためには，法制度上，最低基準の向上が求められますが，財政状況による自治体間の最低基準「格差」に対しても留意する必要があります。 （小木曽 宏）

▷2 職員配置基準の変遷
児童養護施設を例にとると，1948年児童福祉施設最低基準制定時には，3歳未満児，幼児（3〜5歳），学童（6歳以上）それぞれ10：1であったが，その後段階的に引き上げられ，1976年時点で，3歳未満児2：1，幼児4：1，学童6：1となっていた。2012年の改正により，児童養護施設における児童指導員および保育士の数が，0・1歳児1.6：1，2歳児2：1，幼児4：1，少年5.5：1に引き上げられた。また，現在は入所児童45名以下の場合は，4：1となっている。

施設の小規模化の課題と展望

 児童養護施設の形態

　児童養護施設本体はその形態で大舎制，中舎制，小舎制に大別されます。大舎制は第二次世界大戦直後に戦災孤児等を収容し，「屋根対策」と呼ばれた時代から日本の児童養護の中心となってきた，もっとも一般的な施設形態です。一舎の定員が20名以上で，一般的には1部屋5～8人で，男女別・年齢別に区切られています。管理しやすい反面，プライバシーが確保しにくい，家庭的雰囲気の欠如などが指摘されています。中舎制は一舎の定員が13～19名の施設で，建物のなかを区切ることで小さな生活集団の場をつくり，それぞれに必要な設備があります。小舎制は一舎の定員が12人以下の施設で，1つの施設の敷地内に独立した家屋がいくつかあります。生活の単位が小集団であるために，より家庭的な雰囲気における生活体験を営むことができます。

　約6割の子どもたちが，小舎による児童養護施設でのケアを受けています。[1]

▷1　「児童養護施設等の小規模化における現状・取組の調査・検討報告書」みずほ情報総研，2017年.

 小規模ケアの形態

　残り約4割の子どもたちは，敷地内，敷地外に小規模グループケア，地域小規模児童養護施設といった小規模ケアのサービスを利用しています。

　○小規模グループケア

　敷地内に6名ほどの小規模のグループをつくって養護を行います。虐待を受けるなど心に深い傷をもつ子どものうち，ほかの入所している子どもへの影響が懸念されるなど，手厚いケアを必要とする子どもに対して，小規模なグループによるケアを行う体制を整備することにより，児童養護施設のケア形態の小規模化を推進することを目的としています。

　また，施設外で中学卒業や高校卒業後に社会に出る子どもたちがアパートでのひとり暮らしと同様の体験をすることができる，「分園型自活訓練事業」を行う施設もあります。

　○地域小規模児童養護施設

　一般の住宅街の一戸建てを借りるなどの方法で，本体施設とは別の場所において，6名ほどの子どもたちの養護を行います。2000年度から制度化されたもので，特徴として，一般住宅を利用しているために，大舎制の施設では得ることのできない生活技術を身につけることや家庭的な雰囲気のなかで，地域社会

との密接な関わりなど，豊かな生活体験を営むことができます。そして，自立を前提とした高齢児童の自立生活訓練にも効果的な形態であるとされています。夫婦で運営する場合には，ファミリーグループホームと呼ぶこともあります。

❸　施設の小規模化とその課題

○施設小規模化の必要性・背景

児童養護施設には「被虐待児童」といわれる子どもたちが多く入所してきています。そして「広汎性発達障害」や「注意欠陥多動性障害（ADHD）」という診断を受けた子どもたちも入所しています。そういう子どもたちは，大きい集団のなかにいることが苦手だったり，意に沿わないことがあると一見唐突な行動をとったりすることがあります。決して，本人も悪意があるわけではないのですが，そういった行動を理解できない周囲の子どもたちが「なんでそんなことするんだよ」などと，急に制止しようとしたり，押さえつけようとしたりして，トラブルに発展することがあります。集団が大きくなればなるほど，収拾がつかない事態も生じてしまうのです。そこで，集団になかなか適応できない子どもたちのために，「小規模」集団での生活が必要になってきますし，ほかの子どもたちの情緒の安定とも関連してくる課題があります。

○施設小規模化と財源的な課題

「良いことばかり」のようにみえる小規模化ですが，実は小規模化を進めるためには多くの課題があります。その1つとして，職員配置の問題があります。小規模ケアはおおむね1ホームにつき，6人を基準としています。職員の勤務時間は労働基準法で1日8時間が原則ですので，子どもたちの24時間の生活をケアするためには，単純計算で考えても1日に職員3名が必要となります。しかし，現行の基準では，措置費からは3名にかかる人件費のうち一部しか施設に支払われません。そのため残りの人件費については，各施設で工夫しながら対応するしかないのが現状です。

○施設小規模と職員のメンタルヘルス

被虐待児といわれる子どもたちのなかには，大規模施設ではうまく感情表出ができなかった子どもが，小規模ケアでは表出することができるなど，多くのメリットがあります。しかし，このことは職員が子どもたちの「試し行動」や「確認行動」をより多く受け止めねばならないこととなり，一人ひとりの職員の負担感は増加するという問題も現れます。また，小舎制や小規模ケアの職員は，1人で勤務する時間帯が多く，業務と責任も大きくなります。適切なサポートが得られない場合は，「孤立化」の問題が起こります。そして，結果的に職員がバーンアウト[2]してしまうこともあります。　　　　　（小木曽 宏）

▷2　バーンアウト
　⇨　XI-8 参照。

4　措置と契約

1　措置と契約に関するイメージ

　私たちは普段の生活のなかで，イメージとして「措置」と「契約」をどのように捉えているでしょうか。アパートを借りたり，民間保険に加入したり，通販でモノを買ったりするなど，契約書の取り交わしの有無にかかわらず，「契約」はまさに日常的な営みといえます。一方，「措置」という場合，社会的な問題を解決するために，あるいはある立場の利益を守るために，公権力等の一定の力を発動することがイメージされるのではないでしょうか。

2　措置制度と契約に関する歴史的理解

　第二次世界大戦後，政府としては，まずは国民の窮乏生活を何とかしないといけないということが緊急課題でした。この課題に対して，1951年，各**個別法**[※1]の共通基盤としての社会福祉事業法（現・社会福祉法）が制定され，そのなかで，行政が主導して社会的弱者と呼ばれている人たち（例：児童，生活困窮者，障害者など）を救済する「措置制度」の仕組みが誕生しました。

　「措置制度」とは，県などの行政庁が**行政処分**[※2]によってサービス内容や事業者を決定する仕組みのことをさし，社会福祉行政における措置とは，都道府県知事や市町村長（措置権者）が社会福祉の対象者に対して社会福祉サービスを提供する行政処分のことをさします。家族の意向を無視して施設に強制的に本人を入所させるということはありませんが，基本的に利用したい施設をどこにするかといった選択権は，家族や本人に保障されないシステムになっています（図XⅢ-2）。

　措置制度は戦後50年以上にわたり，わが国の社会福祉の大きな柱となりました。そしてこの措置制度が，現在明確に残っているのは児童養護施設や養護老人ホームへの入所など，分野的に絞られてきています。一方，1990年代から出始め，措置制度にとってかわるものとして拡がっているのが，介護保険，保育所，障害福祉サービス（例：就労支援サービスを使うなど）の利用などに際しての「契約」制度です。そして，

▷1　個別法
ここでいう個別法とは，身体障害者福祉法や児童福祉法など法の対象者を限定した法をさす。

▷2　行政処分
一例として，措置制度のもとで施設入所を決定したり，肢体不自由のある人のための補装具を給付することなどがあげられる。

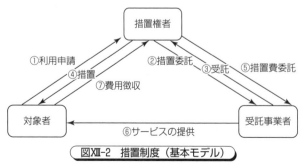

図XⅢ-2　措置制度（基本モデル）

出所：厚生省監修『厚生白書　平成11年版』ぎょうせい，1999年。

中央集権的性格を有する措置制度から契約への流れを考える時，キーワードの
1つに「分権化[▷3]」をあげることができます。

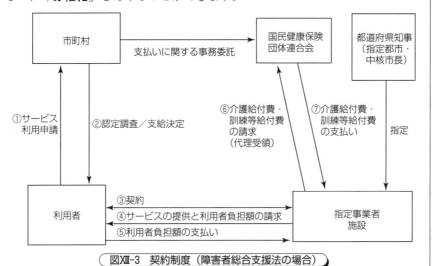

図XⅢ-3 契約制度（障害者総合支援法の場合）

出所：東京都社会福祉協議会編『障害者総合支援法とは…』2013年をもとに筆者作成。

3 契約制度の課題——保護と自立とのせめぎ合いのなかで

契約は，利用者が事業者と対等な関係に基づきサービスを選択する仕組みが
基本的な柱となります（図XⅢ-3）。「対等な関係」の裏側には，ある種の厳しさ
が存在します。措置制度のもとでは，トラブルの発生に対して，最終的には県
や国に責任を求めることができましたが，契約制度のもとでは，当事者（福祉
サービスの提供者と利用者）間で，まず問題を解決してくださいというのが，原
則的な考え方になります。場合によっては，当事者双方が，直接要求やクレー
ム等をぶつけ合う現実を生むことにもなります。

また，契約の時代に入って，地域の限られた社会資源の活用ができるように
するというねらいのもと，「規制緩和」が行われています。「規制緩和」という
のは，規制を外していくことであり，見方によれば，公的な保護が削られてい
くことでもあります。事業参入に際して，福祉サービスの提供者に対する垣根
を低くすることであり，より市場経済化[▷4]していくことを意味します。そこには，
たとえば高齢者に対する悪質リフォームの問題など，悪意が入り込む余地が生
まれてきます。

つまり，当事者間の関係だけに任せていれば，不利益をこうむる人たちが出
てくる危険性が高まるのです。したがって，この不利益の解決のためには，別
の社会的な仕組みが必要になってきます。このような福祉サービスを必要とす
る人たちのための権利保障の仕組みとして，**日常生活自立支援事業，成年後見
制度[▷5]，苦情解決制度[▷6]**があります。ある意味，自立と保護とのバランスをどう取
るかが社会的に問われる時代が到来しているといえます。　　　　　（宮本秀樹）

5 パーマネンシープランニングと 措置変更

 アメリカにおける「フォスターケア・ドリフト」の出現

　アメリカでは，1962年にケンプ（Kempe, C. H.）らにより「被虐待児症候群」が発見され，1963年から1967年までの間に各州では，児童虐待通報法が制定されることとなりました。そして，1974年には子ども虐待防止および処遇法（Child Abuse Prevention and Treatment Act of 1974）が施行されました。

　ところがこの前後に，アメリカでは「フォスターケア・ドリフト（Foster Care Drift：里親家庭を転々とする子ども）」の存在が社会的な問題とされるようになりました。児童虐待通報法により通告された子どもを，児童保護機関が里親および児童福祉施設に措置したものの，その子どもが措置された先で安定した生活を送ることができず，措置先を転々とするという事態が生じたのです。

 アメリカにおける「パーマネンシープランニング」の出現

　そのなかで「パーマネンシープランニング（Permanency Planning：永続性計画）」という考え方が提唱されていきました。これは当初は，すでに里親および児童福祉施設に措置されている子どもを，家庭に戻すことが可能な場合は早期に家庭復帰させ，それが不可能な場合は養子縁組を進めるという考え方でした。その後，この考え方は里親および児童福祉施設に措置される可能性のある子どもに対する早期対応と，措置後の家庭復帰への計画をも包括する理念に発展しました。マルシオ（Maluccio, A. N.）は，「パーマネンシープランニング」を「短い限定された時間内で子どもが家族と生活することを援助するために計画された一連の目標志向活動を遂行する組織的なプロセス」と定義しています。

　1980年に制定された養子縁組補助および子ども福祉法（Adoption Assistance and Child Welfare Act of 1980）は，この「パーマネンシープランニング」の考え方を取り入れた形で成立しました。

 日本における「パーマネンシープランニング」と 「措置変更」の現状

　アメリカでは1980年の段階で「パーマネンシープランニング」の考え方が法律に取り入れられていましたが，日本では2000年に児童虐待の防止等に関する法律が制定され，児童虐待の社会問題化が進むなかで，断片的に「パーマネンシープランニング」の考え方が，制度に取り入れられつつあるといえるでしょ

▷1　パーマネンシープランニング
⇨ Ⅶ-3 参照。

う。具体的には2002年に里親制度が改正され，施設養護から家庭的養護へのシフトの方向性が打ち出されたこと，2004年の法改正により，乳児院や児童養護施設等に早期の家庭復帰を支援するための**家庭支援専門相談員**（ファミリーソーシャルワーカー）が配置されていることなどがあげられます。

▷2 家庭支援専門相談員
⇨ XⅠ-3，XⅡ-1 参照。

　しかし，日本の児童福祉システムには「パーマネンシープランニング」の実現を阻む，さまざまな問題点が残されています。たとえば，弾力的な運用がなされるようになったとはいえ，家庭復帰の見込みのない乳児院被措置児童は，慣れ親しんだ保育者と離れ，いずれは児童養護施設や里親家庭等に措置変更されざるを得ない状況に置かれます。また児童養護施設に措置された児童が高等学校進学後に不登校等の問題を起こした場合，高校卒業相当年齢までの入所継続を拒む施設も多く，当該児童が児童相談所一時保護所に戻されたり，アルバイト等の不安定な就労状況で社会に出ざるを得ない状況に陥ったりしています。

　一方，里親委託を受ければ家庭的な養育のなかで永続的な支援を受けることができるかというと，そうはならないケースも少なくありません。乳児院から児童養護施設に措置変更され，その後受託可能な里親と巡りあって温かい家庭養育を受けていたのもつかの間，中学に入って里親に反抗的な態度をとるようになると里親が耐えきれなくなり，結局は児童自立支援施設への入所となったというケースもあります。繰り返される措置変更のなかで，慣れ親しんだ養育者や友人・学校・教員などと次々に引き裂かれ続け，子どもの心が大いに傷つき続けたであろうことは容易に想像できることです。「良かれ」と思って児童養護施設から里親委託に措置変更した児童相談所児童福祉司，何らかの理由で家族とともに暮らせない子どもの支援者になりたいと里親登録をして委託を受けた里親，これらの人々を誰も責めることはできません。しかしながら，措置変更のなかで心を傷つけられ，信頼できる他者から切り離されて生きてきた子どもは，一生この辛い経験を引き受けて生き続けていかねばならないのです。

❹ 「パーマネンシープランニング」が実現可能な体制を日本で構築するために

　2009年度から，養育里親として登録されるためには一定の研修が必要になるなどの里親制度改正がなされ，高い専門性を身につけた里親の登場が期待されています。「XⅢ-10 社会的養護の担い手」でも触れますが，被虐待児の入所率が増加している施設養護の現場も，高い専門性を身につけた職員の養成が急務の課題となっています。施設養護と家庭養護とを問わず，措置先の質と量を充実させて，安全で安心できる養育環境を子どもに提供することが必要です。そして，高い専門性と粘り強い精神力とを兼ね備えた養育者を増やさねばなりません。「パーマネンシープランニング」実現のためには，「受け止め手」の養成が何よりも重要となるでしょう。

（鈴木崇之）

参考文献
　上野加代子「アメリカにおける子ども家庭福祉の誕生と展開」上野加代子・小木曽 宏・鈴木崇之・野村知二編著『児童虐待時代の福祉臨床学──子ども家庭福祉のフィールドワーク』明石書店，2002年，34〜59頁.
　野澤正子「児童福祉の方法原理──子どもの権利条約及びパーマネンシープランニングの意義と特質」大阪府立大学社会福祉学部『社會問題研究』第49巻第2号，2000年，59〜81頁.

6　被虐待児の増加による関わり困難事例

1　関わり困難事例とは

　社会的養護では行動化が激しく，支援が難しい事例を「処遇困難事例」と呼んできました。しかし，「処遇」は広義には「犯罪者」の「人格を考慮した取扱い」を意味する言葉でもあるため，ここでは「関わり困難事例」と表記していきます。2000年の児童虐待の防止等に関する法律施行以降，虐待を受けた子どもたちが社会的養護を利用することが増えています。ここでは，保護者からの身体的虐待のために児童養護施設に入所してきた雅史君の事例を紹介しながら，関わり困難事例への対応について考えていきましょう。

2　関わり困難事例の実際

> 事例：イライラのおさまらない雅史君
>
> 　小学校4年生の雅史君。イライラしながら学校から帰ってきました。おやつを食べると，飴の袋を床に投げ捨てます。職員の田中さんが，「ゴミ箱に捨ててくれる？」といった瞬間，「うるっせーんだよ」といいながら思い切りゴミ箱を蹴り，壁を殴りつけ，扉を乱暴に閉めて外に出ていってしまいました。学校からは毎日電話がかかってきます。昨日は級友を殴って怪我をさせてしまいました。授業中に怒って教室を出てくることも度々でした。「もう，学校では対応しきれません，職員の方が一緒に付き添ってもらえませんか？」と先生はいいます。クラスの保護者からは「雅史君がいると子どもを安心して学校に通わせられない」という苦情も出ています。

　雅史君はいつも怒っています。学校でもすぐに怒ってしまう雅史君には，友達ができません。施設でも，年長の子たちからは「生意気だ」と受け入れてもらえず，年下の子たちからは怖がられています。学校でも施設でも友達と遊ぶとすぐに喧嘩になってしまうので，いつも1人で遊んでいます。少しでも注意されると，すぐに「なんで俺ばっかり」，「あいつだって」と怒りが爆発します。怒ると窓ガラスを割ったり，壁に穴をあけたり，ペンを折ったりするので，また「暴力はいけない」と叱られます。

　虐待を受けた子どものなかには，自身では制御できない怒りを抱えている場合があります。子どもが次々に起こす行動に，職員や周囲は振り回されてしま

います。雅史君が怒り，暴れることで，施設の日常生活は「安全」なものではなくなってしまいました。幼児は雅史君が帰ると怖がって職員のそばから離れなくなり，雅史君が暴れだすと，年長児はため息をついて自室へと避難していきます。ほかの職員からは「もうこれ以上，雅史君をみていくのは難しいのではないか。ほかの子どもたちのことも守らないと」という意見も出ています。児童養護施設は集団生活をする場所でもあります。1人でも**行動化**の激しい子どもがいるとそれは全体に影響を及ぼします。現在，入所児の半数以上が何らかの虐待を受けています。雅史君のような課題を抱えた子どもは少なくありません。しかし，行動化に対応できないと，施設入所前の家庭生活で「安心」「安全」を守られなかった子どもが，保護されたはずの施設のなかでも再び傷つけられることになります。

▷1　行動化
⇨ Ⅳ-1，Ⅹ-5 参照。

3 関わり困難事例への対応

職員の田中さんは，雅史君の行動を注意することで，雅史君は毎日叱られてばかりになると思いました。そこで，「雅史君はちょっとしたことで怒りすぎちゃうみたい。とてもイライラしているようにみえるよ。つらくて大変な思いをした子どもって，心のなかに，その時のモヤモヤした気持ちがたくさんたまってしまうの。コップのなかに最初から水がたくさん入っていると，すぐ水はあふれてしまうでしょ？　もしかしたら雅史君もモヤモヤした物がいっぱい入っているから，気持ちがあふれて怒りすぎちゃうのかもしれないね。だから，そのモヤモヤを考えて，イライラしている理由がわかれば，コップのなかの水を減らしていけるかもしれないよ」と話してみました。すると，雅史君は興味を示して「へぇ。お水があふれちゃってるの！　おもしろい！　これって減らせるのかな？」といいます。雅史君は，園内の心理職と面接を開始しました。雅史君の心のイライラについて，田中さんも心理士と連携しながら雅史君と一緒に考えるようになりました。

▷2　東京都社会福祉協議会児童部会・リービングケア委員会編『Leaving Care──児童養護施設職員のための自立支援ハンドブック』2008年，26頁.

イライラしてしまって，困っているのは実は当の本人だったりします。子どもが未来に希望をもち，努力するためには，自分自身の過去を忘れるのではなく，自分なりに現実を理解することが大変重要な課題となります。「どうして親は殴ったのか」，「どうして家族と暮らせないのか」，自分なりに納得できないとその先に希望をもつことはできません。行動化は，そうした子どもの言葉にならない叫びといえます。施設職員は，子どもの言葉にできない深い悲しみや思いを理解し，寄り添っていく姿勢をもち続けていることが大切です。それでも，子どもの行動化は簡単には収まらない時があります。そのためにも，職員がよく話し合い，連携してチームで取り組んでいくことが大切になります。担当職員の力不足のために困難ケースとなってしまうことがないように，施設全体で支援していくことも求められているのです。　　　　　　（髙山由美子）

7 被措置児童の大学・短大・専門学校への進学とその支援

1 被措置児童の大学・短大・専門学校への進学の現状

　みなさんは大学や専門学校等の高等教育機関への進学率は一般的にどれくらいであると予想するでしょうか。高等学校卒業後に高等教育機関へ進学する割合は2020年度で約83.5％になります。それでは，児童養護施設等の社会的養護の対象となる子どもたちや里親委託児の進路選択はどのような状況になっているでしょうか。

　社会的養護の対象となる子どもの中で高等教育機関へ進学する者は児童養護施設出身者で約30％，里親委託児で約45％にとどまっています。高卒者全体の進学率と比較しても大きな差があるといえます。このような現状をどのように考えることができるでしょうか。原則的に児童養護施設や里親養護で支援を受ける子どもは18歳で**措置解除**となります。衣食住の保障がなされ，安心・安全の場が提供されていた状況から自立を迫られたとき，さまざまな困難を抱えながら生活をしていく者は少なくありません。なかには，施設や里親家庭の出身であることに対する差別に苦しんでしまうことで仕事を辞め，貧困状態に陥ってしまう者もいます。このような困難を乗り越える一つのきっかけとして高等教育の機会をあげることができるでしょう。社会的養護の対象となる子どもたちの多くが経済的に困難を抱える家庭の出身であることを考えれば，**貧困の再生産**をくいとめるためにも学歴や専門資格の取得は重要です。まずは，彼らが高等教育機関へ進学する割合はなぜ低いのか，その要因を探ってみましょう。

2 被措置児童の大学・短大・専門学校への進学率が低い要因

　まず社会的養護出身者の高等教育機関進学率が低い第一の要因としては，経済的な困難が挙げられます。措置解除の後に就職を選択せずに進学する場合，子どもは自らの力で学費を含めた生計を立てなければなりません。学費や生活費に関しては少しずつ自立支援が充実しつつありますが，まだ進学を希望するすべての子ども全員が希望通りに進学することができる基準まで充実しているわけではありません。そして第二の要因としては，社会的養護の子どもたちが，そもそも進学意欲が低下してしまう環境に置かれてしまうことにあります。その背景には，頼ることのできる身近な家族や親戚などがいないため，就職をして個人で生計を立てなければならないと考えざるをえないことにあるでしょう。

▷1　「社会的養護の推進に向けて」（厚生労働省，2019年）

▷2　**措置解除**
　⇨ Ⅰ-5 参照。

▷3　**貧困の再生産**
貧困の再生産とは貧困家庭出身の子どもが同じく貧困家庭を築いてしまうことを意味する。

また，同じような境遇のなかで進学をした先輩の存在や施設職員・里親の進学に向けたサポートに恵まれなかった場合，そもそも「進学は可能である」と考えることすら難しくなってしまうといえます。

以上のような経済的な困難や，頼ることのできる存在の少なさは，たとえ進学を実現したとしても中退してしまう要因にもなりえます。児童養護施設退所者を対象にした調査（ブリッジフォースマイル 2018）によると，退所後に進学をした者のうち16.5％が中退を選択しており，これは全国の高等教育機関の中退率2.7％に比べて非常に高い数字となっています。その要因として，児童養護施設の職員が施設での業務に追われるあまり，退所した子どもに対する支援を継続することが難しいことがあります。進学に向けた**リービングケア**をいかに充実させるか，進学後の**アフターケア**をどこまで継続することができるかが現状の課題であるといえるでしょう。

▷4　リービングケア
　⇨　Ⅴ-4 参照。

▷5　アフターケア
　⇨　Ⅴ-5 参照。

❸ 被措置児童の大学・短大・専門学校への進学のための支援

以上のような高等教育進学が難しい現状に対して，どのような支援が行われているのでしょうか。まず，18歳という年齢で自立をすることが困難であるということに対して，満20歳に達するまで支援を継続することができる「措置延長制度」が児童福祉法第31条に規定されました。また，20歳までの青少年に対し自立に向けた支援を行う**自立援助ホーム**の存在もあります。措置延長や自立援助ホームの存在は，進学をして新たな生活が始まった後も衣食住の保障がされた安定した環境に身を置くことができ，学費や生活費を貯蓄するなど自立に向けた準備期間を設けることができます。また，都道府県および都道府県が適当と認める社会福祉法人が家賃や進学のための生活支援金を無利子で貸し付ける「自立支援資金貸付制度」や，児童養護施設や里親家庭の子どもを対象とした給付型の奨学金も少しずつですが増えてきています。

▷6　自立援助ホーム
　⇨　Ⅴ-8 参照。

このように，さまざまな支援が少しずつ充実していることもあり，高等教育機関へ進学する社会的養護出身の子どもは年々増え続けています。今後，多くの子どもたちが「進学は可能である」というイメージをもつことができ，進学希望の子ども全員が進学することができるような更なる支援が望まれます。今後の課題としては，進学を成し遂げたのちに中退を防ぐようなアフターケアの充実があげられます。施設職員や里親が継続的に支援することが困難な場合は，社会養護出身者を支援するNPO法人や当事者団体など，さまざまな外部団体を活用していくことが重要になるといえます。　　　　　　　　　　（高田俊輔）

被措置児童等虐待の防止

① 被措置児童等虐待（施設内虐待）と子どもたちの立場

○生活手段をもっていない子どもたち

「子どもの権利条約」（1989年国連総会採択，1994年国内批准）第19条第１項において「児童が父母，法定保護者又は児童を監護する他の者による監護を受けている間において，あらゆる形態の身体的若しくは精神的な暴力，傷害若しくは虐待，放置若しくは怠慢な取扱い，不当な取扱い又は搾取（性的虐待を含む。）からその児童を保護する」と明記されています。

根底にあるのは，監護者が親であろうと施設職員であろうと，子どもは保護の対象であることを社会的に認め，定着させていこうという考え方ではないでしょうか。つまり，保護の対象にしなければ，容易に虐待等の対象になりうるし，家族や施設といった閉じられた環境のなかでは，虐待等が密室空間で進行する恐ろしさがあります。また，子ども自身は虐待等から積極的に逃げて，対抗手段として，就労して生計を立てるという方法がとれない立場にいます。

○被措置児童等虐待の深刻さ

今，親から虐待されて，児童相談所に一時保護される子どもが増えています。そのなかで，施設入所が必要な子どもたちが，施設の空きがないために，長期間の一時保護になり，なかには１年間近く保護されているケースもあります。同じ空間に長期間保護されているわけですから，子どもたちは閉塞感を抱きます。方向性がみえないことからも，自分のイライラを職員や年少児に向けることがあります。職員としてもその行動を制止しなければならず，日課指導がうまくいかない場合など，行き過ぎた指導として，体罰事件に発展してしまうことがあります。児童養護施設や児童自立支援施設でも，職員に向けられた子どもたちの「怒り」や子ども間の「暴力」を止めようとして，職員からの行き過ぎた指導，暴力事件が起きてしまう場合もあります。

ある児童養護施設の児童指導員は，温かいご飯，整理・整頓がなされた部屋，静かに眠ることのできる布団など，ごく普通の日常を提供することが施設の第一の役割であるといっています。

児童福祉施設は元来，それまでその子を脅かしていた環境を変え，安心・安全な暮らしを提供することが第一義的に求められています。それにもかかわらず，被措置児童等虐待は安心・安全な暮らしの場であるはずの施設が，それま

▷1　「児童福祉施設における施設内虐待の防止について」の一部抜粋「今後，児童福祉施設において，このような施設内虐待が生じることのないよう，（中略）貴管内の児童福祉施設に対し，適切な指導等を行うとともに，都道府県等として，子どの権利擁護のための取組及び体制の充実・強化を図られるようお願いしたい」（このような施設内虐待：埼玉県，大分県，鹿児島県において，児童養護施設の職員が，入所児童に対して起こした性的虐待等の行為など）。

での家庭等よりもっと危険な場に変わりうるということに，その深刻さが潜んでいます。子どもによっては二重の虐待を受ける体験につながっていきます。

② 被措置児童等虐待防止対策制度化に至る経過とその柱

2000年5月24日に公布された「児童虐待防止等に関する法律」の第3条に「何人も，児童に対し，虐待をしてはならない」と規定されました。これは，保護者だけを対象とするのではなく，「子どもの養育に関わる全ての者」と理解できます。しかし，前述したように，児童福祉施設では，施設職員による児童への「施設内虐待」が行われているという実態がありました。そこで改正児童福祉法（2008年）により，施設職員等による被措置児童等虐待について，都道府県市等が児童本人からの届出や周囲の人からの通告を受けて，調査等の対応を行う制度が法定化されました。それに従って翌年「被措置児童等虐待対応ガイドライン」（2009）も示されました。そこでは「被措置児童等虐待の定義・被措置児童等虐待に関する通告等・通告を受けた場合に都道府県等が講ずべき措置・被措置児童等の権利擁護に関して都道府県児童福祉審議会の関与」が規定されました。厚生労働省では，届出等の状況と都道府県が対応した結果について，毎年度とりまとめて公表することとなりました。

悲惨な「虐待死亡事件」が続いたことを受けて，2019年6月に親による体罰禁止を盛りこんだ改正児童虐待防止法と改正児童福祉法が可決されました。そして，2020年4月に施行された法律では，親は「児童のしつけに際して体罰を加えてはならない」とされました。もちろん，これは児童福祉や教育に携わる者にも適用されます。今後，児童福祉従事者が，「子どもの権利擁護」の主体者として取り組み，体制の充実・強化を図っていかなければなりません。

③ 児童福祉従事者に課せられたもの

虐待防止通知は，国が直接，児童福祉施設を指導するようにはなっていません。「都道府県等」という文言があるように，自治体が直接，児童福祉施設を指導する形になっていますので，自治体に課せられた役割は重大です。

現場レベルに焦点を移すと，今後，児童福祉施設に従事する専門職として保育士も施設内虐待防止のための制度化の背景等について真に受け止めるとともに，子どもからの意見表明に真剣に応える姿勢や体制を確立していかなければなりません。そして，職員も常に子どもに向かう姿勢を自己点検することや，自己研鑽，スキルアップの場として研修等に積極的に参加すること，スーパーバイザーに実際の支援の場に入っていただくことも必要です。また，職場内で，お互いが子どもの関わりについて「相互点検」できる雰囲気をつくっていくことも大切です。ただし，決して自分の価値観だけに頼ることから生じる，「相互監視」にならないようにしなければなりません。　　　　（小木曽 宏）

▷2　虐待防止通知では，「子どもの意見表明権の機会の確保」について以下のように記している。
• 各児童福祉施設において，子どもが安心して意見表明の機会を活用できるよう，苦情受付体制の整備状況にとどまらず，意見箱の使用状況や意見の取り扱いについて実態を把握するとともに，これらについて十分な活用がなされていない場合には，第三者委員等の意見も踏まえ，当該実態を改善するよう指導すること。
• 各児童福祉施設において，子どもがいつでも相談や意見表明を行うことができるよう，いわゆる「児童の権利ノート」等の活用を図るとともに，子どもと施設の職員との間の信頼関係の構築および施設内の雰囲気づくりについて，日常より十分に配慮するよう周知すること。

▷3　全国児童養護施設協議会が策定した「児童養護施設における人権擁護と人権侵害の禁止・防止・対応のための要項およびチェックリスト」（改訂版〔第2次試案〕，2008年12月）等を活用し，定期的に自己点検することも有効な方法になり得る。

9 性問題

 児童福祉施設内における性問題

　近年，虐待を受けた子どもの入所が増加しているなか，性的虐待を主訴として児童福祉施設へ入所してくる子どもは3％〜5％を推移しています。性的虐待は，他の虐待と比べ発見されにくい側面をもっています。身体的な外傷の確認が難しいことや子ども自身の開示が困難なために，充分な調査ができず，子どもが受けた被害の把握やその後のケアが進まない状況にあります。

　また，近年では施設入所児童間における性問題が表面化しています。この問題は以前から起きていたと考えられ，ここ数年，施設における児童の権利擁護や暴力防止に向けた取り組みにより，表面化してきたと考えられます。

　具体的な内容として，同性間（特に男児間）における性器を触る・触らせる，異性への性交の強要，幼児間の性器の触り合い，携帯電話・ゲーム機のカメラ機能を用いた性的場面の撮影などの性問題が起きています。

　施設内性問題は，家庭内や地域で起きた性的虐待と同様に，発見されることがきわめて困難で，児童間で秘密化（口止め）が進み，その問題が潜在化することで職員は発見できず，加害被害状況が長期化・重篤化する側面をもっています。

　児童福祉施設で暮らす多くの児童は，これまでに自分の「大切な体」「大切な場所」「大切な時間」「大切な物」への虐待者による侵入を受けています。落ち着ける時間・場所，大切な体や物が確保されることがない生活を体験しています。

　このように自他の間にある「境界」を虐待者によって侵入された子どもは，後に他者との間にある境界への侵入がみられます。その侵入が，暴力・いじめ・性問題行動として表出します。施設内の性問題の多くは，職員の手薄な時間に，施設の死角となる場所で，被害を訴えにくい子どもが被害児として選択されています。そこには，児童間における支配・被支配の関係がみられます。

　安全で安心な環境であるべき施設で，他者の境界への性的な侵入や支配・被支配の関係，すなわち性暴力が発生しています。施設内で起こる性暴力発生への予防・防止への対策が急務です。

 生活場面における取り組み

　近年，児童福祉施設において性問題への予防に向けた性教育が注目されてい

ます。

　具体的な性問題防止への取り組みは，自分の安全で安心な基地を再確認すること，そこへの侵入があった場合，① 相手に「NO」と言ってもよい，② その場から離れてよい，③ そのことを職員などに相談してもよいことを伝えます。このように「先ず」自分に安全で安心な生活が保障されることその権利を再獲得することから始めます（インプット）。そして，自分の大切な体・時間・場所・物は，他人にもそれぞれ存在し，それを侵害してはならないことを理解します。このインプットがない児童に「他人の気持ちを考えなさい」ということは伝わらず，先ず自分の大切な体・時間・場所・物の再獲得こそが，加害行為を止める第一歩となります。

　児童福祉施設では，「境界」の課題を抱えた児童の治療・養育を行う場です。その施設でありながら，集団での生活により境界が曖昧な環境にあります。たとえば，家族ではない人との集団生活，個室ではない居室・共有物が多い（マイコップ・マイお箸がない），実習生（ある日突然来た人）による着替え入浴介助などがあげられます。施設での生活を「個別化」というテーマで見直す必要があります。生活場面の工夫により，「個」一人ひとり大切な存在が実感できる環境，個に注目した支援の工夫が，個々の大切さの実感に繋がり，そこで初めて性教育と実生活が一致し，実感のある**性（生）教育**[1]実践となります。

③ 性問題防止に向けたアセスメント

　性問題が発覚すると，発生した日時・関係した児童・その時の職員の対応が着目されます。個の職員の援助技術は必要なことですが，再発防止のためには，この問題を職員の経験の差に関係なく，施設の事故予防対策としてシステムの問題として捉える必要があります。具体的に，「どのような児童が・どのような局面で・どの時間帯に・どのような場所に問題のリスクが存在するか，そのリスクがある理由，問題を未然に防止するための対処法」の検証が必要です。

　実際に問題の発生は，それぞれの場面において小さなリスクがチェーンとなって連鎖し，性問題が発生します。個々のケースについて，入所前の診断調査・入所時の説明（ルールの明確化）・日々の行動観察・アセスメント（個別・集団・環境）・ヒヤリハットへの対応等を再点検することが重要になります。職員集団として，組織的にこのような取り組みができれば，性問題の防止に向けより有効な仕組みが施設にできることになります。

　性問題への防止・予防の取り組みとして，単に性教育の実施に留まらず，個に注目したアセスメントに基づく支援や生活の個別化による，「大切な自分」への実感が必要です。

　　　　　　　　　　　　　　　　　　　　　　　　　　（山口修平）

▷1　**性（生）教育**
単に教育の視点で性を扱うのではなく，生活のなかで性を伝えること・性の視点を日常ケアに生かすことを意図して，「生」教育と記す。

（参考文献）
　山口修平「児童養護施設の性教育の実際」『世界の児童と母性』第71巻，2011年，46〜52頁.

社会的養護の担い手

▷1　厚生労働省「令和2年度　児童相談所での児童虐待相談対応件数（速報値）」（https://www.mhlw.go.jp/content/11900000/000824239.pdf）.

 被虐待児入所率の上昇

　2000年に児童虐待の防止等に関する法律が施行されてから，20年以上が経過しました。この間，児童相談所の虐待対応件数は減るどころか上昇を続け，2020年度には20万5,029件（速報値）となりました。これに伴い，社会的養護の諸施設に措置される子どもたちも増え続けています。また，施設入所児童における被虐待児の比率の上昇も，問題となっています。

　図XIII-4は，2018年2月1日現在，児童福祉施設や里親に措置されている子どものうち，被虐待経験のある者の割合を示したものです。本資料によると，児童心理治療施設では被虐待児入所率が78.1％と約8割になっており，児童自立支援施設では64.5％と6割を超えています。児童養護施設では65.6％となっており，入所児童の6割以上が被虐待児となっているという現状がわかります。

　被虐待児の入所率が上昇すると，児童福祉現場にさまざまな困難性がもたらされ，また被虐待児に対応するための高度な専門的技術が要請されることになります。

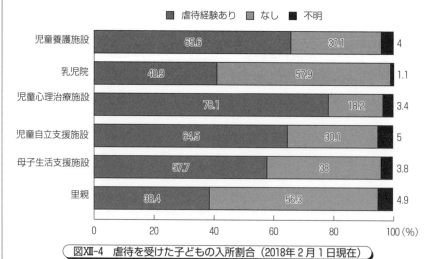

図XIII-4　虐待を受けた子どもの入所割合（2018年2月1日現在）

データ出所：厚生労働省「児童養護施設入所児童等調査結果の概要」2020年1月。
図の出所：SBI子ども希望財団ホームページ。

 社会的養護の担い手養成課程の空洞化

　このような困難状況が目の前にあるにもかかわらず，大学・短大・専門学校

における社会的養護の担い手養成課程は，逆に「空洞化」ともいえる状況を呈しています。たとえば，社会福祉士養成課程では，2009年度のカリキュラム改正において「児童や家庭に対する支援と児童・家庭福祉制度」の授業時間数が60時間から30時間へと半減され，2021年度からの改正にも引きつがれました。社会福祉士養成課程では特定の分野に関する「スペシフィック」な知識・技術の習得よりも幅広い応用可能性をもつ「ジェネリック」なソーシャルワーカーの養成が期待されています。社会福祉士養成ではケアワークに触れるものの，それはわずかです。教育内容のほとんどはソーシャルワークに割かれています。**ケアワーク**と**ソーシャルワーク**の両面を社会福祉士養成課程で学ぶのは難しくなっています。

　保育士養成課程では2011年度のカリキュラム改正から「相談援助演習」が新設された他，「児童家庭福祉」や「社会的養護」等の科目において社会的養護分野における現代的な課題や，それに対応するための援助技術を学ぶことができる等の変更が加えられました。しかしながら，保育所保育士と同じカリキュラムにおいて，高い専門性を要求される施設保育士を養成することには限界があるという意見もあります。

　施設における心理職の養成に関しては，学部レベルでは施設において即戦力性のある心理職となることのできるカリキュラムをもっている大学はまだ少ないのが現状です。心理職を養成する大学院においては，指導教員の専門性によって学びの内容が左右されることとなり，施設における心理職の養成は日本全国のなかで偏りのない形で行われているとはいえない状況にあります。

③　子ども家庭福祉の新たな資格のゆくえ

　2021年2月には「子ども家庭福祉に関し専門的な知識・技術を必要とする支援を行う者の資格の在り方その他資質の向上策に関するワーキンググループとりまとめ」が発表され，子ども分野の新しい資格が提案されました。

　本とりまとめでは，社会福祉士や精神保健福祉士と同じような専門資格としての提案と，社会福祉士や精神保健福祉士の取得者がさらに専門教育を受けて資格を取得するという提案の2種類の方向性が示されました。しかし，施設養護における高度な専門性をもつケアワーカー養成や，ケアワークを含めた里親支援専門職の養成についての議論は十分になされているとはいえません。

　新しい提案はもちろん大切ですが，まずは現状の保育士養成課程，社会福祉士養成課程，そして精神保健福祉士養成課程のメリットとデメリットを丁寧に分析し，現状のカリキュラムの改正案の提案と併行させながら新しい方向性を模索していく必要があるといえるでしょう。前述のワーキンググループのとりまとめ案は，2021年4月から社会保障審議会児童部会社会的養育専門委員会にてさらに検討が進められています。今後の展開に注目していきましょう。

（鈴木崇之）

▷2　ケアワークとソーシャルワーク
たとえば高齢者福祉領域における介護職員の業務と相談援助職員の業務の違いのように，主に日常生活援助に関わる側面をケアワーク，また主に社会福祉援助技術を用いた相談援助に関わる側面をソーシャルワークと呼ぶ。しかし，特に入所型児童福祉施設における実践ではこの違いは非常に曖昧となっており，相互が混在した形であることが多い。近年では，施設内における相談援助業務を強調した表現として，レジデンシャルワークという用語も使用されつつある。
　⇨ XI-2 参照。

参考文献
　子ども家庭福祉に関し専門的な知識・技術を必要とする支援を行う者の資格の在り方その他資質の向上策に関するワーキンググループ　2021「とりまとめ（令和3年2月2日）」(https://www.mhlw.go.jp/content/11907000/000732415.pdf).

親権制度の改正と施設長の役割

1　親権に関わる民法等改正と社会的養護

○親権に関する基本的理解

　親権に関する法律的な定義はありませんが，民法820条において，「親権を行う者は，子の利益のために子の監護及び教育をする権利を有し，義務を負う」と規定されています。親の権利としては，子どもの居住指定権（民法821条）や財産管理権（民法824条）などがあります。親の義務としては，教育を受けさせる義務（憲法など）や未成年者が第三者に損害を与えたときの損害賠償義務（民法714条①）などがあります。

　未成年者は親権に服することとなっていますが（民法818条①），民法においては，父母が婚姻中は父母がともに親権を行う「共同親権」となり，それ以外は「単独親権」としています。これを踏まえ，父母以外の者が親権者になるためには，「養子縁組」とするか，「未成年後見人」として選任される必要があります。

○児童養護施設等と親権者等とのトラブル

　児童相談所から児童福祉施設等に入所する子どもたちの背景の一つとして，親による虐待や不適切な養育があります。親のなかには虐待を認めない人も増加しており，児童養護施設等に措置中の子どもや児童相談所等における一時保護中に親との間でトラブルが生じています。たとえば，親族が承諾しているにもかかわらず親族委託を拒否したり，子どもへの不当な干渉を行ったり，児童福祉司による指導を拒否したり，措置・保護中の子どもを強引に引き取る要求を出すなどといった問題が生じています。さらに子どもの自立後，子どもにつきまとったり，金銭を要求する親もいます。

　このような状況のなか，2011年度までは親権を制限する民法の規定として，「親権喪失（一部の制限として管理権の喪失）」しかありませんでした。

○親権停止の新設と児童福祉施設長の権限強化

　このような問題状況を踏まえ，民法が改正（2012年度施行）され，「父又は母による親権の行使が困難又は不適当であることにより，子の利益を害するとき」は，2年以内の期間に限って親権を行うことができないようにする「親権停止」（民法第834条の2）が新設されました。また，同法改正により，それまでにはなかった親権停止にかかる「子ども自身の申し立て」ができる仕組みになりました。この規定により「親権喪失」に至る前に，比較的軽微な段階で親権

に関わる法的な制限を実施することができ，個々の事案への柔軟な対応が可能となりました。また，「親権停止」の場合には，その原因が消滅したのちに家族再統合の可能性を残すこととなります。

また，児童福祉法も改正され，児童相談所長，児童福祉施設の長，里親等の権限に関する規定が明確化されました（2012年度施行）。同法47条により家庭裁判所から親権の停止・喪失の審判を受けた親権者等になりかわり，児童福祉施設の長等は必要に応じ，児童の福祉のための親権を行使し（親権がある状態になるまでの間），児童等の親権者等は，児童福祉施設の長等が行う監護，教育，懲戒に関する措置を「不当に妨げてはならない」とされました。そして，厚生労働省通知「児童相談所長又は施設長等による監護措置と親権者等との関係に関するガイドライン」（2012年，地方自治法に基づく技術的助言）により「不当に妨げる行為」についての考え方が事例を挙げながら，示されています。

○親権制限の推移：新受件数に絞って

数的に「親権喪失」も「親権停止」もともに右肩上がりで，「親権制限事件」は全体として増加傾向にあるといえます。

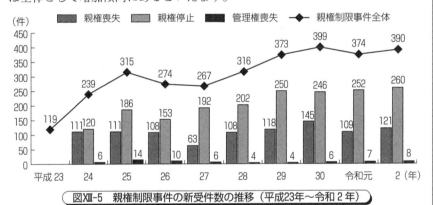

図XIII-5 親権制限事件の新受件数の推移（平成23年〜令和2年）

出所：最高裁判所事務総局家庭局「親権制限事件及び児童福祉法に規定する事件の概況—2018年1月〜12月—」（2019年4月）。

2 親権制限だけで子どもを守れるか

児童相談所長や児童福祉施設長の「親権代行」が拡大したことは，意義あることだと思われます。同ガイドラインが示しているように，親権者等への説明と理解，都道府県児童福祉審議会等への意見聴取，医療機関や学校等の関係機関との協力，警察や弁護士を含めた司法領域との連携，面会・通信制限や接近禁止命令の検討，民法上の親権制限の請求にかかる議論，子どもの安全確保のための緊急対応などに関し，複数の支援ルートを構造的・有機的に活用し，強化していかなければならないでしょう。キーパーソンとしての施設長の役割・機能の在り様が問われています。

（小木曽 宏）

▷5　児童相談所の権限強化の視点から，子ども本人が申し立てできない場合，親族の協力が得られない場合は，児童相談所長の家庭裁判所への申し立てが可能である（児童福祉法第33条の7）。但し，親権停止の訴えを児童相談所長が行った場合，決定がでるまで，児童養護施設に措置されることがあるが，一時保護，児童養護施設への措置等を認めない親権者等の事案は想定される。

▷6　2年以内に親権喪失の要件が存在する場合であっても，2年以内にその原因が消滅する見込みがあるときは，親権喪失の審判をすることができないと規定されている（民834）。親権停止を組み込んだ現行の親権制限制度は確かに「柔軟な対応」が可能であるが，できるだけ親権喪失には踏み込まずに，親権停止の範囲内で親権制限を運用しなさいという見方も可能である。

12 異なる文化的ルーツをもつ子どもと家族への支援

1 社会的養護における異なる文化的ルーツをもつ子どもと家族の現状

　異なる文化的ルーツをもつ子どもや家族は，多くの場合「保護者の両方，またはいずれかが外国人，外国にルーツをもつ子どもと保護者」を意味しますが，必ずしも外国籍の子どもや保護者であるとは限りません。国際結婚の家庭に生まれ，日本国籍だが母親が外国人で，幼少期は母親の文化や母国語での子育てにより育った子ども，母国で生まれ育ち，親の移住労働に伴い日本に来た子どもも含まれます。近年，日本に暮らす外国人の増加に伴い，異なる文化的ルーツをもつ子どもと家族が子育て問題を抱え，支援を必要とするケースもみられます。東京都の児童相談センター事業概要（2020年）によれば，東京都全体における養護相談の割合が63.8％であるのに対し，外国人児童の場合は79.1％となっているほか，母子生活支援施設には暴力被害を経験した外国人世帯が入所しており，異なる文化的ルーツをもつ子どもと家族が家族問題への支援を必要としている状況がうかがえます。

　異文化での生活は，言葉の壁に加えて，母国とは違う文化様式で暮らすこと，差別や偏見を含む言動を向けられる経験，そしてさまざまな制度の理解の難しさなどに直面し，社会的，心理的なストレスを経験しやすい状況になります。母国への仕送りをしながら生計を立てている外国人の場合，経済的な余裕がない家族も少なくありません。こうした生活上のストレスも，子育てに影響を与えます。

　子育ての方法，しつけの考え方，家族観，そして社会的養護の制度などは，国によってさまざまです。日本の児童相談所を介した支援の方法は，異なる文化的ルーツをもつ子どもや家族にとってはとまどうこともあるでしょう。最近は，多くの自治体が外国語で子育て情報を提供しています。しかし，児童虐待や児童福祉施設，社会的養護のしくみに関する情報は含まないことが多いこと，異なる文化背景をもつ子どもと家族は，同じ文化的ルーツをもつ人のコミュニティから情報を得ることが多いことなどから，日本の制度情報を正確に把握していないこともあります。こうした，文化や制度の理解の難しさなどが加わることで家族はとまどい，時には「自分が外国人だからこういう扱いをされる」という思いをもつこともあります。

　また，社会的養護の施設での生活は，基本的には日本の生活様式で営まれて

います。児童養護施設やその他の施設に入所する前までは，近所に暮らす同じ国の出身者との付き合いが深く，食事の作法や勉強の仕方などは，母国の生活様式に基づいた生活を送ってきた子どももいます。「施設に入所する」ということ自体，環境の変化は大きいものですが，異なる文化的ルーツをもつ子どもと家族の場合，入所施設での生活はさらに大きな生活の変化となるともいえます。この点を踏まえて，子どもの支援を行うことが求められます。

② 社会的養護における異なる文化的ルーツをもつ子どもと家族の支援

○事例：ダブルリミテッド[1]の子どもと保護者の支援

マリ（仮名，7歳）は，父親からの身体的虐待が原因で，児童養護施設に入所しました。マリの母親はアジアのＡ国出身で，10年前の来日後に日本人男性と結婚してマリが生まれました。父親は母親とマリに暴力を振るい，マリが通う小学校の教師が，マリのあざを見て児童相談所に相談したことがきっかけで，マリは児童養護施設に入所することとなりました。

マリは，学校での授業についていくことが難しい様子でした。マリは日本で生まれ育っていますが，子育ては母親が一人で担っており，また5歳まで保育所や幼稚園には通っていなかったことが日本語，特に読み書きの力が乏しい要因であると思われました。また，一定の食材は食べない，お箸を正しく使えないなどの様子もみられたほか，職員にも甘えと乱暴な行動が入り混じった言動をとる場面がみられました。施設での会議では，マリの学習，そして社会生活スキルを習得するための支援を行う，との意見は一致した一方，「日本文化の押し付けにならないか」「マリの言葉の問題が生活によるものなのか，発達上の課題なのか」等の意見や疑問も出されました。

③ 社会的養護における異なる文化的ルーツをもつ子どもと家族の支援の課題

前述の事例からもわかるように，子どもの社会生活スキルや心理面，社会生活スキルや学習には「発達」「養育環境」に加えて「異なる文化的ルーツ」が影響を与えます（図ⅩⅢ-6）。この点，つまり「子どもや家族を，文化的ルーツの違いを意識しながら理解し，接する」ことが支援する際，重要となります。

こうした子どもや家族への支援は，時に難しいと感じることもあるかもしれません。しかし一方で，彼らは家族や親族，友人の絆が強いことが多いなどの強み（ストレングス）もあります。本来，国籍にかかわらず人は皆，異なる文化的な背景をもつ存在です。文化の違いに優劣はない，という意識，そして子どもや家族のアイデンティティを尊重する姿勢をもち，その上で現実的な課題としての言葉や育ちへの支援を行う事が求められます。　　　（南野奈津子）

▷1　ダブルリミテッド
二つの国の言語をある程度話したり使ったりすることができるが，両方とも年齢相応の能力に達していないこと。

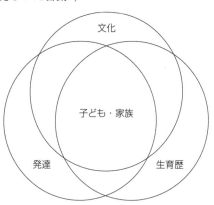

図ⅩⅢ-6　子ども・家族の生活に影響を与える要因
出所：筆者作成。

（参考文献）
東京都福祉保健局「東京都児童相談所事業概要2020年（令和2年）版」．http://www.fukushihoken.metro.tokyo.jp/jicen/others/insatsu.files/jigyogaiyo2020.pdf

さくいん

編著者紹介（氏名/よみがな/生年/現職/主著/☆社会的養護を学ぶ読者へのメッセージ）

　　　　　　　　　　　　　　　　　　　　　　　　　　　＊執筆担当は本文末に明記

小木曽 宏（おぎそ ひろし/1954年生まれ）

　東京経営短期大学こども教育学科教授

　『Q&A 子ども虐待を知るための基礎知識』（編著・明石書店）

　『児童自立支援施設──これまでとこれから』（編著・生活書院）

　☆保育士を目指す学生諸君には，社会的養護の現状と課題を深く知り自ら考えてほしい。

宮本秀樹（みやもと ひでき/1956年生まれ）

　長野大学教授

　『よくわかる社会福祉現場実習』（編著・明石書店）

　『障害者グループホームと世話人』（単著・生活書院）

　☆言葉に力をもたせるためには？　言葉と自分自身のことを結びつけることにかかっていると思います。

鈴木崇之（すずき たかゆき/1970年生まれ）

　東洋大学教授

　『日本の児童相談──先達に学ぶ援助の技』（共編著・明石書店）

　『児童自立支援施設の可能性──教護院からのバトンタッチ』（共著・ミネルヴァ書房）

　☆たくさんのきょうだいができ，子どもだけでなく自分自身の成長も実感できるのが児童福祉施設での仕事です。

 執筆者紹介（五十音順，氏名/よみがな/生年/現職/主著/☆社会的養護を学ぶ読者へのメッセージ）

　　　　　　　　　　　　　　　　　　　　　　　　　　　＊執筆担当は本文末に明記

井上健介（いのうえ けんすけ/1975年生まれ）

　児童心理治療施設 あゆみの丘施設長

　『クライン　ラカンダイアローグ』（共訳・誠信書房）

　『施設における子どもの非行臨床』（共著・明石書店）

　☆児童自立支援施設での仕事は「子どもと共に」が文字通り叶います。徹底的にコミットしたい人は是非どうぞ。

上野陽弘（うえの あきひろ/1978年生まれ）

　児童心理治療施設 社会福祉法人慈徳院こどもの心のケアハウス嵐山学園 連携支援部長

　『世界の児童と母性　第80号　特集「学び」の今とこれから──社会的養護との関わりを中心に』（共著・公益財団法人資生堂社会福祉事業財団）

　『子どもの権利が拓く　第29号』（共著・日本出版社）

　☆人を理解すること，育ちを支えることは，尽きないほどに広くて深いです……。毎日の新たな気づきや尽きない探究（求）を，共に進める仲間との出会いを願っています。

梅山佐和（うめやま さわ/1982年生まれ）

東京学芸大学講師

『スクールソーシャルワーカーの学校理解——子ども福祉の発展を目指して』（共著・ミネルヴァ書房）

『子どもの貧困に向き合える学校づくり——地域のなかのスクールソーシャルワーク』（共著・かもがわ出版）

☆どのようにみて，どう考えるか。何が必要か，何ができるか。新たな視点を得ることで見え方は変化し，自らの在り方も変化します。

浦野泰典（うらの やすのり/1964年生まれ）

心身障害児総合医療療育センター指導科長

『子どもの精神保健』（共著・建帛社）

『児童養護の原理と実践的活用』（共著・保育出版社）

☆他者に対して自分から歩み寄り，豊かな交流や相互理解・支援が実施・継続できることを望みます。

大原天青（おおはら たかはる）

国立武蔵野学院

『司法福祉入門』（共著・上智大学出版）

『ソーシャルワークと修復的正義』（共訳・明石書店）

☆熱いハートとクールな頭！

小野澤源（おのざわ はじめ/1980年生まれ）

独立行政法人国立病院機構東埼玉病院主任保育士

『三訂版 医療現場の保育士と障がい児者の生活支援』（共編・生活書院）

☆皆さんが利用者一人一人と向き合い，より詳細な個別支援を実施することが利用者の豊かな生活につながっていきます。

川瀬信一（かわせ しんいち/1988年生まれ）

千葉市立星久喜中学校生実分教室

一般社団法人子どもの声からはじめよう理事

☆子どもにとって大切なことは何か。それは，子ども自身が一番よく知っています。あなたの目の前にいる子どもの心の声に，耳を傾けることから始めよう。

木村容子（きむら ようこ/1968年生まれ）

日本社会事業大学教授

『被虐待児の専門里親支援』（単著・相川書房）

『新・基礎からの社会福祉⑦ 子ども家庭福祉』（共編著・ミネルヴァ書房）

☆子どもにとってのパーマネンシーを保障するために，地域社会全体で支えていく視点を身につけてください。

児玉 亮（こだま りょう/1972年生まれ）

千葉県市川市児童相談所

☆「養護／自立」を知ることは「自分を知る」ことです。自分を豊かに語れる人が子どもと豊かに暮らせるのだと思います。

柴田弘子（しばた ひろこ/1970年生まれ）

児童養護施設子山ホーム里親支援専門相談員

☆子ども自身が「私は大切にされている」と実感できる支援を目指して歩んでいきましょう。

島谷信幸（しまたに のぶゆき/1977年生まれ）

社会福祉法人聖家族の家乳児院聖母託児園児童指導員

『はじめて学ぶ子どもの福祉　社会的養護内容』（共著・ミネルヴァ書房）

☆興味ある人・本・ものに触れ，楽しみ，学び，人生の幅を広げてください。それがきっと，子どもたちとの生活に役に立つはずです。

白井千晶（しらい ちあき/1970年生まれ）

静岡大学人文社会科学部教授

『フォスター　里親家庭・養子縁組家庭・ファミリーホームと社会的養育』（生活書院）

☆学生として，社会の一員として，当事者・自分ごととして学んでいきましょう。

新福麻由美（しんぷく まゆみ/1967年生まれ）

社会福祉法人桐友会　障害児入所施設　桐友学園施設長

☆子どもの「こころ」の育ちを大切にし，育つ家庭に関われる喜びを感じ子どもたちと向き合っていきましょう。

菅田理一（すげた りいち/1973年生まれ）

鳥取短期大学准教授

『横山医院と福田会里親委託制度』（編著・福田会育児院史研究会）

☆学生時代に出会う施設の子どもたちや指導者から学ぶことを大切にし，支援者として成長しましょう。

高田俊輔（たかだ　しゅんすけ/1987年生まれ）

上越教育大学助教

「教育と福祉のせめぎあい：就学義務化に抵抗する福祉の論理に着目して」（『ソシオロジ』66(2)）

☆子どもたち一人ひとりが，自身の力を思う存分に発揮できる社会とはどのような姿だろうか。考え続けることが大切です。

髙橋克己（たかはし かつみ/1967年生まれ）

児童養護施設はぐくみの杜君津施設長

☆自立とは「適切に人に頼れる力」です。あたりまえの生活を丁寧に繰り返すことで，その気持ちは宿ります。

髙山由美子（たかやま ゆみこ/1974年生まれ）

社会福祉法人救世軍社会事業団　救世軍世光寮

『新プリマーズ　社会的養護』（共著・ミネルヴァ書房）

『シードブック　子ども家庭福祉』（共著・建帛社）

☆経験をつんでも子どもから学ぶことばかりです。どう寄り添い支援するの

か，学ぶ一助になると幸いです。

田中友佳子（たなか ゆかこ/1985年生まれ）

芝浦工業大学システム理工学部助教

☆どのように（How）課題を解決するか。どうして（Why）課題が現れたか。2つの問いが良い支援を生み出します。

富田　拓（とみた ひろし/1961年生まれ）

網走刑務所・北海道家庭学校樹下庵診療所 医師

『非行と反抗がおさえられない子どもたち』（合同出版）

『「家庭」であり「学校」であること』（共著・生活書院）

☆ウィニコットの good enough mother にならい，頑張りすぎず，「そこそこいい」職員を目指しましょう。そのような人こそが子どもをよく成長させると信じて。

橋本達昌（はしもと たつまさ/1966年生まれ）

児童養護施設・児童家庭支援センター・子育て支援センター 一陽 統括所長，全国児童家庭支援センター協議会 会長

『地域子ども家庭支援の新たなかたち』（編著・生活書院）

『社会的養育ソーシャルワークの道標』（編著・日本評論社）

☆子ども家庭支援の実践現場における SW とは，つないで，紡いで，創って，そして付き合い続けていくこと

平林智之（ひらばやし ともゆき/1980年生まれ）

実感デイズ（みかんでいず）代表

☆「子どもたちのために」を大切に考える社会で育った子どもは「社会のために」と考える人に育っていくと思う。

松原恵之（まつばら よしゆき/1982年生まれ）

母子生活支援施設 FAH こすもす母子支援員

☆子どもの問題を家族の問題と捉えることで見えることがあります。家族の力を引き出す支援を一緒に目指しましょう。

南野奈津子（みなみの なつこ/1973年生まれ）

東洋大学ライフデザイン学部教授

☆子どもの辛さだけではなく，子どもや家族の強みをみる社会にしていきましょう。

宮本由紀（みやもと ゆき/1970年生まれ）

社会福祉法人 神戸少年の町乳児院 施設長

☆福祉の現場は人から学び，人そして自分を知る毎日です。知識・技術・感性のバランスを大切にしてください。

山口修平（やまぐち しゅうへい/1977年生まれ）

　社会福祉法人児童愛護会一宮学園副園長

　☆子どもの言動の背景に何があるのか，これを探ることが子どもの理解につながります。

柳　淳一（やなぎ じゅんいち/1962年生まれ）

　元・自閉症児施設園長

　☆自閉症に対する理解が深まることを願っています。

若松亜希子（わかまつ あきこ/1971年生まれ）

　児童養護施設至誠学園　臨床心理士・公認心理師

　『保育者論——共生へのまなざし』（共著・同文書院）

　『心理職による地域コンサルテーションとアウトリーチの実践』（共著・金子書房）

　☆子どもと信頼関係を形成するためには，まずは自分自身と正直に向きあうことが大切です。自信がもてるように学びましょう。

渡邉　直（わたなべ ただし/1964年生まれ）

　千葉県柏市児童相談所所長

　『子ども虐待対応におけるサインズ・オブ・セーフティ・アプローチ実践ガイド』（共著・明石書店）

　☆たくさんの失敗体験でなく，たくさんの成功体験をファシリテートすることから子どもの育ちをサポートしたいです。

やわらかアカデミズム・〈わかる〉シリーズ

よくわかる社会的養護II

| 2022年3月30日　初版第1刷発行 | 〈検印省略〉 |
| 2023年3月25日　初版第2刷発行 | |

定価はカバーに
表示しています

	小 木 曽 　宏
編 著 者	宮 本 秀 樹
	鈴 木 崇 之
発 行 者	杉 田 啓 三
印 刷 者	田 中 雅 博

発行所　株式会社　ミネルヴァ書房

〒607-8494　京都市山科区日ノ岡堤谷町1
電話代表　（075）581-5191
振替口座　01020-0-8076

©小木曽・宮本・鈴木ほか，2022　創栄図書印刷・新生製本

ISBN978-4-623-09202-4
Printed in Japan

▌保育・幼児教育・子ども家庭福祉辞典

中坪史典・山下文一・松井剛太・伊藤嘉余子・立花直樹編集委員
四六判　640頁　本体2500円

●子ども，保育，教育，家庭福祉に関連する多様な分野の基本的事項や最新動向を網羅し，学習から実務まで役立つ約2000語を収載した。実践者，研究者，行政関係者，将来は保育や教育の仕事に携わろうとする学生，子育てを行う保護者，これから子育てを担う人たちなど，子どもに関わる様々な人々を傍らから支える用語辞典。テーマごとの体系的な配列により，「読む」ことで理解を深められる。

▌よくわかる子ども家庭支援論

橋本真紀・鶴宏史編著　Ｂ５判　162頁　本体2400円

●保育士養成課程における「子ども家庭支援論」の教科書。子育て家庭に対する支援の意義と役割・目的，支援のための体制をわかりやすく解説。保育の専門性を生かした子ども家庭支援の意義と基本，ニーズに応じた多様な支援と子ども家庭支援の現状と課題について学ぶ。

▌集団っていいな──一人ひとりのみんなが育ち合う社会を創る

今井和子・島本一男編著　Ｂ５判　196頁　本体2200円

●「人と響き合いたい，繋がって生きていきたい」という願いをもって生まれてくる子どもたち。子どもの参画，主体性，人間関係，社会性，人格形成をキーワードに，一人ひとりの居心地のよい集団創りについて，様々な事例を紹介しながら解説する。現場の保育者や保護者のみなさまに届けたい一冊。

▌支援者支援養育論──子育て支援臨床の再構築

藤岡孝志著　Ａ５判　360頁　本体4200円

●子ども虐待，いじめ，不登校等をはじめ，子どもたちを取り巻く状況は厳しい。そして，その子どもたちと関わる親，施設・機関職員，里親の置かれている状況も同様に疲弊し，共感疲労やバーンアウトのリスクを常に抱えているといっても過言ではない。本書では，「支援者が支援されてこそ，子ども支援が成り立つ」という観点のもと，施設職員や里親をはじめ，在宅子育て支援の専門家などを支援する考え方と実際を紹介する。

──── ミネルヴァ書房 ────

https://www.minervashobo.co.jp/